P. DAUTHUILE

Inspecteur d'Académie a Niort

L'ÉCOLE PRIMAIRE

DANS LES

DEUX-SÈVRES

depuis ses Origines jusqu'à nos jours

NIORT
IMPRIMERIE Th. MARTIN
24, rue Saint-Symphorien, 24

1904

L'ÉCOLE PRIMAIRE

dans les Deux-Sèvres

DEPUIS SES ORIGINES JUSQU'A NOS JOURS

P. DAUTHUILE

Inspecteur d'Académie a Niort

L'ÉCOLE PRIMAIRE

DANS LES

DEUX-SÈVRES

depuis ses Origines jusqu'à nos jours

NIORT
IMPRIMERIE TH. MARTIN
24, rue Saint-Symphorien, 24

1901

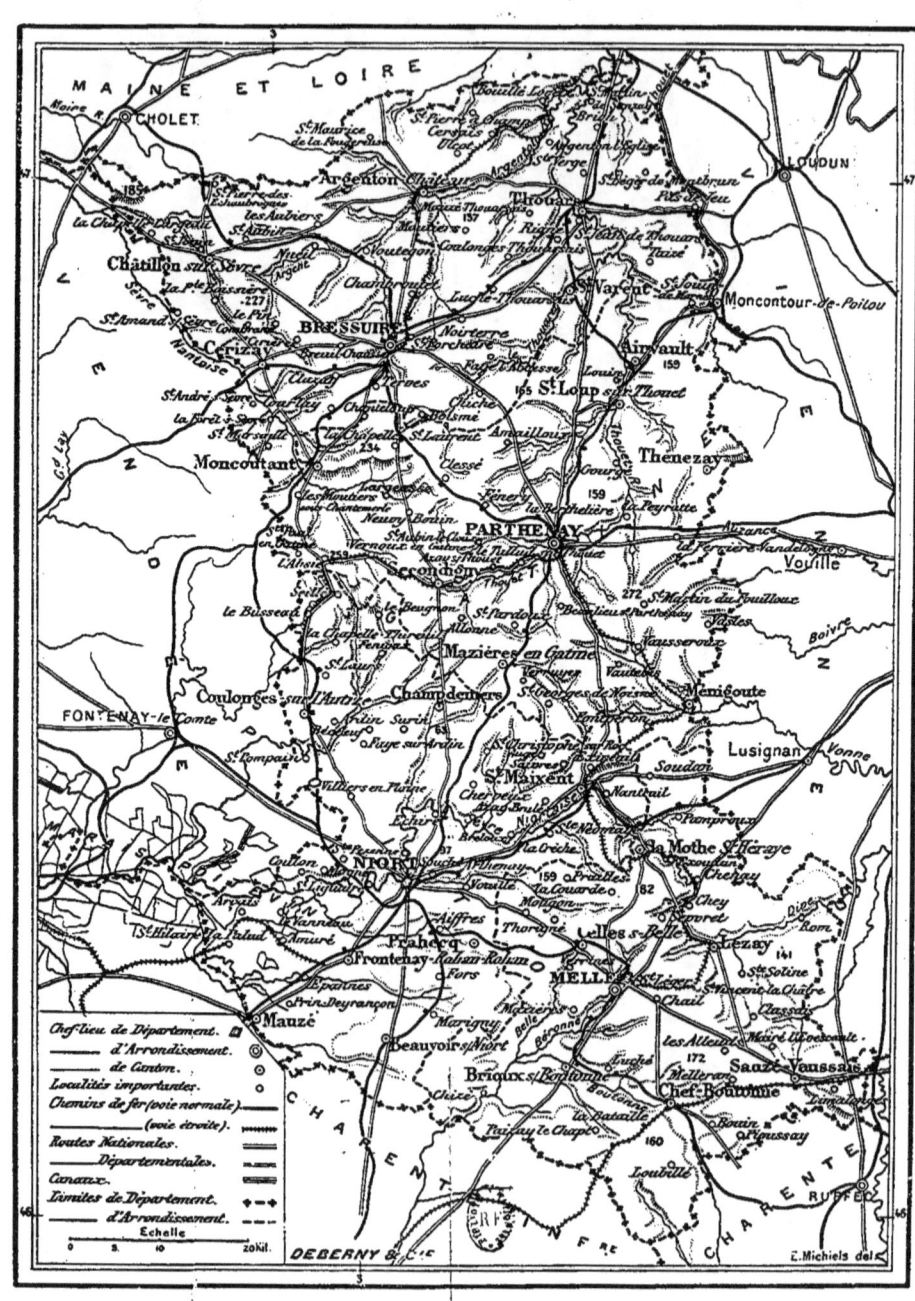

PRÉFACE

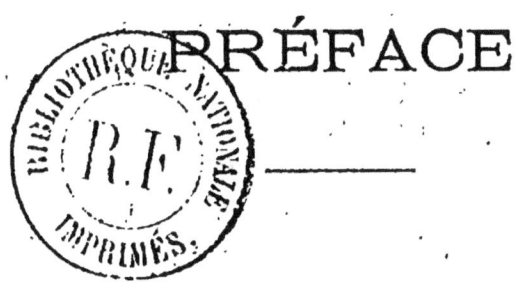

Cette étude sur l'instruction primaire dans les Deux-Sèvres fait suite à celle que nous avons publiée, il y a quatre ans, sur les anciennes écoles des Basses-Alpes. Outre les encouragements qui, de divers côtés, nous ont poussé à l'entreprendre, nous avons pensé qu'une histoire spéciale de l'instruction populaire dans trois ou quatre régions différentes, équivaudrait à une étude générale sur la matière. Après la Provence, le Poitou; les hasards de la carrière nous permettront peut-être un jour d'explorer les anciennes écoles du Nord et du Midi.

L'originalité de notre travail, nous l'avons dit, c'est que non content d'interroger les archives communales et départementales, nous avons tenu à recueillir les témoignages des personnes âgées qui ont fréquenté les écoles vers 1830 et qui ont entendu raconter à leurs parents des anecdotes scolaires se rapportant au commencement du siècle dernier.

Ce mélange anecdotique soutient l'intérêt de notre récit qui, sans lui, aurait la raideur d'une enquête administrative ; des documents officiels ont seuls, il est vrai, une valeur absolument authentique, mais les impressions conservées par les écoliers de la Restauration et du Gouvernement de Juillet complètent heureusement la reconstitution de l'ancienne vie scolaire. Il sera facile à ceux qui ne veulent accorder créance qu'aux documents écrits de discerner dans cet ouvrage les nombreux emprunts que nous avons faits aux archives départementales et communales. Mais ils ne sauraient nous reprocher d'y avoir ajouté des documents demandés à une tradition encore vivante aujourd'hui et qui demain aura disparu. Ils ne sauraient nous reprocher d'avoir voulu par ce procédé nous faire lire sans fatigue et d'avoir évité de faire un livre ennuyeux.

Nous espérons avoir réussi dans cet ouvrage à faire revivre la vieille école poitevine, à faire ressortir, en y opposant son contraste de servitude, de misère, d'erreurs pédagogiques, les progrès immenses réalisés de nos jours par l'école républicaine savamment organisée avec sa triple formule : laïque, gratuite et obligatoire. Nos maîtres d'aujourd'hui trouveront dans la compa-

raison de leur état présent avec la situation souvent navrante de leurs prédécesseurs un motif de satisfaction relative, ainsi que la patience et le courage nécessaires pour attendre les améliorations légitimes que nos législateurs leur ont promises et qu'ils sont tout disposés à réaliser à bref délai.

Nous avons été puissamment aidé dans nos recherches par MM. les Instituteurs du département, à qui nous avons demandé les monographies scolaires de leur commune, et dont un certain nombre nous ont adressé des mémoires tout à fait remarquables. C'est pour nous un devoir de loyauté de déclarer ici que c'est à eux que nous devons une bonne partie des matériaux de cet ouvrage, matériaux que nous n'avons eu qu'à coordonner et mettre en œuvre. Nous leur exprimons ici notre sincère reconnaissance, ainsi qu'à tous ceux qui nous ont aidé dans nos recherches personnelles.

INTRODUCTION

I. — LOIS, DÉCRETS ET ORDONNANCES RELATIFS AUX ÉCOLES DEPUIS CHARLEMAGNE JUSQU'A LA RÉVOLUTION.

Il nous paraît utile de résumer ici les principales décisions des Conciles, les Ordonnances royales et épiscopales qui ont eu pour but de répandre un peu d'instruction parmi les populations et, en particulier, celles qui intéressent le Poitou. Ces prescriptions ont été sans doute presque toujours lettre morte pour le pays qui nous occupe, mais il faut admettre qu'il y eut en plus d'un endroit des essais d'application. Nous y ajoutons les édits et arrêts divers relatifs aux écoles protestantes, qui ont été nombreuses dans le pays qui nous occupe. Nous énumérons ces divers règlements dans leur ordre chronologique.

Pendant la période mérovingienne, l'Eglise seule paraît s'être préoccupée de créer des écoles autour des monastères et des évêchés ; mais elle avait surtout en vue d'assurer le recrutement du clergé et de former un personnel secondaire pour l'exercice du culte.

Charlemagne, comme on le sait, fut le premier monarque qui porta son attention sur la diffusion de l'instruction populaire. Son Capitulaire de 789, de *Scholis per singula episcopia et monasteria instituendis*, prescrit aux prêtres de recruter les élèves parmi les enfants des serfs et parmi ceux des hommes libres. Il veut qu'il y ait dans chaque évêché et dans chaque monastère des écoles où l'on enseignera la lecture, le psautier, la note, le chant, le comput, la grammaire. Quelques évêques s'efforcèrent de seconder les intentions du grand empereur ; il ne nous a pas été possible de trouver trace de ces écoles monastiques et épiscopales dans cette partie de l'évêché de

Poitiers qui compose le département des Deux-Sèvres, du moins en ce qui concerne l'enseignement des humbles. Théodulphe, évêque d'Orléans, dans un capitulaire de 797, exhorte les curés à ouvrir des écoles dans les villes et les villages. Il établit même le principe de gratuité que nos lois contemporaines ont consacré : « Lorsqu'ils instruisent *les petits enfants*, dit-il, ils ne doivent exiger aucune rémunération pour prix de leurs leçons et ne recevoir absolument rien d'eux, sauf ce que les parents, par reconnaissance, viendront spontanément leur offrir. » En 813, le Synode de Mayence prépara un projet de réforme, d'après lequel chacun devait envoyer ses fils à l'école ou leur faire apprendre le *Symbole* et le *Pater* en langue du pays. Mais l'enthousiasme pour l'instruction qui se manifesta dans beaucoup d'endroits à cette époque ne survécut pas au puissant monarque qui l'avait fait naître et peu de temps après sa mort la décadence des écoles était complète.

Les siècles qui suivirent forment une période d'épaisses ténèbres : c'est le règne de l'ignorance la plus noire. Après l'an mil, on vit renaître un mouvement favorable à l'instruction ; il se fonda beaucoup d'écoles épiscopales, surveillées et contrôlées par des ecclésiastiques choisis parmi l'élite du clergé. En 1178, le 3e Concile de Latran rappelle l'obligation d'installer auprès de chaque cathédrale une école gratuite pour les élèves et les écoliers pauvres, et d'établir des écoles monacales et paroissiales ; il institue des écolâtres qui exercent leur juridiction sur les écoles d'une ville ou d'un diocèse entier.

L'édit d'Orléans, de janvier 1560, affectait à l'entretien des écoles les revenus des confréries. L'art. 10 était ainsi conçu : « *Ordonnons que les deniers et revenus de toutes confrairies (la charge du service divin déduite et satisfaite) soient appliqués à l'entretènement des écoles et aumônes ès plus prochaines villes et bourgades où lesdites confrairies auront été instituées, sans que lesdits deniers puissent être employés à autre usage pour quelque cause que ce soit ; commandons très expressément à nos officiers et aux maires échevins, capitouls et conseillers des villes et bourgades, chacun en son endroit, d'y veiller à peine de s'en prendre à eux* » (1).

Une ordonnance de 1570 exige « que les maîtres soient approuvés de l'officier principal du lieu et du curé de l'église paroissiale ou des chapitres ou écolâtres. »

L'édit de Nantes (avril 1598), en son article 22, ordonne « qu'il ne sera fait différence ni distinction, pour le regard de la religion réformée, à recevoir les écoliers pour être instruits ès Universités, Collèges ou Ecoles... » Les articles 37 et 38 (articles particuliers ou secrets) disposent que « ne pourront ceux de ladite Religion tenir écoles publiques sinon ès villes et lieux où l'exercice public d'icelles leur est permis », et qu' « il sera loisible aux pères faisant profession de ladite Religion de pourvoir à leurs enfants de tels éducateurs que bon leur semblera... »

L'édit de 1606 reconnut formellement aux curés le droit « d'approuver les régents, précepteurs ou maîtres d'école des petites villes et villages » (2).

Un arrêt du Parlement de Poitiers, du 16 septembre 1634, fit défense aux protestants « de tenir escholles ou collèges sans permission du Roy vérifiée en ladite Cour. »

Le 7 janvier 1641, l'évêque de Poitiers, en vertu d'une lettre du Roi, qui l'invitait à interdire absolument les écoles où les garçons et les filles seraient reçus ensemble, fait « très

---

1. — *Recueil général* des anciennes lois françaises. Isambert, Paris, 1824. Tome XIV, p. 67.
Cette ordonnance paraît avoir été le point de départ d'un mouvement de réorganisation de l'instruction populaire.

2. — Les luttes religieuses amenèrent le clergé catholique à surveiller de très près les *petites écoles*. Le maître d'école était tenu de satisfaire à un examen sommaire devant un délégué de l'évêque et surtout de donner des gages de bonne conduite, « d'être catholique et nullement suspect d'hérésie ou aulcunes nouvelletez. » Ce n'était que sous cette garantie que l'évêque donnait la permission d'enseigner.

expresses inhibitions et deffenses à toute sorte de personnes de l'un et de l'autre sexe, dans toute l'étendue de son diocèse, de recevoir dans leurs maisons garçons ou filles, pour les instruire à lire, escrire ou au principe de la grammaire, sans avoir comparu devant lui ou ceux qu'il voudra commettre, pour être examinés et recevoir sa permission. » — Comme malgré cette ordonnance, « lue et publiée au prosne des grandes messes », plusieurs personnes, tant catholiques que de la religion prétendue réformée, continuent à tenir des écoles sans permission, le lieutenant-général du Poitou, M. de Sainte-Marthe, ordonne, le 19 février 1641, aux procureurs de rechercher les maîtres et maîtresses qui n'avaient point de permission d'enseigner, afin de les condamner à 100 livres d'amende.

La Déclaration royale du 1ᵉʳ février 1669, article 40, interdit « aux ministres de la Religion prétendue réformée de tenir aucuns pensionnaires que de ladite Religion, ni en avoir un plus grand nombre que de deux à la fois. »

Les arrêts du Conseil d'Etat des 9 novembre 1670 et 4 décembre 1671 permirent à ceux de la R. P. R. d'avoir une école et un seul maître dans chacun des lieux où l'exercice public de ladite Religion est établi pour enseigner à lire, écrire et l'arithmétique seulement.

Par l'arrêt du Conseil d'Etat du 11 janvier 1683,..... « fait sa Majesté très expresses inhibitions et défenses auxdits de la R. P. R. d'avoir des écoles hors des villes, fauxbourgs, bourgs, villages et autres lieux où l'exercice public de ladite R. se trouvera établi ; aux ministres de tenir un plus grand nombre de pensionnaires que celui porté par ledit art. XI de la déclaration de 1669, et aux maîtres d'écoles d'en avoir aucuns, à peine de mille livres d'amende, d'interdiction du Ministre et de suppression desdites écoles... »

C'est en 1681 que l'abbé de la Salle fonde la congrégation des Frères des écoles chrétiennes. Ces instituteurs, qui eurent un grand succès au xviiie siècle, se distinguent par deux innovations importantes : l'interdiction du latin et la substitution de l'enseignement simultané à l'enseignement individuel.

L'article 7 de la révocation de l'édit de Nantes (1685) prohibe « les écoles particulières pour l'instruction des enfants de ladite Religion prétendue réformée. »

Les ordonnances de Louis XIV, en 1695 et 1698, achèvent la destruction des écoles protestantes et placent entièrement les petites écoles entre les mains du clergé. L'édit de 1695 se termine ainsi : « Les régens, précepteurs, maîtres et maîtresses d'école de petits villages sont approuvés par les curés des paroisses ou autres personnes ecclésiastiques qui ont le droit de le faire ; et les archevesques, évesques ou leurs archidiacres, dans le cours de leurs visites, pourront les interroger, s'ils le jugent à propos, sur le catéchisme, en cas qu'ils l'apprennent aux enfants du lieu, et ordonner qu'on en mette d'autres à leurs places, s'ils ne sont pas satisfaits de leur doctrine et de leurs mœurs, et même en d'autres temps que celui de leurs visites, lorsqu'ils y donneront lieu pour les mêmes causes. »

L'article IX de la Déclaration royale du 13 décembre 1698 porte que l'on établira, autant qu'il sera possible, des maîtres et des maîtresses dans toutes les paroisses où il n'y en a point, pour instruire tous les enfants, « et nommément ceux dont les pères et mères ont fait profession de la religion prétendue réformée. » C'est l'école obligatoire qui paraît pour la première fois. « Dans les lieux où il n'y aura pas d'autres fonds, il sera imposé sur tous les habitants jusqu'à 150 livres par an pour les maîtres et 100 livres pour les maîtresses. »

L'article X de la même Déclaration enjoint aux pères, mères et tuteurs d'envoyer les enfants aux écoles et aux catéchismes jusqu'à l'âge de 14 ans et nommément les fils des anciens protestants.

Cette obligation de la fréquentation scolaire qui a pour but principal, il faut le dire, l'instruction religieuse, est confirmée par la Déclaration du 16 octobre 1700 et par celle du 14 mai 1724. L'article VI de cette dernière est formel : « ... Enjoignons aux curés de veiller avec une attention particulière sur l'instruction desdits enfants dans les paroisses... Exhortons et néanmoins enjoignons aux évêques de s'en informer soigneusement ; ordonnons aux pères, mères et autres qui en ont l'éducation de leur représenter les enfants qui sont chez eux, lorsque les évêques l'ordonneront dans le cours de leurs visites, pour leur rendre compte de l'instruction qu'ils auront reçue touchant la religion, et à nos juges, procureurs et aux sieurs qui ont la haute justice, de faire toutes les diligences, perquisitions et ordonnances nécessaires pour l'exécution de notre volonté à cet égard et de punir ceux qui seraient négligents d'y satisfaire, ou qui auraient la témérité d'y contrevenir de quelque manière que ce puisse être, par des condamnations d'amendes qui seront exécutées par provisions, nonobstant l'appel, à telles sommes qu'elles puissent monter. » L'article VII indique les voies et moyens d'information et d'exécution : « Voulons que nos procureurs et ceux des seigneurs haut-justiciers se fassent remettre tous les mois par les curés, vicaires, maîtres, maîtresses d'écoles ou autres, qu'ils chargeront de ce soin, un état exact de tous les enfants qui n'iront pas aux écoles, ou aux catéchismes et instructions, de leurs noms, âge, sexe, et des noms de leurs pères, mères, tuteurs ou curateurs, ou autres chargés de leur éducation, et qu'ils aient soin de rendre compte au moins tous les six mois à nos procureurs généraux, chacun dans leur ressort, des diligences qu'ils auront faites à cet égard, pour recevoir d'eux les ordres et les instructions nécessaires. »

C'est en s'appuyant sur les édits royaux que les évêques du Poitou publièrent au xviiie siècle dans leurs statuts synodaux des ordonnances concernant les écoles chrétiennes, les maîtres et les maîtresses d'école (1).

II. — LOIS, DÉCRETS ET RÈGLEMENTS RELATIFS AUX ÉCOLES DEPUIS LA RÉVOLUTION

Ici, les lois et règlements abondent et nous devons nous borner à une revue rapide. Notre but, en les groupant ici, est de n'avoir pas à les rappeler souvent au cours de cette étude.

L'oratorien Daunou publie, en 1789, un plan d'éducation qui embrassait l'enfance et l'adolescence et comprenait l'instruction élémentaire, l'éducation secondaire et supérieure ; mais ce projet ne fut pas discuté par la Constituante.

Un décret du 15 avril 1791 impose le serment civique à toute personne chargée d'une fonction d'enseignement, laïque ou congréganiste.

---

1. — En résumé, les écoles où le peuple recevait les premiers éléments de la lecture, de l'écriture et de l'arithmétique, avant 1789, peuvent être ramenées à trois espèces : les écoles abbatiales, les écoles de charité ou des pauvres et les petites écoles proprement dites.

Les écoles *abbatiales*, qui existaient depuis des siècles en Poitou dans les abbayes, les prieurés, les commanderies, subsistèrent en général jusqu'à la Révolution. Nous en avons trouvé des traces dans plusieurs localités. Les enfants des environs y recevaient gratuitement une instruction rudimentaire.

Les *écoles de charité*, qui leur sont postérieures, étaient destinées principalement par leurs fondateurs à l'instruction gratuite des enfants pauvres. Le roi et les villes fondèrent aussi durant le XVII° et le XVIII° siècle des écoles de cette espèce, surtout pour les filles ; ils les confièrent de préférence aux congrégations de femmes qui venaient d'être créées pour l'éducation des jeunes converties. Le droit de nommer les maîtres et les maîtresses des écoles de charité appartenait à ceux qui étaient désignés par le titre de fondation ; si cette désignation n'avait pas été faite, le droit de nommer revenait aux habitants de la paroisse où les écoles de charité étaient établies. — Voir plus loin *Chey, Montbrun, Oiron*.

Les *petites écoles* proprement dites étaient fondées, avec la permission de l'évêque, par de simples particuliers ou par les paroisses (voir *Le Vanneau*.) Comme les écoles de charité, elles étaient soumises aux prescriptions de l'édit de 1695.

La Constitution du 4 septembre 1791 édicte : « Qu'il sera créé et organisé une instruction publique commune à tous les citoyens, gratuite à l'égard des parties d'enseignement indispensables pour tous les hommes » ; mais aucune loi organique ne fut votée. Le rapport de Talleyrand fut lu peu de jours avant la séparation de la Constituante (10 septembre 1791). La Législative entendit le rapport de Condorcet (20 avril 1792); mais, pressée par les événements, elle n'eut pas le temps de voter une loi définitive sur l'enseignement.

Faut-il mentionner le projet utopique de Lepelletier Saint-Fargeau, d'après lequel les enfants devaient être enlevés à la famille dès l'âge de cinq ans et élevés de la même manière, filles et garçons, dans des internats aux frais de l'État ? Ce projet, adopté en août 1793, sur la proposition de Robespierre, ne fut jamais appliqué.

Les décrets de vendémiaire et brumaire an II (octobre et novembre 1793), rendus sur le rapport de Romme, établissaient une organisation générale de l'éducation civique. Mais le mois suivant un nouveau décret du 29 frimaire adopte le plan d'éducation nationale proposé par Bauquier.

Après la chute de Robespierre, le Comité d'instruction publique, sur le rapport de Lakanal, fit adopter la loi du 27 brumaire an III ; mais cette loi ne fut pas mise en vigueur plus que ses devancières; elle fut détruite à son tour par la loi du 3 brumaire an IV (25 octobre 1794). D'après cette loi, on devait enseigner dans chaque école primaire « à lire, à écrire, à calculer et les éléments de la morale républicaine ». Il n'était plus question, comme dans les systèmes précédents, de l'obligation, ni de la gratuité, ni de la rétribution des maîtres par l'État. Ces derniers avaient droit à un local pour leur logement et la tenue de la classe et à un jardin. Si c'était possible, ils percevaient une rétribution scolaire des familles d'après des taux fixés chaque année, l'administration pouvait, sans indemnité, exempter un quart des élèves de la rétribution, pour cause d'indigence.

La Convention avait institué des fêtes nationales. Le ministre de l'intérieur donna, le 27 ventôse an V, des instructions précises sur l'obligation, pour les instituteurs, d'assister à ces fêtes avec leurs élèves (1).

Le Directoire n'ajouta rien aux lois et règlements scolaires de la Convention; il prescrivit seulement, en 1797, de surseoir à la vente de tous les édifices consacrés autrefois à l'enseignement et exigea de tous les citoyens qui sollicitaient des fonctions publiques, la preuve qu'ils avaient étudié dans les écoles de la République et, s'ils étaient pères de famille, la preuve qu'ils faisaient instruire leurs enfants.

---

1. — « ... Les instituteurs de la jeunesse doivent toujours paraître, dans les cérémonies, à la tête de leurs élèves. Ils seront invités à y prononcer des discours sur les sciences, les arts, la morale et toutes les vertus sociales, discours qui auront été préalablement communiqués aux administrations municipales. C'est ainsi que les cérémonies ne seront plus de vaines *représentations*, et pourront devenir de la plus grande utilité pour l'instruction du peuple.

« Je n'ai pas besoin de dire que la musique, les hymnes et les chants patriotiques doivent, autant qu'il sera possible, embellir ces cérémonies.

« Les exercices de l'esprit et du corps sont, après les *cérémonies*, les moyens les plus propres à intéresser le peuple aux fêtes nationales.

« La loi relative à l'instruction publique porte : « Il sera, dans les fêtes,
« décerné des récompenses aux élèves qui se seront distingués dans les
« écoles nationales.

« Des récompenses seront également décernées, dans les mêmes fêtes,
« aux inventions et découvertes utiles, aux succès distingués dans les arts,
« aux belles actions et à la pratique constante des vertus domestiques et
« sociales... »

« *Le ministre de l'Intérieur* : BÉNEZECH. »

Une autre circulaire, du 10 brumaire an VI, rappelle cette obligation :

«... Vous veillerez à ce qu'aucun fonctionnaire n'exerce son emploi le décadi ; il doit non seulement se conformer à cette règle, mais y assujettir aussi sa famille. Les instituteurs publics doivent encore y être tenus, ainsi que leurs élèves. C'est aux instituteurs, aux élèves des écoles publiques à se montrer les plus zélés observateurs des fêtes nationales ; ils doivent toujours être présents aux cérémonies ordonnées pour les célébrer.

« Salut et fraternité.

« *Le ministre de l'Intérieur* : LETOURNEUR. »

La loi du 11 floréal an X (1er mai 1802) réorganisa encore une fois l'enseignement à tous les degrés. Cette loi ne mentionne aucun traitement pour les instituteurs, qui reçoivent des familles une rétribution fixée par le conseil municipal ; elle leur donne droit au logement, mais, en retour, ils doivent admettre gratuitement un cinquième de l'effectif total de leurs élèves. D'après cette même loi, tous ceux qui voulaient continuer à enseigner ou entrer dans l'enseignement étaient astreints à passer un examen devant un comité d'arrondissement.

La loi du 1er mai 1806, complétée par les décrets du 17 mars 1808, nous donne le système scolaire de Napoléon Ier. Elle institue l'Université, en dehors de laquelle nul ne peut ouvrir une école ni enseigner publiquement. Toutes les écoles de l'Université impériale doivent prendre pour base de leur enseignement : « 1° Les préceptes de la religion catholique ; 2° *La fidélité à l'Empereur, à la monarchie impériale, dépositaire du bonheur des peuples, et à la dynastie napoléonienne*, conservatrice de l'unité de la France et de toutes les idées proclamées par la Constitution. » L'Université comprend quatre catégories d'établissements ; au dernier degré se placent les écoles primaires, où l'on apprend à lire, à écrire et à calculer, et qui sont entretenues par les communes et les parents. Pendant les dix ans de l'Empire, le budget de l'État ne porte qu'un crédit insignifiant de 4,500 francs pour le noviciat des écoles chrétiennes.

Un des premiers actes de la Restauration fut l'ordonnance du 29 février 1816 qui créait un comité cantonal gratuit et de charité pour surveiller et encourager l'enseignement primaire. Toutes les communes étaient tenues de pourvoir à l'instruction primaire des enfants et à l'instruction gratuite des indigents. Pour être nommé instituteur, il fallait produire un certificat de bonne conduite et être examiné par une commission qui délivrait ensuite, s'il y avait lieu, un brevet du premier, du deuxième ou du troisième degré, correspondant à trois catégories d'écoles. La nomination était faite par le recteur, sur l'avis du comité cantonal et du préfet. Une circulaire du 3 juin 1819 appliqua ces dispositions aux écoles de filles.

L'ordonnance du 8 avril 1824 enleva aux recteurs la nomination des instituteurs catholiques pour l'attribuer à un comité dont l'évêque ou son délégué était président, et dont deux membres sur cinq étaient des ecclésiastiques désignés par lui.

Une ordonnance plus libérale, du 21 avril 1828, organisa dans chaque arrondissement un ou plusieurs comités de surveillance et d'encouragement, créa un service gratuit d'inspection et permit, sous certaines conditions, de former des écoles mixtes quant au culte.

L'ordonnance du 14 février 1830 exigea que toutes les communes fussent pourvues de moyens suffisants d'instruction primaire, traça un plan complet d'organisation scolaire, prescrivit la création dans chaque académie d'une école modèle au moins, destinée à former des instituteurs, et fit figurer au budget de l'État un crédit spécial pour les écoles primaires.

Ce fut la loi organique du 28 juin 1833 qui constitua véritablement l'instruction primaire. D'après cette loi, toute commune était tenue, soit par elle-même, soit en se réunissant à d'autres communes, d'entretenir au moins une école élémentaire. Les chefs-lieux de département et les communes comptant plus de six mille habitants devaient, en outre, entretenir une école primaire supérieure. La loi spécifiait les ressources à l'aide desquelles les écoles devaient être créées et entretenues et les maîtres payés ; les communes, les départements et l'État devaient contribuer à la dépense dans des conditions déterminées. Auprès de chaque école était constitué un comité local de surveillance ; dans chaque arrondissement, un comité spécial, de qui relevaient toutes les écoles de l'arrondissement. Les instituteurs devaient posséder un brevet de capacité, sauf les congréganistes qui restaient sous un régime de faveur. Dans les comités scolaires, le clergé cessait d'avoir une influence prépondérante. Tout département était tenu d'entretenir une école normale primaire, soit par lui-même, soit en se réunissant à un ou plusieurs départements voisins.

L'ordonnance royale du 23 juin 1836 étendit les bénéfices de cette loi aux écoles de filles.

A la surveillance du comité local et du comité d'arrondissement vint se joindre, en 1835, celle de l'inspecteur de l'instruction primaire, dont la juridiction s'étend à tout le département, avec un ou deux sous-inspecteurs à partir de 1837. En 1846, deux places d'inspecteurs supérieurs de l'enseignement primaire sont créées pour toute la France.

Sous l'influence de M. de Falloux, l'Assemblée législative vota la loi organique du 15 mars 1850, qui proclamait la liberté de l'enseignement. L'instituteur communal était nommé par le conseil municipal, en butte aux coteries locales ; les instituteurs-adjoints des instituteurs congréganistes étaient dispensés du brevet, ainsi que toutes les institutrices appartenant aux congrégations, même les directrices. La loi ne mentionnait plus les écoles primaires supérieures ; elle se contentait d'autoriser l'enseignement de certaines matières facultatives.

La loi du 10 avril 1867 améliora la législation antérieure en organisant l'enseignement primaire élémentaire des jeunes filles, en obligeant les communes de plus de 500 habitants à ouvrir une école de filles, en instituant des écoles de hameau, en ajoutant les éléments de l'histoire et de la géographie de la France aux matières obligatoires de l'enseignement primaire, en créant la Caisse des écoles.

A la troisième République, nous devons la loi du 9 août 1879 relative à l'établissement des écoles normales primaires; celle du 16 juin 1881 exigeant des titres de capacité de toute personne qui veut enseigner ; celle du même jour établissant la gratuité absolue dans les écoles primaires publiques ; celle du 28 mars 1882 proclamant l'obligation de l'enseignement primaire ; celle du 20 mars 1883 faisant une obligation de construire des maisons d'école dans les chefs-lieux de commune et dans les hameaux ; celle du 20 juin 1885 relative aux subventions de l'Etat pour constructions et appropriations de locaux scolaires ; celle du 30 octobre 1886 sur l'organisation de l'enseignement primaire et sur la laïcisation des écoles publiques, complétée par les décret et arrêté du 18 janvier 1887; enfin la loi du 19 juillet 1889 modifiée par celle du 25 juillet 1893 et les lois de finances de 1903 sur les dépenses ordinaires et sur les traitements du personnel de l'enseignement primaire.

Les salles d'asile, dont la création remonte au commencement du xix° siècle, restèrent d'abord dans le domaine de la charité privée; c'est l'ordonnance royale du 22 décembre 1838 qui en fit de véritables maisons d'éducation. Un décret impérial du 16 mai 1854 les plaça sous le patronage de l'impératrice. L'enseignement maternel ne fut sérieusement organisé que par la loi organique du 30 octobre 1886.

Les cours d'adultes furent fondés en 1820 à Paris, sous les auspices de la *Société pour l'instruction élémentaire*. Ils sont mentionnés pour la première fois d'une manière officielle dans la circulaire ministérielle interprétant la loi de 1833 et dans l'arrêté du conseil royal de l'instruction publique du 22 mars 1836. La loi de 1850 en parle incidemment, mais ne les organise pas. En 1864, on les vit renaître; des récompenses cantonales furent créées par Duruy pour les élèves les plus assidus et les maîtres les plus zélés. La loi du 10 avril 1867 mit à la disposition du ministre un fonds de subvention pour les classes d'adultes.

Le gouvernement de 1848 songea à fonder des bibliothèques dans toutes les communes rurales ; mais elles ne furent créées réellement que par l'arrêté ministériel du 1er juin 1862. La bibliothèque scolaire fut placée sous la surveillance de l'instituteur dans une des salles de l'école dont elle est la propriété. Elle devait comprendre : 1° le dépôt des livres de classe à l'usage de l'école ; 2° les ouvrages concédés par le ministre ; 3° les livres donnés par les préfets au moyen de crédits votés par les conseils généraux ; 4° les ouvrages donnés par les particuliers ; 5° les ouvrages acquis avec les ressources propres des bibliothèques.

CHAPITRE I

Documents relatifs aux Écoles des Deux-Sèvres avant la Révolution

CHAPITRE I

Documents relatifs aux Écoles des Deux-Sèvres avant la Révolution

I. VESTIGES DES ANCIENNES ÉCOLES

Ce chapitre et le suivant sont le résumé substantiel des documents les plus intéressants trouvés dans les archives communales et départementales ; nous avons pris soin d'élaguer les redites et les répétitions des mêmes faits. Ces documents, nous les présentons par ordre alphabétique des communes, laissant au lecteur le soin de les grouper par région et d'après leur analogie (1).

LES ALLEUDS (656 habitants). — Les actes de l'état civil remontent à 1735 : les plus anciens ne portent généralement d'autre signature que celle du prieur, curé de l'abbaye des Alleuds. Quelques-uns cependant sont signés par les témoins ou par les parties contractantes,

---

1. — Les documents relatifs aux écoles primaires avant 1789 sont rares dans le Bas-Poitou, dont la population a été décimée et dont un grand nombre de chartes ont été détruites pendant les malheureuses guerres civiles du XVIe siècle et de la fin du XVIIIe ; ce qui rend difficiles les recherches sur les événements antérieurs à la Révolution.

surtout quand il s'agit de familles bourgeoises. On y trouve bien peu de signatures de femmes.

ARDILLEUX (240 h.). — Il existait une école à Ardilleux dès 1652, comme le prouve l'extrait suivant des registres de l'état civil que nous reproduisons ci-après :

Ce jourd'hui, 4e du mois de juin 1652, ont receu pardevant moi, soussigné, la bénédiction nuptiale, Jacques Nicolas et Louize Blanche, En présence de Messire Pierre Pouioize, maître d'eschollé à Ardilleux, et Jacques Nicolas, père du susdit marié et François Parpant, l'un des plus proches parents de la susdite Louize Blanche, qui ont desclaré ne le savoir, à la réserve dudit Pouioize.

P. POUJOIZE.   P. HAULEBEC, *curé d'Ardilleux.*

BRESSUIRE (4.668 h.). — Dans le *Registre d'assises de Saint-Loup,* qui se trouve aux archives départementales, il est question d'un procès intenté en 1401 par le sieur Jamet Voyaulx, maître de l'école de Bressuire, contre Raymond Guillorit, « en payement de 35 sols pour le salaire d'avoir appris son fils, pendant une année et trois quarts. » Il y est question également de Me Guillaume Dupas, prêtre, maître de l'école de Bressuire en 1401. Nous n'avons pas pu nous procurer d'autres renseignements sur cette école qui paraît l'une des plus anciennes de la région (1).

---

1. — Les archives de la ville ayant été brûlées pendant les guerres de Vendée, il n'est pas possible de se renseigner sur l'état de l'enseignement dans cette importante commune avant 1789. Il ressort toutefois d'une délibération du 1er nivôse an IX et d'une autre du 3 mai 1807, que Bressuire avait avant la Révolution un collège ecclésiastique et une école de filles, tenus par des religieuses de Sainte-Ursule. Ces écoles, aussi bien que la ville tout entière d'ailleurs, ont été détruites pendant la guerre des Chouans. — Voir plus loin *Affiches du Poitou.*

CHAMPDENIERS (1.405 h.). — On a les noms d'un certain nombre de régents qui ont tenu école à Champdeniers de 1641 à 1767 ; quelques-uns cumulèrent les fonctions de notaire avec celles de maître d'école. Nous savons qu'en 1643, l'écolage était de 20 sols par mois pour les externes, et de 30 sols pour un élève non nourri, mais couchant à l'école. On lit dans le registre de la paroisse que, le 13 décembre 1660, fut enterré à Champdeniers « Pierre Maboul, *escollier*, fils de France, écuyer, lieutenant de la maréchaussée de Niort. »

LA CHAPELLE-SAINT-LAURENT (2.247 h.). — Il existait une école dans cette commune avant la Révolution, comme le constate le passage ci-dessous de la délibération du 8 août 1808, fort peu respectueuse pour le sieur de La Rochejacquelin :

Aujourd'hui, huit août mil huit cent huit,
. . . .
Qu'ayant à prendre une délibération au sujet de différentes entreprises, et prétentions ridicules formées par Monsieur de la Rochejaquelin, au préjudice des droits incontestables de cette commune, tant par l'emplacement public au sein de ce bourg, où autrefois il existait des halles incendiées pendant la guerre de la Vendée, que sur la place publique de Pitié, ou encore par une petite maison dans l'enceinte du cimetière de cette commune qui lui servait autrefois de maison d'éducation pour la jeunesse ;

Un membre a dit : Messieurs, il est intéressant de vous rappeller, quoique personne n'ignore dans cette commune, que le sieur Verger de la Rochejaquelin profitant, il y a environ neuf ans, de l'absence des autorités constituées de cette commune, qui se réfugièrent à Parthenay, pour se soustraire à la fureur de quelques bandes de scélérats, notamment à celle à la tête de laquelle était un *nomé* Vergnault qui *n'en* voulait, comme les autres hordes de brigands, aux amis du gouvernement ; et qui dans le même temps fit une incursion dans ce bourg, ou après s'être emparé des deniers publics fit brûler les papiers et archives de l'administration où était consigné aussi des papiers du desservant et objets en question ; il est intéressant, dis-je, de vous rappeler qu'à l'époque que je viens de vous citer, M. de la Rochejaquelin et son épouse s'emparèrent de la petite maison d'école appartenant à cette commune, qui avant et pendant longtemps avait servy à l'administration municipale pour le lieu de ses séances ; comme elle lui avait servy autrefois, et pendant un temps immémorial, pour y loger des maîtres d'école, auxquels la commune accordait gratuitement l'instruction de la jeunesse ;

Que M. de La Rochejaquelin, ne consultant sans doute que l'ascendant qu'il avait sur nos malheureux et craintifs habitants, et la possibilité qu'il prévoyait de faire réussir le dessein qu'il avait formé, par de spécieux prétexte, de s'emparer de quelque objet appartenant à la commune, en s'ymaginant que parce qu'autre fois la famille de M. de Lescure avait perçu des droits de plaçage et péages, tant dans le bourg de la Chapelle-Saint-Laurent les jours de foires qu'a Pitié, les jours de foires et assemblées, qu'il le pouvait encore, s'appuyant ainsi qu'il le paraît sur la fausse conséquence, que puisque MM. de Lescure avaient perçus de tels droits, les lieux public, sur lesquels ils le percevaient, devaient lui appartenir ;

. . . .

CHATILLON-SUR-SÈVRE (1.517 h.). — Avant 1789, l'instruction était confiée pour les garçons aux religieux de l'Abbaye de la Trinité ; pour les filles, aux Dames de la Sagesse. L'école de l'Abbaye tendait surtout à former les vocations ecclésiastiques, comme l'atteste l'extrait suivant de l'ouvrage intitulé : *l'Ab-*

baye de la *Trinité, de Mauléon* (ancienne dénomination de la commune) :

Le personnel de l'Abbaye se composait encore de quelques enfants élevés à l'ombre des cloîtres, sous la direction d'un écolâtre, dans une discipline rigoureuse et de fortes études, pour assurer le recrutement de l'avenir. Le chant ecclésiastique était cultivé avec un soin particulier et l'exécution en était soumise à des règles précises, qui lui assuraient la décence et le cachet artistique.

Dans l'inventaire des biens et revenus de l'Abbaye de Mauléon, nous relevons une rente de 450 livres, constituée au capital de 9.000 livres, pour les écoles de charité.

Quant à l'école de filles, elle était subventionnée par un legs de dame Louise Massoteau, de 1762. Il était dit dans ce testament : « Comme il n'y a dans cette ville aucune fille capable d'instruire, (la testatrice) donne 15.000 livres pour établir 3 sœurs de la Sagesse, 2 pour les écoles, la 3e pour secourir les pauvres malades de la ville et des environs. »

CHEF-BOUTONNE (2.139 h.). — Il y eut constamment, depuis le XVIIIe siècle, des écoles de garçons à Chef-Boutonne, et même des petites écoles à Javarzay. Les Grassin, Barthélémy Gautier, Jean Crosneau, Pierre Hérault, Moïse Léger, Charles Deligny, Jean Villeneuve, François Bellin Dupont, Mathieu Bonnet, qui ont enseigné avant 1789, sont mentionnés, dans les actes de l'état civil, avec les titres de « régent, d'instructeur, précepteur ou instituteur de la jeunesse, maître des petites écoles, maître de pension » ; leurs écoles sont dénommées « collège, pension, grandes et petites écoles, écoles de charité ». En 1750, Charles Deligny provoque à Javarzay une réunion pour annoncer que, cédant aux sollicitations de ses amis, il refuse une nomination de « Collecteur de Chef-Boutonne », et renonce à aller s'établir à Niort, pour continuer d'enseigner, à la condition que, déjà cotisé à la taille à la somme de 16 livres, il ne sera pas augmenté..... Les maîtres des petites écoles recevaient à ce titre du Trésorier royal un traitement de 160 livres.

A partir de 1769, on trouve trace d'une école de filles : une dame Marie Boux recevait, à titre de maîtresse d'école, un traitement de 80 livres par semestre, « pour instruire les petites filles. »

CHENAY (996 h.). — On relève sur les anciens registres de l'état civil, tenus par le curé de la paroisse, l'acte suivant :

L'an mil sept cent quatre vingt neuf, le quatre juin, a été inhumé par moi, curé soussigné, dans le cimetière de cette paroisse, le corps de Pierre Guignard, décédé hier, âgé de quatre-vingts ans, *maître d'école et ancien sacristain*, en présence de ses trois filles, qui ont déclaré ne savoir signer, et son gendre, qui a signé.

Nous savons, d'après un vieux papier, que toute la science de cet instituteur se bornait à enseigner la lecture, le catéchisme et *un peu* l'écriture.

CHERVEUX (1.601 h.). — A partir de 1778, un sieur Couliau, Jacques-Joseph, signe, comme déclarant ou témoin, certains actes de l'état civil, en prenant le titre d'*instructeur de la jeunesse* ; en 1782, il s'intitule *précepteur de cette paroisse* ; de 1783 à 1788, *instituteur de la jeunesse*.

CHEY (1.082 h.). — La première école de Chey semble remonter à l'année 1686, d'après l'extrait d'un testament de Dame Françoise Dupuy du Foré, marquise douairière de Laval, dame de la seigneurie de Chey et Brégion, où il est dit que la testatrice donne et lègue 200 livres de rentes, « pour la fondation d'un maitre d'école, qui sera entretenu pour l'instruction des *nouveaux convertis et pauvres enfants* à la foi catholique, afin d'apprendre à lire et à écrire, et ce dans la terre de Chey, sur les revenus de laquelle seront pris les susdites 200 livres. »

CHICHÉ (1.855 h.). — Dans le *Registre d'assises de Saint-Loup*, il est fait mention d'un ancien maitre d'école qui fut brûlé dans cette commune en 1641.

CHIZÉ (617 h.). — L'existence d'une école de filles à Chizé semble remonter à l'époque de la fondation de l'hospice (1695), si nous nous en rapportons à la lettre suivante des administrateurs de l'hospice au recteur de Poitiers, datée du 6 avril 1813 :

MM. les administrateurs de l'hospice civil de Chizé ont l'honneur de vous exposer que, de tout temps, les dames hospitalières, chargées du service intérieur du dit hospice, ont tenu école pour l'instruction des jeunes filles, que, dans cette école, on y enseigne à lire et à écrire, les éléments du calcul et des principes de morale évangélique, qui ne peuvent qu'être avantageux aux jeunes personnes du sexe.

En conséquence de ce, et nous conformant aux dispositions du décret impérial du 17 mars 1808, nous vous prions, Monsieur, de vouloir bien autoriser provisoirement les sœurs hospitalières de Saint-Laurent-sur-Sèvre, attachées à l'hospice de Chizé, à tenir école primaire pour l'instruction des jeunes filles, et ferez justice (*Correspondance de l'hospice*, n° 148).

Il devait exister aussi depuis longtemps une école pour les garçons ; ce qui le prouve, ce sont les nombreux témoins qui signent dans les actes de l'état civil, — plus des 4/5 des comparants, — et la façon dont les administrateurs, syndics, etc., rédigent les délibérations, correspondances et documents.

CLESSÉ (1.370 h.). — Dans cette commune et en d'autres lieux, les châtelains, qui avaient des précepteurs pour instruire leurs enfants, admettaient par faveur certains enfants du peuple à suivre les leçons données à la maison seigneuriale.

COUTIÈRES (309 h.). — Jusqu'en 1792, les jeunes gens qui voulaient être enfants de chœur se rendaient chez le curé de la paroisse, ou chez les moines de l'Abbaye des Chatelliers ; ceux-ci tenaient une école, dont le but était plutôt de former des clercs que d'instruire le peuple.

Nous voyons que, par son testament daté du 17 octobre 1531, Jean Boucard, fondateur de l'aumônerie de Ménigoute, donna des biens importants au monastère des Chatelliers, à condition « que les religieux, abbés et couvent seraient tenus de vestir un pauvre enfant orphelin, né et procréé en bon et loyal mariage ; si bon semble au dit enfant, le tenir et entretenir aux études et lui administrer livres et choses nécessaires jusqu'à ce qu'il soit gradué de tous degrés. »

EXOUDUN (1.310 h.). — En 1581, il y avait un régent des écoles à Exoudun, Me Michel Delahaye. Moyennant 6 écus 2/3, il prenait en pension, entre autres enfants du pays, le fils de Me Joseph Nourry, apothicaire à La Mothe, « à commencer du dixième jour d'octobre jusqu'au dixième jour d'avril, pour, durant le dit temps, l'instruire et l'enseigner aux lettres françaises et latines au mieux qu'il lui sera possible, le nourrir, blanchir et coucher bien et dûment ; comme on a coutume et se doit faire aux jeunes écoliers. »

FRESSINES (822 h.). — Voir plus loin l'histoire de Jean Migault. — Par lettre de cachet de février 1746, Pierre Poirier, qui avait ouvert une école clandestine protestante à Moulé, hameau de Fressines, où avait exercé Jean Migault, fut emprisonné au donjon de Niort, où il resta pendant dix ans. Il avait été dénoncé par Dillon, curé de Fressines.

FRONTENAY-ROHAN-ROHAN (1.939 h.). — En 1743, un sieur Povreau exerce les fonctions de « maître d'école, régent, précepteur de la Jeunesse. » Il enseigne, moyennant une somme très minime, jusqu'en 1786, époque à laquelle il est décédé avec le titre de « maître de pension. » En 1779, un sieur Mounier, Jacques, Laurent, s'établit également comme « maître d'école. » Il exerça jusqu'à l'an II de la République.

LEZAY (2.550 h.). — Cette commune dut être de bonne heure gagnée à la religion réformée, car les abjurations y sont nombreuses dans la seconde partie du xviie siècle. C'est dans ces actes d'abjuration que l'on relève les premiers noms des maîtres d'école de Lezay. Le 25 janvier 1668, Me Anthoine Laprade, régent, signe comme témoin l'acte d'abjuration d'un nommé Berthonneau ; le 25 février, il assiste à un enterrement ; le 15 août suivant, a lieu un baptême où signe comme parrain Anthoine Denis, régent dudit bourg.

Leurs signatures, en écriture bâtarde, sont très correctes et sans parafe ; elles sont toujours accompagnées des expressions *régent profane* ou simplement *profane*. Au bas d'un acte où Denis est qualifié de *régent scholare*, il a signé : *Denis profane*.

De 1668 à 1778, rien ne rappelle la présence d'un maître d'école à Lezay, ni dans les seigneuries dépendantes ; peut-être les persécutions religieuses d'alors en sont-elles la cause. On en retrouve les traces en 1778. A cette date a lieu l'enterrement de Pierre Savin, régent aux gages de Sa Majesté, âgé d'environ 67 ans, et qui a signé la plupart des actes de son temps. On trouve encore vers cette époque les noms de Trelot, de Chabaury (ou Chabanoy), Didier et Bernard (Pierre, Noel). Chabaury était originaire de Riom et est mort en février 1784. L'acte de décès porte : « Natif des bains du Mont d'Or, établi à Riom, en Auvergne, âgé de 42 ans, maître des petites écoles depuis deux ans dans le bourg de Lezai, inhumé dans le cimetière de cette paroisse... » A la suite de quelle circonstance cet étranger est-il venu enseigner à Lezay? les archives n'en font pas mention.

MAUZÉ (1.563 h.). — Voir plus loin l'histoire de Jean Migault.

MELLE (2.669 h.). — Nous n'avons pu nous procurer de renseignements sur les petites écoles qui ont dû exister à Melle sous l'ancien régime. Il y avait avant la Révolution un collège confié au sieur Moreau, qui avait sous lui un seul professeur : on y enseignait la grammaire française, le latin et les mathématiques. La pension était de 342 livres par an ; le nombre des élèves était d'environ 60, dont la moitié pensionnaires. Le citoyen Moreau exerçait encore en l'an X : le prix de la pension était alors monté à 442 francs.

En ce qui concerne les écoles protestantes de cette ville, nous possédons deux délibérations du Consistoire du 2 mars 1663 et du 16 mai 1666. On sent, en lisant la première, comme une sorte de prélude aux persécutions qui vont fondre sur la religion réformée ; il semble que celle-ci n'est déjà plus suffisamment protégée par l'édit d'Henri IV.

2 mars 1663. — ..... MM^{rs} Melin, Forbes et Nourry, ayant présenté à cette Compagnie une sentence des Présidiaux de Poitiers, par laquelle défenses leur sont faites de s'immiscer à l'instruction de la Jeunesse, contre la liberté qui nous est acquise par les édits du Roy.

La Compagnie, considérant que cette vexation n'est qu'une suite de celles qu'ils avaient commencées, il y a quelques années, contre lesquelles nous avons obtenu arrêt de la Cour, a arrêté que lesdites significations seraient envoyées à M. Jouard, procureur au Parlement, afin d'obtenir de la Cour qu'il lui plaise nous maintenir, conformément à son arrêt.

16 mai 1666. — Le Consistoire, désirant pourvoir à la charge de lecteur en cette église, vacant par l'éloignement du sieur de La Fontaine, a jeté les yeux sur M. Jacques Melin, régent en cette ville, lequel a déjà exercé la même charge en l'église de La Mothe.

MENIGOUTE (1.061 h.). — Les archives seigneuriales du château de la Barre mentionnent qu'en 1523, il y avait à la Frairie un maitre d'école qui faisait régulièrement la classe aux enfants de la paroisse. On l'appelait le « maître des enfants » (1).

LA MOTHE-SAINT-HÉRAY (2.346 h.). — Une école était entretenue à La Mothe-Saint-Héray, dès 1577, au moyen des revenus de la Confrérie de Saint-Crépin (2). Cette année-là, par contrat en date du 19 octobre, reçu par François Tastereau, notaire, Me Pierre Deluzannes affermait « toutes les terres arables étant des appartenances de la Chapelle Saint-Crépin, à lui baillées comme régent des écoles pour instruire en lettres les enfants dudit lieu de La Mothe. » Mais le bail ne fut pas de longue durée. Une Commission, nommée par les Grands Jours siégeant à Poitiers (1579), parcourait les communes « pour

---

1. — De 1878 à 1889, pour une période de 10 ans, sur 101 mariages célébrés dans cette commune, 76 hommes et 67 femmes ont pu signer leur acte. Un siècle avant, pour une même période décennale, de 1780 à 1790, sur 90 mariages, la proportion n'était que de 23 époux et de 6 épouses sachant signer.

2. — Voir l'Ordonnance de Charles IX, de janvier 1560, *Introduction*, p. xii.

voir, visiter, s'enquérir et informer de plusieurs points concernant le rétablissement du service divin et de l'état des églises et maisons presbytérales. » Les commissaires enquêteurs déclarèrent qu'il était urgent de restaurer l'église, et décidèrent qu'à défaut de ressources disponibles, il y avait lieu d'aliéner les biens de la Confrérie de Saint-Crépin. Ces biens furent mis en vente en 1582 et cette liquidation forcée entraina la suppression de M° Deluzannes.

Les écoles, sous la pression des habitants, furent bientôt rétablies par les autorités locales. Mais de gratuite qu'elle était, l'instruction passa à la charge des familles qui durent payer, sous le nom d'écolage, une rétribution scolaire dont le taux était fixé d'accord avec le régent. On cite, de 1586 à 1789, 42 maitres qui, sous les qualifications diverses de *régent, maître des écoles, maître écrivain, instructeur, précepteur ou instituteur de la Jeunesse, régent des escolles, régent en lettres humaines, professeur en mathématiques*, ont enseigné aux enfants de cette commune la lecture, l'écriture et le calcul, et quelquefois un peu de latin.

Il est à remarquer que plusieurs régents à la fois ont exercé dans le bourg de La Mothe ; qu'on instruisait les enfants, non seulement au chef-lieu, mais dans les agglomérations importantes de La Villedieu, La Villedé ; que là, comme ailleurs, on vit des régents conserver longtemps leur charge et la transmettre à leurs enfants. Il résulte d'un grand nombre d'actes, qui ont été conservés, que les gens de La Mothe faisaient grand cas de l'instruction et que la volonté des contractants en faisait une obligation du tuteur à l'égard de son pupille, du patron envers son apprenti, parfois du maitre envers son serviteur. Témoin les actes suivants :

Jean Bouhier, moulinier au moulin à draps de la Péchoire, chargé de la tutelle de son beau-frère, « l'enverra à l'école et payera les mois qu'il conviendra payer pour l'instruction dudit mineur » (1671).

Pierre Charrault, maître affranchisseur, s'engage envers son apprenti, à « le faire aller à l'école et payer ses maitres qui lui apprendront à lire et à écrire, et le rendre fidèle et obéissant en toutes choses licites et honnêtes » (1690).

Extrait du testament de Mathurine Pelloquin, 1790 : « Je veux que le revenu de mes biens, par moi donnés à mes petits-enfants, soit mis ès mains de maître Daniel Chameau, chirurgien à La Mothe, pour le conserver et leur délivrer à leur besoin pour les faire instruire aux écoles et leur apprendre un métier. »

Dans le compte de tutelle du fils d'un boucher de La Mothe, rendu en l'année 1678, nous lisons :

« En 1666, envoyé ledit mineur 8 mois à l'école, et fourni d'écritoires et papier et des plumes et plusieurs chartes, 6 livres.

« En 1667, payé au régent qui a enseigné à lire et à écrire, 10 sols par mois pendant 8 mois, qui revient à 4 livres.

« A Rouhault, libraire, 20 sols pour un Psaume.

« En 1668, payé au régent 4 livres pour 8 mois. »

En 1694, un laboureur fait marché avec le précepteur de la Jeunesse, qui s'engage à recevoir son fils pendant trois ans, à raison de 3 livres pour la première année, consacrée à la lecture, et 6 livres « pour chacune des deux autres qu'il apprendra à écrire. » L'enfant apportera « un livre des Alphabets, un peigne et deux chartes, le peigne 5 sols, les chartes 3 sols » ; plus tard, il aura « 6 chartes, une paire d'Heures et 12 mains de papier, qui lui coûteront 3 livres ».

Il arrive assez souvent à La Mothe que le maitre a des pensionnaires venus quelquefois de loin ; il perçoit de ce chef une somme annuelle de 60 à 70 livres par élève. Pour ces prix, l'enfant « nourri, couché, blanchi, hébergé, comme le cas le requiert, apprendra les sciences humaines de lire, écrire, « arismétiquer », tant que pourra le porter ledit écolier, et même à prier Dieu. »

Nous avons vu qu'en 1698, un édit de Louis XIV enjoignit aux parents d'envoyer leurs enfants en classe jusqu'à l'âge de 14 ans et prescrivit aux communautés d'allouer aux régents un traitement fixe. Voici l'Ordonnance du 12 novembre 1701, par laquelle l'intendant du Poitou réglait la part contributive de la commune et le mode de recouvrement de cette taxe nouvelle :

Le Roy ayant en conséquence de l'article IX de la déclaration du 13 décembre 1698, ordonné qu'il sera étably des maistres et maistresses d'écoles dans plusieurs lieux de la Généralité pour instruire les enfants, et principalement ceux dont les pères et mères ont fait profession de la religion prétendue réformée, et Sa Majesté voulant pourvoir à la subsistance desdits maistres et maistresses d'écoles, conformément à ladite déclaration, a ordonné, par un arrêté du Conseil du 26 octobre 1700, qu'à l'avenir, et jusqu'à ce qu'autrement par Sa Majesté en ait esté ordonné, il sera annuellement imposé et levé conjointement avec la Taille et sans retardation d'icelle, sur les habitants taillables des paroisses de la généralité de Poitiers comprises dans ledit arrest, et dans ceux des 7 décembre de ladite année 1700, 11 janvier et 4 octobre 1701, jusqu'à la concurrence de cent cinquante livres pour un maistre d'école, et de cent livres pour une maistresse, pour leur subsistance,

Veu lesdits arrêts et les commissions sur iceux des mêmes jours, à nous adressées et scellées du grand sceau de cire jaune,

Nous, intendant et commissaire susdit, ordonnons, conformément auxdits arrêts, aux collecteurs de la paroisse de La

Mothe-Saint-Héraye, élection de Niort, de l'année prochaine mil sept cent deux, d'imposer et lever sur tous les contribuables aux tailles de ladite paroisse, au marc la livre de leur taille, la somme de cent quatre-vingt livres, à laquelle nous avons trouvé revenir ce que ladite paroisse doit porter pour sa part de la somme de deux cent cinquante livres pour la subsistance des maistres et maistresses d'écoles qui doivent instruire les enfants de la paroisse de La Mothe-Saint-Héraye, Bougon et Salles, laquelle sera par lesdits collecteurs payée au receveur des tailles de ladite élection en exercice l'année prochaine 1702, et par lui remise, suivant nos ordonnances particulières, auxdits maistres et maistresses.....

Sous le régime de l'Edit de Nantes, catholiques et réformés eurent à La Mothe leurs écoles confessionnelles, sous la haute surveillance de la paroisse et du ministre protestant. En 1681, le temple fut abattu, en exécution de l'édit de 1680 condamnant à la démolition les édifices dans lesquels les relaps feraient acte de protestantisme, et les écoles protestantes furent fermées à La Mothe, où l'enseignement catholique régna seul désormais jusqu'à la Révolution.

Il faut noter enfin qu'à La Mothe, le personnel enseignant, sous l'ancien régime, fut exclusivement laïque (1).

MOUGON (1.356 h.). — Voir plus loin l'histoire de Jean Migault.

Nous trouvons, dans une délibération du consistoire du 14 décembre 1612, qu' « une somme de trois livres tournois fut distribuée à M° Cocard, régent. »

---

1. — Nous avons tiré ces renseignements d'une étude du D' Prouhet, insérée dans le *Mercure Poitevin*, tome IV, 1900, premier semestre.

NIORT (23.674 h.). — C'est par le livre de M. Henri Proust, sur *les Revenus et les Dépenses de l'Hôtel de Ville de Niort avant 1789*, que nous connaissons l'histoire de l'instruction populaire dans l'ancien Niort. Ces documents, tirés des registres de l'Hôtel de Ville, sont résumés ici.

Nous savons par eux que, dès 1453, il y avait un maitre d'école autorisé par le corps de ville, nommé Anthoine Symonnet. Ce maitre des écoles de *grantmayre*, comme disent les délibérations, était autorisé, mais non subventionné ; il ne devait avoir d'autres émoluments que la rétribution qu'il percevait des écoliers.

C'est seulement en 1535 que nous voyons la ville faire quelques sacrifices pour l'enseignement primaire. Les écoles étaient tenues alors par un nommé Mathurin Colin, qui avait été désigné par M⁰ Lucas, régent du collège de Puygarreau, à Poitiers, et accepté suivant la règle et l'usage par le prieur de Notre-Dame, sur la présentation du corps de ville.

Dans le courant de l'année suivante, un magister, *homme de bonne littérature et sçavoir*, vint à Niort, pour demander à régenter en la ville, avec celui qui y était déjà. Le corps l'accepta et arrêta, dans sa séance du 30 septembre 1536, qu'on donnerait aux maitres d'école dix livres par an, payables par quartiers.

En 1537, un certain Hubert Sylvain, maitre-ès-arts de l'Université de Paris, qui était de passage, allant à Bordeaux, s'offrit à prendre la charge que Colin voulait céder et à *disputer* contre Colin ou autres. Nous avons là un exemple de ces fameuses disputes par lesquelles

les candidats aux fonctions de régent des écoles montraient l'étendue de leur savoir et évinçaient leurs concurrents en une sorte d'épreuve publique (1). Le corps de ville accorda que ledit Sylvain *mettrait ses conclusions pour être disputé par ung chacun*, suivant la forme accoutumée.

Il mettait comme condition, que celui qui serait accepté aurait un *compagnon pour l'exercice des écoles*. Il alloua à Hubert Sylvain 40 sols pour les frais qu'il ferait en s'arrêtant dans la ville. Ce candidat de passage se montra sans doute faible dans la dispute, car il ne fut pas admis. En fait, ce fut Mathurin Colin qui présenta et fit agréer son successeur, Martial Reys, ancien régent du collège Saint-Jacques, à Poitiers. On lui attribua les dix livres votées l'année précédente, moitié pour l'aider à vivre, moitié pour loyer de la maison d'école ; de même, pour l'aider à vivre, défense était faite au maître de l'école de chant et aux prêtres d'enseigner dans leurs maisons.

Il est question également vers cette époque du logement du maître ; de nombreuses délibérations sont prises à ce sujet en 1537 et en 1538. On voulut d'abord loger les maîtres d'école dans les maisons appartenant aux confréries, *comme à Fontenay-le-Comte et à Saint-Maixent* ; puis, après maintes tergiversations, on appropria la *maison de l'Artillerie*, pour en faire l'habitation du maître d'école. Cette maison, qui avait servi d'arsenal, était une masure couverte non en tuiles, mais en pierres plates dont le poids avait rompu la

---

1. — Nous avons reproduit le procès-verbal *in extenso* d'une de ces disputes dans notre *Ecole primaire des Basses-Alpes*, p. 51.

charpente ; ayant été réparée, elle servit d'école pendant 35 ans. En 1572, après la Saint-Barthélemy, lorsque la ville fut mise sur le pied de guerre à cause des troubles renaissants, elle fut reprise pour les besoins de la défense.

En 1554, les registres mentionnent un Jehan Fourest, *régent des grandes écoles*, qui recevait 20 livres par an. En 1572, le chiffre des émoluments du *régent des écoles* est monté à 80 livres par an, ce qui fait voir qu'à cette époque, il y avait à Niort deux degrés d'enseignement. A la fin du xvi° siècle, nous trouvons établi à Niort un *professeur de bonnes lettres*, M° François Gastaud, qualifié *de principal des écoles de cette ville*. Les enfants et petits-enfants de M° François Gastaud conservèrent cette charge pendant tout le xvii° siècle et jusque vers 1717, époque où fut fondé le collège de l'Oratoire. L'enseignement des Gastaud et celui des prêtres de l'Oratoire, qui lui succéda jusqu'à la Révolution, intéressent principalement les études latines. Il en fut de même du collège protestant, établi en 1613 par les protestants, pour enseigner la grammaire latine et grecque et qui fut supprimé dix ans plus tard, en 1622.

Qu'étaient devenus, pendant ce temps, les simples maîtres d'écoles que nous avons vus s'établir à Niort dès le xv° et le xvi° siècles ? Ici on est réduit à des conjectures. A partir de 1599, les registres ne mentionnent plus d'allocation que pour l'établissement Gastaud et le collège de l'Oratoire. Cependant nous savons par divers documents qu'il existait d'autres régents, *instructeurs de la Jeunesse*. Il est vraisemblable que les maîtres du premier degré, catholiques et protestants, furent maintenus et entretenus par leurs églises respectives. Nous savons, en effet, qu'il en était ainsi dans les dernières années de l'ancien régime. A la suite des événements de 1789, la municipalité avait pris la charge des institutions de ce genre, mais, par économie, avait réuni les écoles de Saint-André et de Notre-Dame. Le sieur Pierre Coulon, qui avait été choisi en 1787 par l'évêque de Poitiers, pour tenir une école gratuite dans la paroisse Notre-Dame, demandait à être conservé dans son emploi et dans son traitement, qui était de 60 livres par an. D'autre part, Françoise Brunet, veuve Simonnet et Jeanne Caillas, instituées pour les paroisses de Notre-Dame et de Saint-André par l'évêque de Poitiers, réclamaient leur ancien traitement, en tout 100 livres par an, pour l'exercice de leurs fonctions, qu'elles avaient continuées.

Pour l'instruction des filles, il s'était établi, dès l'année 1625, des religieuses Ursulines. Le corps de ville, la municipalité d'alors, pour favoriser leur installation, leur vota une somme de « mille livres tournois des plus clairs deniers de céans. »

OIRON (803 h.). — Mme de Montespan, l'illustre châtelaine d'Oiron, qui, sur la fin de sa vie, subventionna plusieurs œuvres pieuses, fit insérer dans l'acte de fondation de l'hospice de cette commune (3 juillet 1704) :

<small>Que le chapelain serait chargé de l'instruction générale des petits garçons, tant du dedans de la maison que de tous ceux du lieu, soit qu'il voulût en prendre la peine lui-même ou le faire faire par quelque autre maître d'école, qu'il aurait commis pour cela à ses dépens et dont il devait répondre, la rétribution</small>

de la maison étant à cette condition-là. Il devait y avoir aussi une sœur chargée de l'instruction des petites filles du dedans de la maison ou de celles du dehors ; elle devait prendre pour cela des heures différentes, laissant au choix de la supérieure de régler le matin ou l'après-dîner pour les externes.

PAMPLIE (599 h.). — Le premier instituteur, dont on ait gardé le souvenir, a été Pierre Latouche, qui s'intitulait *Régent de Pamplie*. Il réunissait chez lui, pendant la mauvaise saison, une dizaine de garçons des familles les plus aisées et leur enseignait, moyennant une faible rétribution, le plus souvent en nature, les éléments de l'écriture, de la lecture et du calcul. Il paraît avoir exercé de 1780 à 1793. Pendant la Révolution, il fut nommé greffier de la municipalité, puis garde-champêtre sous l'Empire. Il est mort à Pamplie le 26 septembre 1808, à l'âge de 59 ans.

PARTHENAY (6.915 h.). — Les archives de l'Hôtel-de-Ville contiennent un document qui nous renseigne sur l'état de l'enseignement avant la Révolution. Nous le publions ci-dessous en entier.

Du 15 Floréal, l'an 9e de la République française.

Questions relatives aux anciens établissements d'instruction.

1. — Quel était le nombre des établissements d'instruction publique dans la commune de Parthenay avant la Révolution?

R. — Avant la Révolution, il existait, dans la ville de Parthenay, un collège pour l'instruction de la jeunesse du sexe masculin ; de plus, deux communautés religieuses pour l'éducation du sexe féminin.

2. — Quel était le nombre des maîtres et des élèves pour chacun?

R. — Dans le 1er établissement, il y avait un principal et un régent; ils étaient prêtres séculiers Le nombre des élèves, tant pensionnaires qu'externes, s'élevait de 30 à 40.

3. — Quel était le genre d'instruction qu'on y donnait ?

R. — On enseignait la langue latine, les mathématiques, la géographie, l'écriture, la lecture. Les élèves qui sortaient de ce collège, pour aller se perfectionner dans les Universités, confirmaient, par les suffrages qu'ils y remportaient, la bonne réputation de cet établissement.

4. — Quels étaient les ressources ou les revenus de chaque établissement ?

R. — Les bâtiments étaient assez vastes et commodes pour le logement des maîtres et pensionnaires. La ville payait au principal, en forme de gratification, la somme de 300 francs par année (1); ils desservaient, en outre, la chapelle de l'Hôpital civil et en retiraient une rétribution annuelle de 300 francs. Le principal recevait encore 2 francs par mois de chaque externe.

5. — Existe-t-il encore de disponibles ou de non aliénés des bâtiments autrefois consacrés à l'instruction publique et quel est leur état ?

R. — Ce bâtiment a été vendu au compte du Gouvernement, de même que la Communauté des Ursulines (2). Celui de l'Union Chrétienne (3) sert aujourd'hui à l'établissement de la Sous-

---

1. — Cette subvention était payée sur les revenus du « chiquet », sorte de droit consistant dans la perception d'un 10e sur le vin vendu en détail. Ce droit aurait été accordé à la ville à la condition d'en employer le produit à des dépenses d'utilité publique, telles que le payement des gages du maître d'école, l'entretien du pavé, de l'herbage et des murailles.

2. — Les Ursulines, dont le but principal était l'éducation des jeunes filles, s'établirent à Parthenay en 1624.

3. — Les dames de l'Union Chrétienne s'étaient installées à Parthenay en 1686 à la condition « qu'elles n'auraient point la direction de l'Hôpital et qu'elles n'auraient aucune subvention sur les deniers communaux ».

Leur couvent et leur chapelle furent construits près de la porte de l'Horloge, le long du mur de la citadelle. L'ancien couvent de l'Union Chrétienne a servi de Sous-Préfecture jusqu'en 1860, époque à laquelle il a été transformé en collège communal. En ce moment, l'école communale de filles y est installée.

Préfecture. Dans ces deux derniers, les jeunes filles de cet arrondissement y recevaient les premiers principes d'une bonne éducation et y apprenaient à devenir de tendres épouses et bonnes mères de famille.

6. — Existe-t-il encore des revenus affectés à ces établissements?

R. — Il n'existe plus aucun revenu affecté à ces différents établissements ayant été tous vendus au profit du Gouvernement.

7. — Les anciens professeurs ou maîtres de l'Enseignement vivent-ils encore et quel est leur état actuel ?

R. — Un de ces anciens maîtres du collège réside encore dans la ville de Parthenay et continue, avec succès, à y enseigner les mêmes éléments qu'avant la Révolution, en qualité d'instituteur nommé *ad hoc* ; il occupe le ci-devant presbytère local, très propre, par sa salubrité et son étendue, à établir un nouveau collège.

8. — Quelle est l'opinion du Conseil d'arrondissement sur les avantages de ces maisons d'éducation ?

R. — Le Conseil de cet arrondissement, plein de sagesse et de prévoyance, a manifesté, dans sa dernière session, son opinion sur l'avantage précieux et l'utilité urgente qu'il y aurait à réorganiser, de nouveau, de pareils établissements dans la ville de Parthenay.

9. — Quelles ressources offre-t-il pour en faciliter le rétablissement?

R. — Il se trouve, dans la commune de Parthenay, plusieurs locaux parfaitement convenables pour l'établissement d'une école secondaire, tels que la maison des ci-devant Cordeliers, qui sert actuellement au casernement de la gendarmerie et l'aile du bâtiment neuf de la ci-devant maison chrétienne, lesquels sont distribués de la manière la plus commode pour les salles d'exercices, les logements des professeurs et des élèves qui pourraient y être admis.

PÉRIGNÉ (1.363 h.). — Un sieur Toussaint Pommier tenait école à Périgné en 1681 (1). Il continua

---

1. — D'après un registre tenu par le prieur-curé de Périgné, qui lui louait une maison, un pré et un cours d'eau, nous savons que Toussaint Pommier

ses fonctions d'instituteur de jeunesse jusqu'à 1720, date de sa mort ; il fut remplacé par son fils, Toussaint Pommier, qui fut maître d'école de 1720 à 1762. Les Pommier jouissaient en quelque sorte du monopole de l'enseignement dans cette commune; c'était comme un droit héréditaire qu'ils se transmettaient de père en fils. Le Toussaint n° 2 avait eu quatre femmes, qui ne lui donnèrent que des filles ; il se maria une 5e fois avec une nommée Anne Sélisson et, heureusement pour la dynastie, en eut un fils, le 12 septembre 1745, également prénommé Toussaint.

Ce dernier, 3e du nom, bien qu'il n'eût que 17 ans à la mort de son père (1762), le remplaça dans sa charge qu'il occupa, d'ailleurs, jusqu'au 22 septembre 1806, date de sa mort. Il joua un rôle important à Périgné pendant la Révolution : il fut successivement élu secrétaire-greffier de la municipalité et membre du Conseil d'administration municipale ; enfin, le 10 germinal an V, agent municipal.

PUY-SAINT-BONNET (762 h.). — La première « éducatrice de la jeunesse », dont la tradition a conservé le souvenir, était une fille de la communauté de Saint-Sauveur-sur-Sèvre (Vendée), qui avait commencé à enseigner vers 1780.

C'est sous la dénomination de « la Vierge » qu'elle était connue des habitants. Elle logeait dans une maison particulière du bourg ; tous les jours elle réunissait

---

était pêcheur de son métier ; l'école se faisait sur le bord du cours d'eau ou dans l'unique chambre de la maison, autour du maître qui remaillait ses filets.

à la sacristie la jeunesse de la paroisse, garçons et filles, à qui elle apprenait les prières, le catéchisme, la lecture et un peu de calcul. Cette institutrice est morte vers 1840, à un âge très avancé. On suppose qu'elle était entretenue par les parents et par le curé. On raconte une curieuse particularité de sa vie se rattachant à la période de la Terreur. Pour se soustraire aux tracasseries de la Convention, elle se serait creusé elle-même une cachette souterraine dans un bois voisin de Puy-Saint-Bonnet et elle y aurait vécu pendant toute la tourmente révolutionnaire, n'en sortant que la nuit pour mendier sa nourriture.

ROMANS (828 h.). — La population de cette commune était, comme aujourd'hui, presque entièrement protestante; les registres de l'état civil de 1682 font mention d'un grand nombre d'abjurations qui n'étaient guère sincères, puisque, dans les actes de décès des années postérieures, on ne retrouve généralement pas les noms des nouveaux convertis. Dans ce milieu protestant, le maître d'école appartenait sans nul doute à la religion réformée et, comme ses coreligionnaires, il avait dû être traqué par les dragons, obligé de cesser ses fonctions ou de les exercer en contrebande.

SAINT-AUBIN-LE-CLOUD (1.840 h.). — Dans le registre des baptêmes de 1670, on trouve la signature suivante : « Jean Robin, maistre d'Escholle, prestre de Saint-Aubin. » Ce qui fait supposer qu'avant la Révolution, c'était le curé de la paroisse qui se chargeait d'instruire les enfants. Ce n'est qu'à partir de

1822 que l'enseignement primaire a été régulièrement donné dans cette commune.

SAINT-LÉGER-DE-MONBRUN (922 h.). — Le 26 août 1764, le seigneur de Rigny se rendit à l'église de Monbrun et procéda à l'institution du sacristain maître d'école, par devant M° Jean Nallis, notaire à Vrère. « La position du nouvel employé, dit M. Imbert (1), chargé de l'entretien de l'église de Monbrun et de l'instruction des enfants de la paroisse, n'est pas des plus brillantes. Outre quelques sous, stipulés pour la rétribution des élèves, de maigres émoluments lui sont accordés. Ils consistent en une rente annuelle de cinq boisseaux de froment et quatre boisseaux de mouture. On lui abandonne en plus le produit du cimetière, c'est-à-dire, le prix des fosses et la récolte de quelques pieds de noyers, mais à la charge *de communier chaque année, de blanchir le linge à l'église, de fournir les pains pour la messe et de bêcher les arbres du cimetière*. Le seigneur lui *donne la permission de prendre, par année, six fagots de genêts dans son parc de Rigny, pour faire les balais nécessaires pour l'église et son usage*. Enfin, une autre faveur lui est accordée : il doit profiter des cendres du feu qu'il sera chargé d'allumer chaque fois que le curé se rendra à l'église.

« Etienne Bion, sacristain en exercice, est désigné par le fondateur, du consentement unanime des habitants, pour remplir les nouvelles fonctions. Il ne déclare pas qu'il ne sait signer, attendu sa qualité de maître

---

1. — *Revue de l'Aunis et de la Saintonge*, année 1868, p. 84.

d'école, mais il a bien de la peine à tracer, à la fin de l'acte, les quatre lettres qui forment son nom. »

RÈGLEMENT DE L'ÉCOLE DE MONBRUN (26 AOUT 1764)

Ce règlement, stipulé dans l'acte de fondation, se compose de dix longs articles. Nous en donnons les points essentiels.

Article premier

Le sacristain, qui sera logé dans les bâtiments tenant à l'église, sonnera l'*Angelus*... Il obéira en tout au curé et au vicaire... Il recevra des habitants de la paroisse les rétributions ordinaires et accoutumées.

Article 2

La place sera donnée au concours, après examen fait par le curé et le vicaire, en présence du fabriqueur et syndic en place... Le candidat fournira un certificat de bonne vie et mœurs, signé par le curé de sa paroisse... Il copiera une page entière d'un livre... Il fera une leçon d'une heure, interrogeant, instruisant et faisant lire un quart d'heure quatre enfants de différents âges... Il sera examiné sur la voix et s'il sait un peu de plain-chant, afin de mettre deux ou trois enfants en état de chanter au pupitre...

Article 3

Il instruira gratuitement quatre enfants de Rigny désignés par le seigneur, deux enfants orphelins de la paroisse de Monbrun, au choix du fabriqueur en place, et quatre enfants de la paroisse, au choix du curé ..

Article 4

L'archidiacre fera comparaître le sacristain-maître-d'école, examinera sa conduite, sa façon d'instruire et enseigner les enfants...

Article 5

Le curé de Monbrun fera la visite et l'examen de l'école quatre fois l'année, en personne... et en outre toutes et quantes fois que bon lui semblera... Le maître d'école suivra les avis du curé.

Article 6

La présentation et l'examen du sujet, qui aspirera à la place de sacristain-maître-d'école, appartiendra au curé de Monbrun; la nomination et provision de la place, au seigneur... Celuy qui sera reçu prêtera serment, devant le sénéchal de Rigny, de bien et fidèlement s'acquitter de sa commission et d'apporter tous les soins à l'instruction de la jeunesse qui lui est confiée.

Il se tiendra décemment et proprement dans ses habillements, sans néanmoins être trop recherché ni négligé... Si le curé a des plaintes à faire contre le maître d'école, il les portera devant le sénéchal de Rigny, conjointement avec le fabriqueur et le syndic. Le procureur de la cour rendra sa sentence... — Si le maître devient infirme, trois douzaines de la rente lui seront remis, l'autre douzaine restant au maître en fonctions; et attendu que le seigneur a, par sa terre de Belleville, le droit de nommer une place de l'hôpital de la Sainte-Famille d'Oiron, on la donnerait au maître d'école, qui donnera alors deux douzaines de sa rente à l'hôpital et gardera la troisième douzaine pour ses petits besoings particuliers.

Article 7

La place de sacristain-maître-d'école demeure, dès ce jour et à perpétuité, réunie, sans pouvoir jamais être divisée. Le maître ne pourra aspirer à la place de syndic ni de procureur de fabrice de la paroisse, de peur qu'il ne néglige son école... Il lui sera permis de faire *un lieu de dixme*, sans pouvoir battre ses blés. Pendant lequel temps, attendu que les pères et mères sont bien aises d'avoir leurs enfants avec eux pour glaner dans les champs, il leur donnera vacance; et aussitôt les blés ramassés et une fois à la cour, il reprendra ses exercices, fera en sorte, par sa probité et exactitude, qu'on luy donne *un lieu de dixme* à ramasser à la grande dixme de Monbrun... Il y aura vacance pendant les 8 à 10 jours de vendange de la paroisse. Pendant lequel temps, le maître pourra servir *d'écarteur* pour le seigneur ou ses fermiers. Il n'ira en journée pour personne, ne pourra faire aucune vigne, pour qui que ce soit, sauf les siennes, pourvu qu'elles ne soient pas en grand nombre. Il pourra cultiver son jardin... Il ne pourra prendre aucune ferme...

S'il avait un métier décent et honnête, comme texier ou sergetier, qui demande d'être sédentaire, il pourra l'exercer dans le temps qu'il ne sera point obligé de donner à ses fonctions... Il ne pourra s'absenter plus de trois jours de la paroisse, sans permission du curé ou du fabriqueur...

Article 8

Il y aura un congé chaque jeudi... Du 1ᵉʳ octobre jusqu'à Pâques, le congé ne sera que l'après-midi... Du 1ᵉʳ octobre au mercredi de la semaine sainte, l'école sera, depuis 9 heures jusqu'à midi le matin, de 2 heures à 4 heures le soir... Il y aura des vacances du Mercredi-Saint au lundi d'après la Quasimodo, un congé le jour de la Sainte-Catherine, afin d'assister au service de fondation qui se fait dans la chapelle de Rigny, et congé le jour de la Saint-Charles, patron du seigneur fondateur... Ce jour-là, il viendra, avec quatre enfants, dans la chapelle du château de Rigny, réciter les sept psaumes de la pénitence et un *De profundis* pour le repos de l'âme des ancêtres du seigneur, et un *Te Deum* tant qu'il vivra... Le sénéchal de Rigny et son greffier seront tenus de visiter l'école le premier jour que tiendront les assises de Rigny, après la Saint-Martin. Ils donneront un jour de congé.. Le jour de la fête du curé, le maître d'école sera tenu d'aller le saluer avec quatre de ses enfants...

Il y aura congé le jour de l'approbation par l'évêque. Tous les ans, ce jour-là, le maître d'école viendra, avec quatre de ses enfants, chanter un *Te Deum* dans la chapelle de Rigny... Il pourra donner congé le jour de sa fête... Le seigneur se réserve la liberté et le droit de faire, en personne, la visite de l'école une fois l'année, et de donner un congé d'un jour lorsqu'il arrivera en ses terres, afin que ce jour-là le maître d'école et ses enfants viennent dîner dans son château.

Pour récréation des enfants accompagnés de leur maître, ils auront la liberté de se promener avec leur maître dans les jardins et parc du dit seigneur, et se retireront après avoir goûté, sur les six heures du soir... Il y aura congé le jour de la fête du roi... Cinq prix seront distribués chaque année au château par le seigneur, en livres de piété, de la valeur de 6 livres d'argent, le premier de 36 ou 40 sols, relié proprement, le deuxième de 24 à 30 sols...

Article 9

Le maître d'école enseignera l'alphabet, les prières du matin et du soir, le catéchisme... Les pères et mères des enfants lui paieront 5 sols par mois pour les premiers commencements.

Faute de paiement, pendant trois mois, il renverra les enfants sans pouvoir faire assigner... Il lui sera libre de prendre les enfants des autres paroisses... Il pourra avoir jusqu'à trois enfants en pension chez luy... Il ne pourra aller instruire les enfants dans les maisons particulières, seulement ceux du seigneur... Les petites filles ne seront admises qu'au cas où le maître d'école ait une femme ou une fille... Alors, après examen, celle-ci pourrait avoir jusqu'à dix petites filles de la paroisse à 10 sols par mois.

Les garçons les plus avancés et en état d'épeler paieront 10 sols par mois ; ceux en état de lire et d'être mis à l'écriture paieront 15 sols par mois. Si le maître savait assez bien les quatre premières règles de l'arithmétique pour les montrer, il recevrait 20 sols par mois de chaque élève... Il leur apprendra les réponses de la messe et le plain-chant. Les vieux livres de l'église lui seront donnés à cet effet... Les parents fourniront, par chaque enfant, trois fagots de pieds de chêne, tant qu'une *riorte* peut en tenir, pour les chauffer l'hiver...

Le maître sera de bonne vie et mœurs, religion, conduite exemplaire et édifiante, ne donnera ny occasionnera aucun scandale... Il aura attention que les enfants ne courent pas en venant à l'école ou retournant chez eux ; ils iront deux par deux, sous l'inspection des plus grands et des plus sages... Il les punira sans les frapper... Il chassera les enfants de mauvaises mœurs... Si le maître est intempérant sur le vin, il sera averti par le curé deux ou trois fois, puis destitué.

ARTICLE 10

Le maître ne sera ni collecteur ni porte-rôle... Il sera taxé à 40 sols de taille seulement... Il ne pourra vendre vin en détail ni mettre bouchon... Il pourra avoir six demi-pensionnaires.

SAINT-LOUP (1.354 h.). — Le 5 juin 1718, à l'issue de la grand'messe paroissiale, au son de la cloche, se tint une assemblée générale « des manans et habitans de la ditte ville et paroisse de Saint-Loup »... faisant « la plus seines et maïeure partie desdits habitants », pour délibérer sur l'acceptation d'un legs fait le 20 novembre 1710 par Jacques de Boyer, « 1er seigneur de La Boissière et de cette ditte ville de Saint-Loup », en vue de l'établissement d'un hôpital et d'une école tenue par un prêtre pour enseigner gratuitement la jeunesse (1). Nous citons ici un extrait de cette délibération en le débarrassant autant que possible de la longue phraséologie du procès-verbal.

Le sieur de Boyer « aurait ordonné une somme de vingt mille livres payable par les héritiers en bien de la succession pour le soullagement et instruction des pauvres, de laquelle fondation dame Marie Tiraqueau, femme de mond seig^r et dame de ce lieu, veut délibérer sans vouloir contester le testament par defférences aux vollontés de feu son marit, quoy que elle en reçoive un grand préjudice, aux conditions quen dellivrant la ditte somme de vingt mil livres en rentes sur l'hostel de ville de Paris en contracts faissant mil livres de rentes qui sont les seuls biens quon peut détacher de la ditte succession, prospres pour la ditte fondation, elle aura tant pour elle que pour tous les seigneurs de St-Loup a perpétuité la presentation

---

1. — Les écoles rurales sous l'ancien régime étaient fondées tantôt par le clergé, tantôt par les seigneurs. « Quantité de seigneurs, dit Renauldon (dans son Dictionnaire des fiefs, 1788, T. 1, page 374), sont entrés dans les vues de Sa Majesté en fondant dans les campagnes des écoles publiques. » Voir *Monbrun*, ci-dessus, p. 28.

et l'institution d'un prestre ou d'une personne qui pourra être prestre dans lan pour l'instruction gratuitement de ceux qui se présenteront, lequel prestre sera obligé de se loger dans la ville de Saint-Loup et dy faire actuelle résidence et d'avoir une salle propre à ses frais pour tenir deux fois le jour, excepte le jeudy, ses écoles lesté le matin, depuis sept heures jusques à neuf heures, et lhyvert le matin, depuis huit heures jusques a dix heures et lapresdisnée hyver et esté, depuis deux heures jusque à quatre, lequel ne pourra prendre de vacation qun des mois de septembre ou octobre et après la classe du matin le dit prestre sera obligé de mener ou faire mener les enfans a lesglise du lieu de St-Loup et de les faire prier Dieu pour le repos de lame du Seig^r de Boyèr, de sa famille et Seig^r de St-Loup et lui mesme de ressouvenir en ses prières particulières, au condition aussy que le dit prestre sera obligé de dire la messe au chasteau de St-Loup toutes les festes et dimanches lorsque en sera requis par les seigneurs qui fourniron les ornemens, pains et vins nécessaires; aussy sera tenu le dit prestre d'assister le sieur curé les jours de dimanches et festes à la grande messe, vespres et autres offices et dy chanter comme le vicaire et a faute par le dit prestre d'exécuter les clauses et conditions cy dessus, il demeurera privé de plain droit de la ditte place et des revenus y attaché sans autre forme de procès ny sans qu'il soit bessoing daucune sentence et sans que la peine puisse passer pour comminatoire. En cas toutefois de maladie pourra commettre une autre personne pour satisfaire aux dittes conditions et obligations, sans que la présente fondation puisse passer pour bénéfice ny être spirituallisés par le Seig^r reverend Evesque, mais demeurera simple stipendie à la nomination et institutions des dits Seig^{rs} de St-Loup, dont il accorderont les provisions institutions de leurs chefs sous le nom de stipendie du château de St-Loup au cas que les sieurs du clergé vouluse entreprendre de l'imposer au décimes et autres impositions extraordinaires du clergé la présente fondation demeurera nulle et sans aucun effet auquel prestre elle a assigné sous le bon plaisir de Monseigneur le reverend Evesque..... »

« Les dits habitants convoqués comme dessus..... et après avoir murement délibérés entre eux ont arresté et arreste de remercier la ditte dame veuve de Boyer que elle et son deffunt mari font à la ditte paroisse de Saint-Loup et des osmones que la dame y fait journellement, ce qui se monte a plus de 1.000 livres par an depuis la mort du feu Seig^r de Boyer. son marit et ont accepté et acceptent la ditte proposition par elle fait purement et simplement comme très avantageuse et utile a la dite paroisse et ont arresté et arreste a la pluralittez des voix quen exécution du testament..... qu'il sera establÿ un prêtre pour le soulagement et instruction des enfants qui se présenteront tant de cette dite paroisse de Saint-Loup que des paroisses circonvoisines qui sera obligé de les instruire gratuitement dans la religion catholique et romaine et de leur apprendre a lire et a escrire et de les instruire dans le latin jusqua ce qu'ils soient capables d'aller en troisième dans quelques collèges..... » (suit la répétition des mêmes clauses que ci-dessus).....

Il y eut des difficultés vers 1750 au sujet de l'exécution de ce legs. Me Belhumeau, prieur du Chillou, nommé en outre chapelain de Saint-Loup, s'était fait suppléer pour la tenue de l'école par un maître de peu de valeur. Les habitants, curé en tête, réclamèrent auprès du seigneur par une supplique dont nous donnons l'extrait suivant :

..... Me Belhumeau s'est fait remplacer par un particulier, qui n'est aucunement propre à faire un maître d'école : 1° les heures de classe ne sont point réglées ; 2° il les enseigne fort mal à lire ; 3° il ne peut leur apprendre à écrire, puisqu'il ne le fait pas lui-même.

On assure, Monseigneur, qu'il a eu la hardiesse de vous présenter trois ou quatre jeunes gens qu'il a fait lire devant vous et dont vous avez été fort content ; on a l'honneur aussi de vous faire observer que ces jeunes gens lisaient mieux ou du moins aussi bien, avant qu'il fût régent ici.

Si c'était un effet de vos bonté et charité, Monseigneur, pour les malheureux enfants de la paroisse, de mander ce régent et de le faire écrire devant vous, vous verrez qu'il ne sçait ni écrire, ni orthographier.

A cet égard, nous avons l'honneur de vous observer que quelqu'un de la paroisse demandant à M° Belhumeau si le régent qu'il avait pris pour le remplacer était en état, il répondit « que c'était assez bon pour des paysans ». Toujours est-il vrai que, puisque l'on paye, on veut être servi et que le moindre des individus de cette paroise a droit de faire des représentations, lorsque les vues du bienfaiteur et fondateur ne sont pas remplies.

On pense, Monseigneur, que M° Belhumeau ferait fort bien, pour la sûreté de sa conscience, de se décider, ou de rester prieur du Chillou ou de venir occuper la place d'aumônier ; en ce cas, il mériterait les appointements qui sont attachés à cette place et on dirait alors : *beneficium propter officium* (1).

SAINT-MAIXENT (5.370 h.). — Nous relevons dans la *Notice historique sur le Collège de Saint-Maixent*, par M. Pillet, qu'il y eut dans cette ville des écoles de grammaire pour les garçons dès le commencement du xvi° siècle, à côté du Collège dirigé par des prêtres et de l'école ecclésiastique dirigée par les Bénédictins. C'était sans doute une école de ce genre que tenait le citoyen Trouillé quand il fut nommé, au mois d'août 1792, pour remplacer les professeurs du Collège qui avaient refusé de prêter le serment civique prescrit par la loi.

Des religieuses s'établirent à Saint-Maixent, pour l'éducation des filles, vers l'époque de la révocation de

---

1. — Notons en passant que la famille des Arrouet est originaire de St-Loup. Leur maison d'habitation existe encore aujourd'hui ; la description de cette maison en effet était en 1704, comme aujourd'hui, la suivante: rez-de-chaussée, 1er étage, 2e étage, le tout surmonté d'un pigeonnier. Vers 1815, en remplaçant les dalles de l'église, les ouvriers découvrirent une pierre ombale avec une inscription se rapportant aux Arrouet. Cette pierre est maintenant au musée de Niort.

l'édit de Nantes. Les Bénédictines tenaient un pensionnat « pour les jeunes filles nobles et de bonne bourgeoisie » ; les Dames de l'Union chrétienne se chargeaient d'instruire gratuitement et d'élever dans la crainte de Dieu les jeunes filles, de quelque qualité qu'elles fussent.

SAINT-MAURICE-LA-FOUGEREUSE (931 h.). — Les registres de l'état civil nous renseignent seuls sur l'état de l'instruction avant 1789 : en dehors de la noblesse, pas une signature roturière ne s'y rencontre jusqu'au milieu du XVIIIe siècle ; à cette époque on voit quelques timides essais de signature d'un ouvrier, d'un aubergiste, ou d'un marchand de La Fougereuse. Avant la Révolution, un couvent de Bénédictines existait à La Fougereuse ; on y recevait des jeunes filles nobles ou de la riche bourgeoisie des environs.

SAINT-SYMPHORIEN (862 h.). — Nous avons eu sous les yeux une convention, datée du 26 février 1571, entre Pierre de Châteauneuf, écuyer, demeurant à Saint-Georges-de-Rex, et Me François Brunet, notaire à Saint-Symphorien, en vertu de laquelle ce dernier s'engage « à nourrir, coucher dans sa maison et envoyer à l'école, dirigée par M. Johan Fardeau, régent, les deux fils de Châteauneuf, moyennant le prix de 90 livres par an pour les deux écoliers. » Ce document nous montre que les écoles étaient assez rares et qu'il fallait parfois chercher loin les personnes capables d'enseigner les premiers éléments.

SAINTE-OUENNE (614 h.). — Tiré du rôle de la taille de la paroisse de Sainte-Ouenne (sans date) :

..... plus la somme de soixante-six livres pour la subsistance des maistres et maitresses d'écolle qui doibvent instruire les enfants de lad. paroisse, et de celle de S¹-Christophe-sur-Roc, et de S¹-Georges de Noisné.

SECONDIGNÉ (850 h.). — On raconte que le sieur Marcadet, greffier municipal en 1788, natif de Bordeaux, tenait une école libre au hameau de la Bernardière, où il s'était marié. Mais il devait exister une école dans la commune de Secondigné bien avant cette époque, car on peut juger, par les signatures mises au bas des délibérations du conseil de la communauté, que l'instruction n'y était pas inconnue pendant la deuxième moitié du xviii⁰ siècle.

D'ailleurs, le cahier des doléances à présenter à l'assemblée des États généraux, rédigé par ledit Marcadet le 1ᵉʳ mars 1789, porte, à l'article 10, le vœu suivant, que nous rapportons textuellement avec son luxe de majuscules :

Qu'on nous accorde un établissement de Charité, Tant pour subvenir aux Besoins de *deux cent quarante Pauvres* qu'à une pension pour un Maître d'Ecole, qui les instruira et qui sera chargé du Greffe de la Municipali ; que les Dames de la Trinité de Poitiers doivent Etre Taxé à Cet Etablissement puisqu'elles Tirent la dixième partie du revenu de la Paroisse; et que Sa Majesté accorde une pension au Maître d'Ecole.

Du moment qu'on ne s'inquiète que de l'instruction des pauvres, c'est que les gens aisés n'éprouvaient aucune difficulté pour faire instruire leurs enfants.

THOUARS (5.033 h.). — Il y avait à Thouars un Collège qui y fut établi avant l'an 1590. Ce Collège ne recevait assurément pas les pauvres ; il existait pour les fils des nombreux seigneurs du Thouarsais ou de la riche bourgeoisie de la ville. Mais pour l'instruction du peuple, qu'y avait-il à Thouars avant la Révolution ? Le manuscrit de Drouyneau de Brie, de 1740, nous le fait connaître en ces termes : « Il y a aussi, dans la ville, quelques maîtres à lire et à écrire, mais il n'y a point de *petites écoles fondées* ; il serait nécessaire d'y pourvoir en faveur des pauvres garçons, car les Ursulines instruisent les filles et ne reçoivent aucune rétribution ».

En 1783, Jean-Charles Robin, maître écrivain privilégié de la ville de Thouars, adressait à l'intendant de la Généralité de Poitiers la supplique suivante :

Depuis onze ans qu'il est étably à Thouars, il n'a cessé de consacrer tous ses moments pour le bien général... Qu'il plaise à votre Grandeur, eu égard à l'éducation gratuite que donne le suppliant à six enfants pauvres et à la famille dont il est chargé, lui accorder la pension annuelle attribuée aux maîtres qui remplissent ces obligations.

Cette pétition fut appuyée par les officiers municipaux de Thouars, le 25 juillet 1783, dans les termes suivants : « Le sieur Robin est très nécessiteux ; il a une nombreuse famille, et depuis longtemps il donne l'éducation gratuite à six enfants pauvres ».

Thouars a eu, du temps de la Réforme, des écoles protestantes. Nous trouvons, en effet, que le 28 décembre 1595, le Consistoire appelle devant lui, pour les réconcilier, Le Riche et Brisson, *instructeurs de la jeunesse*. Le Riche est réprimandé pour « ivrognerie, blasphèmes et autres scandales ». Le 27 juin 1603, le sieur Poirier était exhorté « de se trouver le jeudi suivant au Consistoire, afin qu'on puisse voir s'il est propre à la lecture publique ». L'année suivante, le 4 juillet, « Jehan Hay, dit du Poirier, ayant été ouï en la lecture de la parole de Dieu, a été jugé par la Compagnie propre pour lire dans l'assemblée... »

LE VANNEAU (1.050 h.). — Voici en quels termes l'autorisation était donnée, le 4 décembre 1778, par l'évêque de Saintes, à Barthélemy Tardy pour ouvrir une petite école au Vanneau :

Germain de Chasteignier de la Châteigneraye, comte de Lyon, par la miséricorde de Dieu et la grace du Saint-Siège apostolique, évêque et seigneur de Saintes, Conseiller du roi en tous ses Conseils, étant dûment informé des bonnes vie et mœurs, capacité et religion catholique, apostolique et romaine de Barthélemy Tardy, sacristain de la paroisse de Saint-Eutrope-du-Vanneau, en notre diocèse, nous l'avons approuvé et approuvons par les présentes pour tenir les petites écoles de garçons dans ladite paroisse, avec pouvoir d'enseigner à lire, à écrire, compter, calculer et le catéchisme imprimé pour l'usage de notre diocèse, à condition qu'il n'admette aucune fille dans lesdites écoles, et qu'il aura soin, au moins les dimanches et les fêtes, de faire assister ses écoliers pour entendre le service divin et profiter des instructions qui s'y font, avec deffense à tous autres de s'immiscer audit exercice sans lettres d'approbation à cet effet, sous les peines portées par la déclaration de Sa Majesté (1).

---

1. — « Le recteur d'école choisi par la communauté devait, pour être approuvé par l'évêque ou par un de ses délégués, faire entre leurs mains une sorte de profession de foi. Il y fut obligé plus strictement que par le passé, à partir de la fin du xvii² siècle. Avant de viser l'acte de communauté qui le nommait, le promoteur l'interrogeait sur les principes et sur les devoirs de la religion, sur la lecture, l'arithmétique et le plain-chant. » (Babeau, *Le Village sous l'ancien régime*, p. 285.)

II. ÉCOLES PROTESTANTES. — HISTOIRE DE JEAN MIGAULT

Le Poitou eut beaucoup à souffrir des dissensions religieuses. En compulsant les vieux registres d'état civil pour rechercher le nombre et la proportion des conjoints qui, à diverses époques, ont signé leur acte de mariage, nous avons été frappé du nombre des actes d'abjuration qui ont été arrachés par la violence aux malheureux habitants des communes protestantes des environs de Niort et de Melle (1). Ceux qui furent le plus en butte à ces persécutions furent naturellement les maîtres d'écoles. L'un d'eux, Jean Migault, qui enseigna successivement à Fressines, à Mougon et à Mauzé et dut son salut à sa fuite en Hollande, a laissé à ses enfants le récit de sa triste odyssée (2). Il nous suffira de résumer ici ses aventures pour nous faire une idée du sort réservé pendant cette lamentable période aux instituteurs qui appartenaient à la religion réformée.

---

1. — Dans la seule paroisse de Fressines, et pendant la seule année 1681, on relève dans les registres 328 abjurations.
2. — Le journal de Jean Migault n'était pas destiné à la publicité; il avait été rédigé par l'auteur, pour l'édification de ses enfants, lorsqu'il eut échappé à ses persécuteurs et qu'il se fut réfugié à Amsterdam (1689). Il en laissa une copie à chacun d'eux. Un de ces manuscrits servit de texte, après avoir subi une sorte de traduction, à un livre intitulé *Journal de Jean Migault ou Malheurs d'une famille protestante en Poitou à l'époque de la révocation de l'édit de Nantes*, publié en 1825, à Paris, chez Henri Servier, libraire, rue de l'Oratoire, n° 6. C'est de ce livre que nous avons tiré l'histoire que nous rapportons ici.

Jean Migault avait dix-huit ans quand il se maria et succéda à son père comme maître d'école à Moulay, paroisse de Fressines. « Nous y passâmes, dit-il, quelques années dans la tranquillité la plus parfaite... Comme mon père, je faisais des cours et je lui succédai tout à la fois dans sa profession et dans le petit bien dont il était propriétaire... Malgré les travaux inséparables d'une école nombreuse, je trouvai encore moyen d'exercer les fonctions de notaire jusqu'en 1681 ; j'avais reçu cette charge en 1670 du seigneur de Mougon. Mais une déclaration, publiée alors par le gouvernement de Sa Majesté, exclut les protestants de tous les emplois civils, supprima toutes les charges qui pouvaient se rattacher à notre religion (1), et ôta à la plupart de nos frères tout moyen de gagner leur vie... Nous nous vîmes dans l'impossibilité de rester plus longtemps à Moullé. Un changement de résidence nous parut absolument impossible, si nous voulions conserver notre école. »

Jean Migault avait alors onze enfants vivants.

« Les membres de notre consistoire, continue-t-il, m'invitèrent dans les termes les plus pressants à m'établir à Mougon, et m'offrirent un traitement annuel de soixante francs, à condition que je continuerais les fonctions de lecteur et de secrétaire. Ce ne fut pas sans hésiter beaucoup que nous acceptâmes cette proposition, avertis, votre mère et moi, par de tristes présages, du sort qui nous attendait à Mougon. »

Il s'y rendit enfin le 13 février 1681, avec toute sa famille et douze de ses pensionnaires. Il y vécut assez tranquillement pendant quatre ou cinq mois jusqu'à l'arrivée d'un régiment de cavalerie, dont les soldats, missionnaires d'un nouveau genre, avaient déjà porté la ruine dans un grand nombre de villes et de villages du Poitou. Voici ce qu'en dit Jean Migault : « En général, la troupe n'abandonnait jamais une paroisse tant qu'il restait à une famille protestante quelque meuble, quelque effet, la moindre chose dont on pût faire de l'argent ; on exigeait quinze francs pour les officiers supérieurs, neuf francs pour un

---

1. — Migault était lecteur de l'église de Mougon depuis la mort de son père, qui avait rempli cette fonction pendant plus de quarante ans.

lieutenant, trois francs pour un soldat, et trente sols pour le moindre individu attaché au régiment. Cette monstrueuse exaction cessait-elle d'être payée ponctuellement, on était dans l'usage invariable de vendre le mobilier et les bestiaux, et même, quand on avait disposé de ces objets, jusqu'aux hardes des malheureux hôtes. »

Voyant approcher l'orage, Migault avait pris la précaution d'éloigner ses enfants et de les cacher chez des parents ou des amis des paroisses voisines, ne gardant auprès de lui que sa femme et son nouveau-né, le douzième enfant vivant, âgé de moins d'un mois, confié aux soins d'une catholique du voisinage. C'est le 12 août qu'il reçut la visite d'un quartier-maître qui lui demanda, en tenant à la main un billet de logement, s'il avait l'intention de se faire catholique. Sa femme et lui répondirent qu'ils ne voulaient pas changer de religion.

« Quelques instants après, nous vîmes arriver deux soldats qui exhibèrent leurs billets de logement, et qui, après avoir mis leurs chevaux dans mon écurie, commandèrent un dîner dont le menu aurait été, sans aucune exagération, plus que suffisant pour vingt personnes. » Il en vint bientôt deux autres, puis un cinquième, puis quatre nouveaux, tous renchérissant sur leurs compagnons en exigences arbitraires et en imprécations grossières. Ayant appris que le curé de Mougon ne tendait à rien moins qu'à sa ruine complète, Jean Migault se résigna, sur les conseils qui lui furent donnés par des amis, à se cacher à cent pas de sa maison, après avoir recommandé aux voisins de veiller sur sa femme.

« Les soldats ne se furent pas plutôt douté que je n'étais plus en leur pouvoir, qu'un d'eux suivit votre mère dans une chambre où, malgré des douleurs affreuses, elle s'était traînée, pour y prendre le vin qu'ils demandaient et, la frappant avec violence, la ramena dans la salle. Là cet homme, mêlant la plus barbare ironie à la plus révoltante férocité, représenta qu'il fallait, dans son état, la tenir le plus chaudement possible. On la jeta donc dans un coin de la cheminée pendant qu'on y allumait le feu le plus ardent. Les soldats se firent même un jeu d'alimenter cette espèce de bûcher avec quelques-uns de nos meubles, et, dans le vain espoir de vaincre la constance de leur victime, ils se mirent à outrager le saint nom de Dieu, dans des termes que je n'ose répéter, la menaçant de la brûler, si elle n'abjurait pas de suite le protestantisme. L'ardeur du feu était si insupportable que ces hommes eux-mêmes n'avaient pas la force de rester auprès de la cheminée, et qu'il fallait relever toutes les deux ou trois minutes celui qui était placé près de votre mère. Cette femme admirable... ne perdit pas un seul instant sa tranquillité d'âme. Elle repoussait, avec autant de douceur que de fermeté, les importunités répétées par lesquelles on s'était flatté de la forcer à changer de religion, jusqu'à ce qu'enfin, perdant tout à fait connaissance, elle cessa d'être sensible aux insultes et aux outrages de ces misérables ».

Grâce à la charité d'un vicaire catholique qui était venu officier à Mougon, en l'absence du fanatique prieur, la femme put enfin être arrachée aux mains de ses bourreaux, se cacher elle-même, et aller rejoindre son mari.

« Le lendemain, tous les protestants de notre paroisse firent une abjuration formelle de leur religion, excepté environ vingt familles qui, abandonnant leurs maisons à l'approche de la cavalerie, s'étaient dispersées dans les bois. Nos lits, notre linge, nos habits, tout ce que nous possédions fut vendu ou détruit ; tout ce que contenaient les maisons abandonnées eut le même sort, et lorsque M. de la Brique (l'officier qui commandait) se fut bien assuré qu'il n'y avait plus de mal à faire à Mougon, il emmena sa troupe à Souché, où il se livra aux mêmes actes de tyrannie, et frappa des mêmes calamités tout ce qui s'y trouva de protestants fidèles. »

Après avoir erré avec ses enfants comme un proscrit pendant plusieurs mois, après avoir eu la douleur de perdre son dernier enfant que sa mère avait dû abandonner aux soins de la nourrice de Mougon, après bien des douloureuses péripéties, Migault, profitant d'une accalmie, vint s'établir, le 31 janvier 1682, au bourg de Mauzé, où il put rouvrir son école et où ses anciens pensionnaires vinrent le rejoindre. Mais il ne tarda pas à être en butte à de nouvelles épreuves. Le 28 février 1683, il eut la douleur de perdre sa digne compagne. Douze jours après, on lui notifiait une déclaration du roi, faisant défense à tout instituteur protestant de recevoir des pensionnaires dans sa mai-

son. Enfin on reçut la nouvelle que les régiments de dragons
« étaient en pleine marche sur le Poitou, avec la mission de
ruiner sans miséricorde les familles protestantes que les horribles ravages de 1681 n'avaient pu forcer à quitter la province. »

Mauzé dut à de hautes influences d'être épargné jusqu'en
1685. Mais le 23 septembre de cette année, les terribles dragons
entrèrent dans la ville; Jean Migault, qui avait, à l'approche de
cette nouvelle tempête, congédié ses élèves et éloigné ses
enfants, se trouvait seul. Sa maison fut de nouveau dévastée ;
« au départ des soldats, il n'y restait plus que les quatre murs.
Pendant deux mois, il fut condamné à errer, se cachant le jour
et ne restant jamais plus de deux nuits sous le même toit. Ses
enfants dispersés se dérobaient comme lui aux violences de la
soldatesque. Un moment il crut trouver un refuge au château
d'Olbreuse, où il remplissait l'emploi d'intendant, mais une
déclaration royale vint défendre aux gentilshommes réformés
d'avoir à leur service « aucun individu non catholique romain ».
De là de nouvelles perplexités, de cruels embarras. Pendant 15
jours, Migault dut chercher un refuge avec deux de ses filles et
une quinzaine de personnes que Madame d'Olbreuse avait été
contrainte de congédier, dans un souterrain au milieu d'un
bois. Au bout de ce temps, « force fut d'abandonner une habitation si malsaine. »

Jean Migault se rendit alors à La Rochelle, dans le but de
préparer les moyens de s'évader avec sa famille, mais dès le
lendemain de son arrivée, il fut pris, arrêté et enfermé au haut
de la tour Saint-Nicolas, en un réduit ménagé dans l'épaisseur
de la muraille où il avait à peine la place pour se mouvoir et
pas assez pour se coucher. On était au commencement de
février ; le froid était vif, et pendant trois ou quatre semaines,
le malheureux resta dans cette situation. Au bout de ce temps,
sa fille Jeanneton était venue le voir et lui avait raconté que
ses autres enfants erraient dans la Saintonge et le Poitou,
repoussés de partout.

Jeanneton supplia son père d'avoir pitié de sa famille ; ses
pleurs l'ébranlèrent et quelques jours après, Jean Migault
demandait la liberté. On sait à quel prix ! Un officier le con-

duisit à l'Oratoire : « Ce fut là, dit-il, que j'eus la lâcheté d'écrire mon nom au bas d'un papier qu'on me présenta à signer. Je ne le lus pas, mais pouvais-je douter de ce qu'il contenait ? » Il se reprocha vivement ce moment de faiblesse. Dès lors, il n'eut plus qu'une pensée, sortir de France. Trois de ses fils y avaient réussi déjà. Enfin, après bien des perplexités et des dangers de toutes sortes, il parvint à s'embarquer avec cinq autres de ses enfants, sur une côte écartée de l'Aunis, le mardi de Pâques 1688.

Le 8 mai, il abordait en Hollande, où sa fille Jeanne, la seule qui fût restée en France, vint le rejoindre peu de semaines après. Il s'établit à Amsterdam, où il reprit sa profession de maître d'école; au bout de quelque temps, dit-on, il se remaria.

Son récit s'arrête à son établissement en 1689 dans la capitale de la Hollande, où il retrouva enfin la paix et la sécurité. C'est le dénouement qu'on peut souhaiter à un drame aussi poignant.

On est en droit d'affirmer que, sans les persécutions qui enrayèrent le développement du protestantisme dans le Poitou, cette province aurait connu plus tôt les bienfaits de l'instruction.

Le principe même sur lequel était fondée la réforme contenait en germe tous les développements de l'instruction primaire. En effet, l'homme étant responsable de sa foi devant sa conscience, devait être en mesure de lire la Bible pour y trouver la règle de sa vie (1).

---

1. — Luther, dans la lettre adressée en 1524 aux conseillers d'Etat allemands, les engage formellement à créer des écoles chrétiennes : « Il s'agit, dit-il, de s'occuper de l'éducation de notre jeunesse, si nous voulons faire du bien à notre peuple et à nous tous. » On dépense tant d'argent pour les choses d'utilité publique, pourquoi n'en emploierait-on pas autant pour former de bons maîtres d'école et élever nos enfants ?... Quand il n'y aurait ni âme, ni ciel, ni enfer, encore serait-il nécessaire d'avoir des écoles pour les choses d'ici-bas. J'ai honte de nos chrétiens, quand je les entends dire : « L'instruction est bonne pour les ecclésiastiques, mais elle n'est pas nécessaire aux laïques. » Quoi ! il serait indifférent que le prince, le seigneur ou

III. ANNONCES ET DEMANDES D'EMPLOI TIRÉES DES « AFFICHES DU POITOU »

Nous devons à l'obligeance d'un chercheur poitevin les extraits suivants des *Affiches du Poitou*, journal d'avant la Révolution, dirigé par Jouyneau-Desloges, sorte de feuille d'annonces qui publiait, entre autres choses, les offres et les demandes des maîtres d'école d'alors.

Du 28 juillet 1774. — Les habitants et la ville de Parthenay désireraient qu'il fût s'y établir un bon maître d'école, pour enseigner à la jeunesse à lire, écrire et l'arithmétique ; avec du talent, une bonne conduite et du zèle, il peut être sûr d'y être accueilli et protégé, et de se faire, par ses seules leçons, un état de 1,200 francs au moins par an, et qui augmenterait, s'il se mettait dans le cas de prendre des pensionnaires.

Du 4 avril 1776. — Un sujet de bonnes mœurs, d'environ 40 ans, marié et sans enfant, se propose pour la régie d'une terre ou pour instruire la jeunesse. Il sait très bien écrire, possède le dessin, sait sa langue, est intelligent.

De Châtillon-sur-Sèvre, 23 janvier 1777. — On désirerait qu'un bon maître d'écriture et d'arithmétique vînt s'établir en

---

le fonctionnaire fût un ignorant ou un homme instruit, capable de remplir les devoirs de sa charge ?... Il faut donc en tous lieux des écoles pour nos filles et nos garçons, afin que l'homme soit capable d'exercer convenablement sa profession et la femme de diriger son ménage et de bien élever ses enfants. Et c'est à vous, messieurs, de prendre cette œuvre en main : car si l'on remet ce soin aux parents, nous périrons cent fois avant que la chose se fasse. »

On sait que le clergé y répondit, en France, par un décret du Concile de Bourges (mars 1528), prescrivant que les « maîtres d'école ne liront point à leurs écoliers des livres qui les puissent éloigner du culte divin et des cérémonies de l'Eglise. »

cette ville. Il y a une perspective de deux cents livres de rente attachée à cette place. Les habitants pourraient d'ailleurs, en attendant, lui faire un sort très honnête. Il ne manquerait pas de pensionnaires, n'y ayant point de bons maîtres d'école dans tout l'arrondissement, et la contrée étant extrêmement peuplée de jeunes gens, depuis l'âge de 10 ans jusqu'à 15.

Du 26 juin 1777. — Le sieur Boron... enseigne l'arithmétique et l'écriture et copie des mémoires. Il se placerait volontiers dans quelque gros bourg, s'il était sûr de trouver assez d'écoliers pour pouvoir s'y soutenir.

Du jeudi 27 novembre 1777. — Le sieur Duplessy... enseigne l'arithmétique, tant en nombres entiers que par fractions ; géométrie, arpentage par racines carrées et cubes; géographie, histoire de France ; écriture, etc., à 20 sous par mois chaque partie, chez lui, et à 40 sous en ville.

Du 12 mars 1778. — Les sieurs Duluc et Martin, demeurant à Saint-Maixent, faux-bourg Châlons, prennent des pensionnaires pour leur apprendre à lire, écrire, l'arithmétique, l'algèbre, l'arpentage, le dessin, le blason, l'histoire et la langue latine. Les élèves qui auront de l'intelligence pourront être mis en état d'entrer en philosophie après 18 mois. On soigne et veille avec attention et propreté les enfants qu'on leur confie.

Du 7 décembre 1780. — La dame veuve Pesant... voulant se rendre utile au public, offre le service de ses talents pour enseigner aux jeunes demoiselles à lire et écrire par principes raisonnés sur la grammaire de M. Restant, ainsi que les premiers éléments de l'arithmétique...

Du 4 avril 1782. — Une place de régent dans la paroisse de S... est vacante, et l'on désirerait trouver bientôt un sujet propre pour la remplir.

Les fonctions de cette place sont :

1° D'enseigner aux jeunes garçons de la paroisse le catéchisme, la lecture, l'écriture et l'arithmétique ;

2° D'assister, comme chantre, à tous les offices de l'Eglise et aux enterrements et services, ce qui suppose, dans le régent, quelque teinture de plain-chant, et une voix passable ;

3° De faire, à l'issue des messes paroissiales, les annonces et publications d'avis qu'il peut y avoir à donner au public.

Les honoraires consistent :

1° En un fixe de 180 l. par an, que paye la fabrique ;

2° Une quête que le régent fait dans toute l'étendue de la paroisse après la récolte ;

3° Une rétribution fixée par le règlement du diocèse, pour l'assistance aux enterrements, services, etc., et pour les annonces d'avis ;

4° Les mois des écoliers.

Du 30 mai 1782. — Un particulier connu désirerait trouver, dans une petite ville ou gros bourg, une place de maître d'école avec un fixe honnête ; il enseignera la lecture, l'écriture et l'arithmétique.

IV. CAHIERS DE DOLÉANCES

Nous avons pu consulter, aux archives départementales, les cahiers des plaintes et doléances de 124 communes des Deux-Sèvres.

Il y est question en général des impôts excessifs, de l'abolition des privilèges, des abus de toutes sortes, très peu des écoles qui n'étaient pas alors considérées comme un service d'État. Les pauvres habitants défendent leur pain contre les seigneurs, le clergé, les mendiants, les impôts de toute espèce. Ils n'ont pas à délibérer sur l'instruction qui, à cette époque, leur parait un luxe (1). Voici les seuls extraits que nous avons pu en tirer, relativement aux écoles.

---

1. — Voici l'art. 2 des remontrances de la commune de Saint-Lin ; il donnera une idée des plaintes qui se rencontrent dans presque tous les cahiers : « ... 2. Ils ont l'honneur d'observer qu'ils sont fort chargés d'impositions, qu'ils désireraient être diminués ; car ils ont assé à faire pour

Doléances de la paroisse de Bret (1). — ... L'éducation des jeunes filles, qui doivent être un jour la portion la plus chérie et la plus respectée de la société, demande dans son principe la plus grande délicatesse. Cette délicatesse ne peut prendre naissance dans les écoles où les enfants des deux sexes sont confondus. Un établissement de sœurs grises ou sœurs de la Sagesse dans toutes les villes et dans les gros bourgs serait un établissement très prudent et très nécessaire.

Doléances de Prissé. — ... Demander aussi un maître d'école aux dépens de Sa Majesté pour l'instruction de la jeunesse, lequel enseignerait gratis ceux qui seraient reconnus pour pauvres, lesquels demeurent dans l'ignorance faute de moyens et qui pourraient faire de bons citoyens et être utiles à l'État, s'ils avaient de l'éducation.

Doléances de Secondigné. — Voir plus haut : p. 38.

Doléances de Souché. — ... Que sur les fonds des gros bénéfices, il soit pris une certaine somme annuelle pour l'entretien d'un maître d'école, et qu'une certaine quantité de paroisses aient droit d'y envoyer leurs enfants, ce qui serait de la plus grande nécessité, vu que l'on trouve à peine quelques-uns parmi nous pour porter les roles, manquant de moyens pour nous faire instruire.

Doléances de Villiers-en-Plaine. — ... 17: L'utilité d'un régent pour instruire la jeunesse dans cette paroisse qui est privée de cette ressource, à cause de leur peu de faculté occasionné par la disette et stérilité des terres, et auquel il faudrait des appointements suffisants à prendre sur les gros décimateurs.

---

pouvoir les payer ; elles sont déjà considérables en tailles ; fourrages ; capitations ; corvées ; vingtièmes ; francs-fiefs et tous accessoires. Les dix sols par livre sur quelqu'unes de ces impositions, les droits considérables des controlles, ceux des aides et autres absorbent absolument tous les travaux des pauvres misérables laboureurs et cultivateurs, qui ne travaillent que pour payer sans avoir la moindre satisfaction, car ils ne sont pas plus tôt sortis d'un bourbier qu'ils entrent dans un autre. »

1. — Aujourd'hui, commune d'Aubigné.

*
* *

Malgré la rareté des documents, nous pouvons conclure que la partie du Poitou, qui constitua plus tard le département des Deux-Sèvres, ne resta pas étrangère aux efforts qui furent tentés par toute la France pour répandre l'instruction dans le peuple, à partir de la Réforme, et l'on peut dire même que, sous l'influence du protestantisme, cette instruction se serait développée, plus que partout ailleurs, dans la partie méridionale, où la doctrine de Calvin avait trouvé une foule d'adhérents. Mais la révocation de l'édit de Nantes et les persécutions qui l'accompagnèrent furent non seulement une oppression des consciences, mais encore une œuvre de réaction au point de vue scolaire. Aussi, le pays qui nous occupe est-il classé, sous le rapport de l'instruction sous l'ancien régime, au-dessous de la moyenne des autres parties de la France.

A la veille de la Révolution, le maître d'école existe à peine, et là où il existe, il n'est guère capable d'enseigner, ne sachant presque rien lui-même. Aussi le peuple croupit dans un état d'ignorance à peu près complet ; pour s'en rendre compte, il n'y a qu'à jeter les yeux sur la liste interminable des superstitions populaires, des vieilles pratiques médicales couramment acceptées en 1789, et encore suivies de nos jours dans les campagnes.

D'après une enquête, dont les résultats ont été publiés par le *Dictionnaire pédagogique*, de M. F. Buisson, sur l'état comparatif des conjoints qui ont signé leur acte de mariage dans la période décennale de 1780 à 1790 et celle de 1875 à 1885, le département donne le pourcentage suivant :

De 1780 à 1790 : hommes, 26,44 ; femmes, 7,68. — De 1875 à 1885 : hommes, 76,26 ; femmes, 51,08 (1).

---

1. — Ces renseignements ont été recueillis par les instituteurs des Deux-Sèvres dans les registres d'état civil. Nous avons, en outre, une statistique plus approximative extraite d'un exposé général de la situation de l'enseignement primaire en France avant 1789 par M. Maggiolo, recteur honoraire, chargé d'une mission spéciale par le ministre de l'Instruction publique. Cette étude a été faite d'après les documents fournis par 15.928 instituteurs. Dans l'état récapitulatif et comparatif, indiquant, pour 71 départements, le nombre des conjoints qui ont signé leur acte de mariage aux XVIIe, XVIIIe, XIXe siècles, les Deux-Sèvres sont classées avec les chiffres suivants :

Nombre de mariages observés	Sur ce nombre, ont signé				Nombre des conjoints 0/0 ayant signé	N° d'ordre sur 71 départements
	Époux	0/0	Épouses	0/0		
De 1686 à 1690.... 3.176	703	22.13	237	7.45	14.79	42e
De 1786 à 1790.... 1.574	510	19.69	152	9.65	14.67	67e
De 1816 à 1820.... 1.533	542	35.35	191	12.45	23.90	59e
En 1866.......... 2.476	1.658	66.06	891	35.97	51.60	59e
De 1872 à 1876.... 2.922	1.502	51.40	975	33.33	42.38	65e

CHAPITRE II

Documents relatifs à l'Instruction primaire depuis la Révolution

CHAPITRE II

Documents relatifs à l'Instruction primaire depuis la Révolution

Nous n'avons pas craint de citer à profusion dans ce chapitre les documents qui nous ont été fournis et que nous avons pu nous procurer nous-même sur la période antérieure à 1850, en prenant soin toutefois d'éviter la répétition des mêmes faits, des délibérations portant sur les mêmes objets. A mesure que nous approchions de l'époque actuelle, nous avons élagué tout ce qui nous a paru ou trop connu, ou trop monotone, ou trop controversé, et tout ce qui touche à des personnes encore existantes. C'est de l'ancienne école que nous avons voulu écrire l'histoire.

L'ABSIE (1.668 habitants). — L'Absie, devenue chef-lieu de commune le 1ᵉʳ janvier 1837, dépendit jusqu'à cette époque de La Chapelle-Seguin, qui passa à son tour au rang de hameau. On y trouve, à partir de 1815, un instituteur nommé Damblémont, désigné le 16 octobre de la même année par le conseil municipal, avec l'autorisation provisoire du Recteur de l'Académie royale de Poitiers. Depuis 1815, cette commune n'a pas cessé d'avoir des instituteurs publics.

Elle eut des institutrices à partir de 1832, tantôt libres, tantôt communales. En 1857, le conseil municipal demanda des religieuses et leur vota 300 francs, en ajoutant :

... Subsidiairement, dans le cas où les sacrifices ne seraient pas jugés suffisants pour engager des religieuses à venir résider à l'Absie, la position financière de la commune ne permettant pas de faire davantage, le conseil se bornerait alors à demander un instituteur laïque.

L'école de filles fut alors confiée à des religieuses de l'Immaculée-Conception ; elle fut laïcisée en 1884.

ADILLY (446 h.). — Vers 1838, le sieur Sauzeau, qui avait enseigné auparavant à Fénery, vint se fixer dans une ferme appelée la *Fragnée*, commune de Saint-Aubin-le-Cloud, distante de 3 kilomètres du bourg d'Adilly. Il était cultivateur ; il venait tous les jours faire la classe à Adilly et retournait chaque soir dans sa ferme. Des difficultés ayant surgi avec le curé, Sauzeau cessa de venir à Adilly, mais il continua d'enseigner, dans sa ferme de la Fragnée, aux enfants qui venaient le trouver.

AIFFRES (970 h.). — A noter la délibération élogieuse de 1855, où le conseil municipal vante le succès des Dames de l'Immaculée-Conception du Sacré-Cœur de Marie et invite discrètement les familles à venir en aide à ces institutrices, qui ont fait vœu de pauvreté :

L'école des filles ouverte l'année dernière par les Dames de l'Immaculée-Conception du Sacré-Cœur de Marie est dans l'état le plus satisfaisant. Elle a été appréciée comme elle devait l'être par toute la population. Le nombre des élèves s'est élevé à plus de 60. *Il est vrai que l'instruction y est donnée gratuitement* aux jeunes filles, quel que soit le degré d'aisance ou d'indigence des parents. On a vu avec plaisir quelques-unes de ces enfants appartenant à des journaliers peu aisés apporter leur offrande de quelques œufs ; c'était peu de chose, mais ce simple témoignage de reconnaissance était beaucoup pour le cœur des institutrices. Il serait à désirer que cet exemple, qui a bien aussi été pratiqué par quelques parents dans l'aisance, fût suivi par tous ceux qui sont en état de le faire. Quelques menus suffrages seraient peu de chose pour eux et beaucoup pour les Dames qui ne vivent que de pauvreté.

AIRVAULT (1.768 h.). — Les archives communales ont disparu au moment des guerres de Vendée. Voici le plus ancien document que nous ayons concernant l'instruction primaire dans cette localité ; il est du 9 octobre 1815 :

Le conseil municipal reconnaît que l'instruction publique, qui se réduit dans cette commune à une simple institution primaire, est on ne peut plus négligée ; qu'habituellement il y a eu deux instituteurs, mais que la modicité de la somme (1) qui, jusqu'actuellement, a été accordée pour indemnité de logement, a fait abandonner ceux qui s'y étaient établis et éloigné ceux qui avaient le désir de venir s'y fixer, de manière que la commune est maintenant réduite à un seul instituteur ; que cependant, étant impossible que cet instituteur puisse à lui seul recevoir toute la jeunesse, tant de la ville que des environs, il devient on ne peut plus important de s'en procurer un second ; et pour trouver quelqu'un qui enseignât avec soin les éléments de l'écriture, du calcul, de la grammaire et de la morale, et remplir par là le vœu d'un grand nombre de pères de famille, qui souffrent de l'absence d'une institution aussi utile, on ne

---

1. — 150 francs.

peut se dispenser d'offrir à celui qui se présentera une indemnité de logement suffisante pour qu'elle lui soit un motif d'encouragement ;

En conséquence, qu'il convient de porter pour cet article une somme de 300 fr., qui devra être répartie entre deux instituteurs, en raison du degré d'utilité de chacun d'eux et en observant que la proportion de cette répartition ne doit pas être au-dessous d'un à deux.

Le 14 mai 1817, une nouvelle délibération attribuait une indemnité de logement de 150 fr. aux institutrices.

Voici l'état des écoles primaires et d'enseignement mutuel fonctionnant dans la commune d'Airvault en 1821 :

Noms des Instituteurs et des Institutrices	Nombre des écoles ou mutuelles	Rétribution accordée par la commune	Nombre des enfants pouvant aller à l'école		Nombre des enfants allant à l'école	
			Garçons	Filles	Garçons	Filles
M. Baudouin.	1	150 fr.	»	»	51	»
M. Savin.	1	150 —	»	»	43	»
Mlle David.	1	100 —	»	»	»	32
Mlle Roy.	1	»	»	»	»	26
Mlle Clochard.	1	»	»	»	»	16
Totaux.	5	400 fr.	120	100	94	74

Le 9 août 1833, le Conseil municipal invité à se conformer à la loi du 28 juin de la même année, considérant *que la diminution des produits communaux exige que les dépenses soient votées avec économie*, émet l'avis qu'une seule école publique soit entretenue par la commune.

Comme il y avait deux instituteurs, il fallait en éliminer un. Le Conseil se réunit le 9 décembre pour arrêter le choix de celui qui devait avoir le titre d'instituteur communal.

Vu la délibération du Conseil en date du 9 août 1833, portant qu'il n'y a lieu d'établir en cette commune qu'une seule école primaire communale,

Attendu qu'il y a maintenant deux instituteurs salariés et que le Conseil est appelé à désigner lequel des deux doit être réputé instituteur communal,

Le Conseil municipal a procédé à cette désignation par la voix du scrutin secret, les membres présents étant au nombre de 16, la majorité absolue des suffrages doit être au nombre de neuf ;

Chacun des membres présents ayant déposé dans un vase un bulletin contenant le nom de l'un des instituteurs actuellement en exercice et dépouillement fait de ce scrutin, le résultat a été que le sieur François-Paul Guillebaud a obtenu quatorze voix et que le sieur Louis Miot n'en a obtenu que deux ;

En conséquence, que le sieur Guillebaud, ayant obtenu la majorité absolue des suffrages, est désigné par le Conseil municipal comme instituteur communal.

ARDIN (1.767 h.). — Le plus ancien document concernant les écoles remonte au 25 décembre 1791. Ce jour-là, l'assemblée générale de la commune, convoquée par le maire, arrêta :

Qu'un régent était de toute nécessité dans cette paroisse et qu'on lui donnerait, pour ses honoraires, la somme de cent cinquante livres par année ; qu'il ne prendrait que six sols pour les enfants apprenant à lire, dix sols pour ceux qui commençaient à écrire et quinze sols enfin, pour ceux qui voudraient apprendre l'arithmétique ; qu'il assisterait à tous les offices de l'église pour aider les prestres de la paroisse à chanter les messes, enterrements et services ; qu'il y catéchiserait en cas de besoin ; qu'il ne prendrait aucuns écoliers ou pensionnaires qui puissent empêcher de donner le temps convenable aux jeunes gens de la paroisse.

En 1834, le Conseil municipal, ayant à faire choix d'un instituteur communal, prit la délibération suivante :

La commune possède présentement deux écoles primaires élémentaires, l'une mutuelle et l'autre simultanée ; mais, considérant qu'une seule école primaire communale serait suffisante pour les élèves gratuits de la commune dont la population est de 1.770 âmes ; considérant en outre que les ressources de la commune ne lui permettent pas de rétribuer plus d'un instituteur, le Conseil est d'avis de n'allouer le traitement fixe voulu par la loi qu'à l'instituteur qui enseigne par la méthode mutuelle.

Jusqu'en 1850, le Comité de surveillance repoussa comme inutile la création d'une école communale de filles.

ARGENTON-CHATEAU (1.169 h.). — Voici les premiers essais d'organisation de l'instruction publique à Argenton-Château. D'abord, une délibération du 10 décembre 1806 nomme le premier instituteur communal, un sieur Lomdé, maitre d'études au Lycée de Poitiers.

Le 7 décembre 1806, par devant M. le maire, ledit Lomdé « lève la main et promet de bien et fidèlement s'acquitter de la tâche pénible qu'il a entreprise, de manière à mériter l'estime et la confiance publique. » Le sieur Lomdé cumulait les fonctions d'instituteur et de vérificateur des poids et mesures. Il exerça jusqu'en 1810.

La commune d'Argenton-Château, comme toutes les autres d'ailleurs à cette époque, ne faisait pas grand sacrifice pour les écoles ; et elle en avait pour son argent, si nous nous en rapportons à la délibération du 5 juin 1823.

Cette même année, le maire d'Argenton-Château était en pourparlers avec le supérieur des Frères de

Saint-Sauveur, dont nous avons retrouvé la lettre suivante, datée du 23 juillet 1823 :

Monsieur,

L'éducation chrétienne est le but de notre institut. Comme c'est aussi le but que vous vous proposez pour la jeunesse de votre ville dans la demande que vous me faites d'un frère, j'ai l'honneur de vous répondre que je vais me mettre en devoir de vous satisfaire et d'aider vos pieuses intentions, aussitôt que je pourrai le faire sans aller contre les règles que je me suis imposées.

D'abord nous ne traitons qu'avec MM. les curés, chez lesquels doivent habiter les frères que nous envoyons ; mais nous sommes charmés qu'il y ait à cet égard intelligence et accord entre l'autorité ecclésiastique et l'autorité civile.

S'il en est ainsi dans votre ville et que de concert vous ayez tout préparé pour la réception du frère, j'ose vous en promettre un pour un mois, ou plutôt, si vous le souhaitez, voici les conditions dont je fais part à M. votre curé, à qui j'écris à l'occasion de votre demande :

1° Toute paroisse qui voudra se pourvoir d'un frère s'obligera à fournir à la maison du noviciat, une fois pour toutes et à l'arrivée du frère, une somme de quatre cents francs.

2° Le frère aura sa pension complète chez M. le curé et mangera à sa table.

3° M. le curé fournira au frère, tous les ans, pour son vestiaire 150 francs, plus 24 francs également chaque année pour ses frais de voyage quand le frère sera appelé à la retraite, sauf à M. le curé à s'entendre avec les autorités civiles pour se faire indemniser et à retirer des rétributions des élèves, s'il le juge à propos.

Voilà, Monsieur le maire, la réponse que je puis vous faire. Veuillez bien vous concerter avec M. le curé, et aussitôt que je saurai que les conditions sont acceptées et le tout disposé, j'aurai l'honneur de vous satisfaire.

En 1848, M. Bouchier était instituteur à Argenton-Château. Comme il était républicain, il vit avec enthousiasme la Révolution. La réaction ne lui pardonna pas cette manifestation : il fut obligé de partir en exil en avril 1849. Il alla tenter la fortune en Californie. Revenu en France en 1857, il fut accusé de complicité dans l'attentat d'Orsini ; sur le point d'être arrêté, il repartit pour l'Amérique. On ne sait ce qu'il est devenu.

L'école publique actuelle de garçons date d'une quarantaine d'années ; elle est située dans un site admirable, en plein air et en plein soleil, mais d'un accès si peu commode, malgré les améliorations apportées depuis 1876 par les municipalités républicaines, qu'on serait tenté de croire que l'idée de derrière la tête de la majorité du conseil d'alors était d'en éloigner la jeunesse au profit de l'école concurrente congréganiste.

Il y avait des écoles dirigées par des institutrices dès 1817 (1).

On leur défendit de recevoir les filles avec les garçons.

Nous donnons à ce sujet une lettre assez curieuse d'une institutrice, Mme Glameau, du 9 janvier 1818 :

Monsieur le Maire,

Je crois devoir vous rendre compte de la manière dont je dirige ma petite école, d'après les ordres que vous m'avez donnés. Je commence, chaque jour, la première école de garçons à huit heures et la finis à dix ; celle des filles à dix heures et demie et la finis à midi. La seconde école de garçons s'ouvre à midi et demi et finit à deux heures, et celle des filles depuis deux heures et demie jusqu'à quatre heures, de manière que les

---

1. — Les ordonnances royales et épiscopales avaient interdit les écoles mixtes; mais cette règle fut peu observée dans les communes rurales, où souvent il était impossible à un seul maître ou une seule maîtresse d'école de vivre avec la rétribution scolaire.

garçons et les filles ne se trouvent jamais ensemble chez moi. Lorsque les jours seront plus longs, je commencerai plus tôt et finirai plus tard. Je désire que vous et M. le curé approuviez ma conduite.

L'emploi d'institutrice à Argenton-Château semble avoir été l'objet de nombreuses compétitions. Le 12 avril 1824, le sous-préfet de Bressuire adresse au maire l'autorisation spéciale accordée à Mlle Michot, dite sœur Julien, d'exercer les fonctions d'institutrice. Mlle Michot était une ancienne Ursuline. Il lui fallut une dispense de son évêque, dont nous avons conservé la copie :

DISPENSE

René François, par la miséricorde divine et la grâce du Saint-Siège apostolique, évêque de Luçon, vu la supplique que nous a adressée la demoiselle Modeste Michot, dite sœur Julien, tendant à être dispensée de ses vœux de religion qu'elle a émis dans la congrégation des Ursulines de Luçon, lesquels nous sont réservés par les statuts et règlements de cette congrégation, prenant en considération les motifs qu'elle allègue pour ne plus rentrer dans cette société, avons dispensé et dispensons, par ces présentes, de ses engagements ladite sœur Saint-Julien, même du vœu de chasteté, à la charge par elle de mener une vie chrétienne, et de s'approcher tous les mois des sacrements de pénitence, si elle n'en est légitimement empêchée, et d'eucharistie, si elle en est jugée digne.
Donné à Luçon, le 21 octobre 1823.

Signé : † RENÉ FRANÇOIS, *évêque de Luçon*.

La sœur Saint-Julien était alors âgée de 31 ans. Elle ne quitta jamais l'habit de religieuse. Elle est morte institutrice à Moutiers-sous-Argenton. Elle enseignait un peu à lire, le catéchisme et l'histoire sainte.

Le 8 février 1834, le maire donne connaissance au conseil municipal d'une lettre de Mlle Bonneuil, institutrice à Bitatre (Indre), par laquelle cette demoiselle s'offre de venir à Argenton, moyennant une indemnité de logement de 200 francs.

Le Conseil municipal, considérant que la commune est entièrement privée de moyen d'instruction pour les jeunes filles, puisque les trois institutrices qui y sont établies ne réunissent pas les connaissances suffisantes, vote en principe la somme de deux cents francs pour indemnité de logement et encouragement à une institutrice.

Comme on le voit par ce qui précède, la commune d'Argenton-Château fut une des plus empressées à reconnaitre l'utilité des écoles de filles et la plupart des municipalités qui s'y succédèrent ont donné la préférence aux institutrices laïques. C'est seulement de 1871 à 1878 que l'école communale de filles fut confiée à des congréganistes (les Filles de la Croix). Cette sympathie pour l'enseignement laïque ressort surtout de la délibération du 3 novembre 1837, par laquelle nous allons clore cette série de citations intéressantes :

M. le maire a donné lecture d'une lettre de M. le sous-préfet de Bressuire, en date du 21 octobre dernier, par laquelle le Conseil municipal est appelé à donner son avis sur l'établissement de deux sœurs de la communauté de La Puy, destiné à tenir une école fondée par Mlle Chessé, propriétaire en cette ville, avec dotation d'une rente perpétuelle de cinq cents francs et d'une maison destinée à être le siège de cette école.

Le Conseil, délibérant sur cet exposé, déclare n'avoir aucun moyen légal de s'opposer à ce que le projet d'établissement par les sœurs de la communauté de La Puy soit réalisé, et à ce qu'une école soit tenue par les religieuses dans cette commune;

Mais déclare formellement que cet établissement ne doit compter sur aucun subside de traitement quelconque sur les fonds communaux, soit qu'il y ait dans la commune une école tenue par une dame laïque, ce qui est l'intention formelle du Conseil municipal, soit qu'il n'y en ait pas.

Un des signataires de cette délibération si nette et si énergique devait, vers 1882 ou 1883, fonder et doter d'une rente de 500 francs un asile congréganiste annexé à l'école de ces mêmes sœurs de La Puye, précisément au moment où Argenton-Château allait inaugurer sa belle école publique de filles.

ARGENTON-L'ÉGLISE (934 h.). — Nous tirons d'un registre de copies de lettres les documents qui suivent :

Argenton-l'Eglise, le 20 nivôse an IX.

Maire à sous-préfet de Thouars.

Citoyen,
Pour répondre à votre lettre du 28 frimaire dernier sur le canton, il y a un instituteur primaire à Argenton-l'Eglise, quy a 40 élèves tant de l'un que de l'autre sexe.

Il y en a un autre à Bouillé-Loret quy a le même nombre d'élèves ; il n'est point connu d'autres instituteurs ni institutrices primaires sur le canton, et cela, suivant ma connaissance.

Salut, etc.

*
* *

Du 6 avril 1807.

Le maire de la commune d'Argenton-l'Eglise
à M. le sous-préfet de Bressuire,

J'ai l'honneur de répondre à la vôtre du 31 mars dernier, relative à l'instruction publique.

1. Il y a un instituteur dans le bourg de cette commune, lequel a fait ses études en latin.
2. Ce *percepteur* est âgé de 56 ans, et voilà huit ans qu'il instruit la jeunesse.
3. L'instruction qu'il donne à ses élèves est conformément et suivant les livres de la religion *créthienne*, l'écriture et l'arithmétique ; il instruit aussi à déchiffrer les *pappiers*.
4. Il a communément, dans le *cour* de l'année, 40 élèves des deux sexes.

Cet instituteur devait être le sieur Sourdeau, qui démissionna le 21 août 1825, à cause « de son grand âge et de l'épuisement où l'a réduit un travail de ce genre pendant trente-six ans. »

Du témoignage d'une bonne vieille femme de 86 ans, il ressort qu'elle a appris à lire, écrire et calculer, de 1825 à 1829, chez un sieur Vallée, aubergiste, épicier, buraliste et chantre ; qu'ils étaient de 15 à 20, tant garçons que filles.

AUBIGNÉ (418 h.). — On peut constater, en parcourant les archives de la commune, la bonne entente qui existait, en 1833, entre le maire et l'instituteur Ferdonnet, entente qui aboutit à un abonnement en commun à *La Sentinelle*, « devenu trop fatigant (sic) pour le premier magistrat d'Aubigné. »

Le 10 août de la même année, il est demandé « que le sieur Ferdonnet puisse recevoir dans son école, moyennant les taux mensuels de 1 fr. 25, 1 fr. 75 et 2 fr. 25, suivant l'âge, la plupart des enfants de la commune qui se livrent à la mendicité et passent leur temps à vagabonder, à marauder, à voler. »

A la même époque, l'assemblée communale demande que Ferdonnet soit maintenu instituteur de la commune,

« attendu qu'il remplit avec prudence ses devoirs de maitre d'école, qu'il *obéit* aux autorités communales, ainsi qu'aux membres composant le comité local et, d'une manière générale, *à tous les habitants.* »

BEAULIEU-SOUS-BRESSUIRE (678 h.). — Vers 1830, une demoiselle Catherine de la Haye-Monthault, personne très charitable appartenant à la secte religieuse des *Dissidents*, s'émut de l'ignorance profonde dans laquelle grandissaient les enfants, fit bâtir une maison dans sa ferme de la « Chaonnière » et y établit, pour l'instruction des enfants des deux sexes, deux institutrices congréganistes, dissidentes comme elle (1). Ces sœurs ayant quitté la commune quelques années après, Mlle de la Haye prit sous sa protection un jeune homme du pays, également dissident, nommé Jean-Baptiste Maingret, le fit munir du brevet de capacité et l'installa dans une maison du bourg en qualité d'instituteur libre.

Maingret fut nommé instituteur communal à la mort de sa bienfaitrice, en 1846 ; mais, en 1852, il fut contraint de donner sa démission, pour avoir refusé, en sa qualité de dissident, de prêter le serment exigé des fonctionnaires par le Gouvernement impérial.

BELLEVILLE (193 h.). — En 1830, Faucher Jean s'installe à Belleville ; il est le plus habile du pays pour le plain-chant, la lecture des vieux actes sur parchemin et sait effectuer les trois premières règles.

---

1. — Voir à la commune de **Courlay** des renseignements plus étendus sur les *dissidents*.

L'école est dans une maison délabrée et n'a pour tout mobilier scolaire que quatre bancs et une table. La cour est sur le chemin et les lieux d'aisance derrière les haies.

En 1834, le Comité d'instruction se réunit, par ordre de M. le préfet, pour rédiger un rapport sur la conduite, le zèle et la capacité de l'instituteur. Le maitre est jugé capable et les élèves, dirigés à coup d'*osier*, sont reconnus bien dressés.

BESSINES (474 h.). — Le 1er février 1827, le sieur Jean Guibert est autorisé à exercer les fonctions d'instituteur dans la commune de Bessines. Ce Jean Guibert était le fils du maire de l'époque; n'ayant fréquenté que l'école de Magné, il ne possédait aucun diplôme, sachant juste lire, écrire et compter.

En 1842, le Conseil municipal « regrette vivement que la somme de 20 francs destinée à l'école primaire n'ait pas été dépensée ; il espère que l'administration municipale ne négligera plus d'accomplir une de ses plus importantes attributions. »

BOUILLÉ-LORETZ (1.204 h.). — La commune de Bouillé-Loretz semble avoir fait des difficultés pour l'établissement d'une école spéciale de filles. Invité en 1857 à voter au moins 200 francs pour subvenir au traitement d'une institutrice, le Conseil déclare s'opposer à ce vote, attendu,

1° Que la commune de Bouillé-Loretz est une commune agricole et que beaucoup de pères de famille n'envoient pas leurs enfants à l'école, principalement l'été ; et que, dans la saison d'hiver, l'instituteur n'en a environ qu'une cinquantaine, ce qui n'est pas au-dessus de ses forces, s'il voulait s'en occuper activement, ainsi qu'il est obligé de le faire.

Il refuse également l'année suivante, considérant :

1° Que l'instituteur actuel s'acquitte entièrement de son devoir tant à l'égard des garçons qu'à l'égard des filles et que les pères et mères sont très satisfaits ;
2° Que si les filles étaient instruites par une institutrice, l'instituteur en éprouverait une perte d'environ 200 fr. par an, sans aucune compensation ;
3° Qu'en outre de cette perte de 200 fr. pour l'instituteur, la commune en éprouverait une d'environ 400 fr. par an et sans nécessité, tant pour la subvention qu'il faudrait faire à l'institutrice que pour son logement qu'il faudrait lui construire, puisqu'il serait impossible de lui en louer un à Bouillé-Loretz, attendu qu'on n'en trouverait pas ;
Par ces motifs, le Conseil municipal se refuse entièrement à voter aucun fonds concernant la demande sus-expliquée ; et en outre, il supplie l'autorité supérieure de renoncer au projet de faire instruire les filles de la commune de Bouillé-Loretz par une institutrice ou par des religieuses ;
Et dans le cas que, pour parvenir à cet objet, on viendrait à créer d'office une subvention à cet égard aux charges de la commune, il prie M. le maire de se refuser à toutes délivrances de fonds et de ne signer aucun mandat concernant cette subvention.

BOUILLÉ-SAINT-PAUL (648 h.). — Les habitants de cette commune sont restés longtemps dans la plus grande ignorance, si nous nous en rapportons aux renseignements contenus dans l'intéressante monographie publiée par M. Alex. Chouc, instituteur, à l'orthographe très fantaisiste des registres des délibérations du commencement du XIXe siècle et à la statistique suivante, basée sur la comparaison des listes de recensement des jeunes gens de la commune.

Sur 100 conscrits :

	Sont illettrés	Savent lire seulement	Savent lire et écrire	Savent lire, écrire et compter
De 1848 à 1860	50	31	19	»
De 1860 à 1870	46	3	51	»
De 1870 à 1880	29	»	42	29
De 1880 à 1890	15	»	»	85
De 1890 à 1900	10	»	»	90

Aussi, comprenant plus que tout autre la nécessité de l'instruction, le Conseil municipal de Bouillé-Saint-Paul devançait la loi de 1881 et demandait la gratuité absolue de l'enseignement primaire par une délibération du 15 novembre 1874.

Le Conseil, appelé à donner son avis sur la liste de gratuité des enfants qui seront admis à l'école en 1875 ;

Considérant que le développement de l'instruction laisse encore beaucoup à désirer dans cette commune ;

Que dans le cas où l'école deviendrait complètement gratuite, beaucoup de parents qui ne peuvent raisonnablement figurer sur la liste de gratuité sortiraient de leur apathie et feraient profiter leurs enfants des bienfaits de l'instruction rendue de plus en plus nécessaire par suite des nouvelles lois militaires ;

Demande la gratuité absolue à partir du 1er janvier 1875, et vote à cet égard, conformément aux dispositions de l'article 8 de la loi du 10 avril 1867, un centime de plus à ajouter au budget de 1875.

BOUIN (302 h.). — Voici la délibération par laquelle, en 1857, le Conseil municipal de Bouin demande que la commune soit pourvue d'une école.

Sur cet objet, le Conseil,

Attendu que beaucoup d'enfants en âge de fréquenter l'école sont retenus par les parents à cause : 1° de la difficulté que présente le chemin de Bouin à Hanc, difficulté provenant d'une côte très rapide et difficile à gravir, même pour des enfants de huit à dix ans, d'où il résulte très souvent que ces enfants arrivent à l'école couverts de sueur et que saisis par le froid ils sont presque toujours exposés à de graves maladies ; 2° de la longueur du chemin, qui donne le moyen aux enfants des deux sexes, bien que des heures différentes de sortie soient observées par l'instituteur, de s'attendre et de se réunir pour se faire des niches et se livrer à mille espiègleries, de sorte que jamais ces enfants n'arrivent sans que les uns ou les autres soient baignants de sueur et de pleurs et en hiver couverts de boue ou de neige. De là naît encore la difficulté pour le lendemain de les envoyer à l'école ; « ils ne veulent plus y aller, disent-ils, parce qu'ils rencontreraient en chemin celui qui les a taquinés, maltraités la veille » ; il faut donc alors que le père ou la mère laisse ses occupations pour les conduire et veiller à ce qu'ils arrivent à l'école, car très souvent on les y croit qu'ils n'y sont pas ;

Attendu qu'une portion de ces enfants fréquente l'école d'Ardilleux et l'autre celle de Hanc et qu'il arrive très souvent que, par certains petits conseils et l'amour de la camaraderie, les uns quittent, malgré les parents, une de ces écoles pour aller à l'autre et réciproquement ;

Considérant qu'il y a urgence de faire cesser cet abus; cédant au vœu manifesté par les habitants de cette commune ;

Est d'avis, à l'unanimité des membres présents, de prier très humblement M. le préfet de prendre en considération le vœu et les motifs ci-dessus exprimés, de prononcer la séparation des communes de Bouin et de Hanc et d'accorder séparément à cette première un instituteur communal.

BRESSUIRE (4.668 h.). — Le premier instituteur mentionné dans les registres des délibérations est le citoyen Palastre, installé le 11 vendémiaire an XI, et qui exerça jusqu'en 1810, époque de sa mort. Nous avons la suite de ses successeurs jusqu'à nos jours (1). Il y eut

---

1. — Bressuire dépendait alors de la sous-préfecture ou district de Thouars.

en 1818 un essai d'organisation de l'enseignement mutuel qui ne fut pas maintenu. L'école de garçons primitivement installée dans une dépendance de l'Hôtel de Ville, puis dans un local fourni par l'instituteur, fut aménagée, à partir de 1848, dans une annexe de la caserne ; elle y resta jusqu'en 1880, date de la construction de l'école actuelle, et de la création de l'école primaire supérieure (1).

Nous voyons, par une pétition du 7 vendémiaire an IX au citoyen Préfet, que l'enseignement des jeunes filles préoccupa de bonne heure la population bressuiroise.

En 1821, la municipalité vota une indemnité de 300 francs aux Dames Ursulines, et 100 francs à Mlle Albert, institutrice du 1er degré, pour l'éducation « des jeunes personnes du sexe ». D'après la délibération prise à ce sujet, les religieuses et Mlle Albert devaient apprendre à leurs élèves « à filer à la quenouille et à tricoter avec des broches d'osier ».

Une école primaire supérieure de filles s'ouvrit en 1891.

Il exista en outre une salle d'asile dès le commencement du XIXe siècle, confiée pendant longtemps à des congréganistes.

La ville, de tout temps favorable à l'instruction, établit la gratuité absolue dans ses écoles publiques de garçons et de filles par délibération du 22 mai 1868. A cette époque, la ville payait annuellement 6.200 francs pour l'instruction à ses divers degrés, savoir :

---

1. — A côté de l'enseignement primaire, le collège ecclésiastique d'enseignement secondaire avait été réédifié en 1806. Après avoir passé en diverses mains, le collège fut abandonné en 1816 à l'évêché de Poitiers, qui en surveilla l'enseignement jusqu'à nos jours ; la ville le subventionna jusqu'en 1868.

Enseignement secondaire	1.800
Traitement de l'instituteur	1.560
Livres de classe	170
Mobilier	50
Ecole libre de filles pauvres (le couvent)	470
Chauffage de cette école	50
Salle d'asile	1.450
Ecole des filles (Mlle Reullier) subvention	200
Cours d'adultes (garçons)	300
Cours d'adultes (filles) à Mlle Reullier	150
Total	6.200

BRIEUIL-SUR-CHIZÉ (146 h.). — Cette petite commune fut mise en demeure, en 1833, de décider à quelle commune elle se rattacherait pour l'entretien d'une école primaire. Voici la délibération qui fut prise à ce sujet :

Considérant que Chizé est préférable en raison de la proximité et de la facilité des communications, le Conseil est d'avis que Brieuil soit réuni à la commune de Chizé, pour entretenir en commun une école primaire élémentaire ;

Le Conseil émet le vœu, en outre, que les frais d'entretien de cette école soient répartis entre les communes réunies proportionnellement à la population.

Cette réunion fut ratifiée par décision ministérielle du 5 janvier 1835. Dans sa séance du 4 mai 1834, le Conseil municipal de Brieuil, en dressant son budget, expose la manière dont il entend concourir à l'entretien de l'école communale de Chizé :

Les communes de Brieuil, Chizé et Availles, étant réunies pour entretenir une école communale, et en admettant que trois cents francs soient suffisants pour l'entretien de cette école, le traitement et le loyer de l'instituteur, il nous paraît juste et raisonnable de baser la répartition de cette somme sur la population réunie (1.288 h.), ce qui donne pour Brieuil (182 h.) : 42 fr. 40.

Cédant aux instances de l'administration, le Conseil municipal de Brieuil, dans sa séance du 27 décembre 1881, acceptait en principe la création d'une école sur le territoire de cette commune. Cette école fut ouverte le 1ᵉʳ mai 1882 (1).

BRULAIN (826 h.). — En 1852, l'institutrice ne touchait que 60 francs de la commune et était tenue de recevoir 13 indigents. Le préfet invita le Conseil municipal à augmenter le traitement de la maîtresse. Le Conseil essaya d'un détour curieux, dans sa réunion du 29 juillet 1852 ; plutôt que d'allouer à la réclamante un supplément de traitement, il préfère diminuer le nombre des indigents. Comme il y en avait treize, il commence par en retrancher un, puis se trouvant embarrassé sur le choix des autres élèves à supprimer de la liste, il émet l'avis de conserver les douze indigents, mais de les envoyer, les six premiers inscrits pendant la moitié de l'année, et les six derniers pendant l'autre moitié. Cette combinaison naturellement ne fut pas acceptée et le traitement de l'institutrice dut être élevé à 100 fr.

CERIZAY (2) (2.011 h.). — Il n'existe à la mairie aucun

---

1. — Un certain nombre d'habitants, au lieu d'envoyer leurs enfants à Chizé, les faisaient aller en classe dans les localités voisines (Séligné, les Forges, Secondigné), et en particulier chez M. Bodineau, instituteur privé, qui dirigeait une école aux Forges. Des personnes qui ont fréquenté cette école racontent que le curé de la paroisse allait souvent visiter l'école. Quand il s'apercevait qu'un élève possédait une instruction suffisante à son gré, il l'engageait à ne plus venir en classe : « Tu ne veux pas faire un notaire ? » disait-il : « Tu en sais bien assez pour cultiver la terre. »

2. — Pays natal de plusieurs chefs vendéens. Cerizay a été le théâtre de plusieurs événements dramatiques pendant l'insurrection des Chouans. A

document antérieur à 1848, époque à laquelle les archives communales furent incendiées. Voici, d'après des renseignements fournis par des personnes âgées de la localité, l'histoire d'une école mixte sous la Restauration :

Vers 1825, un tisserand des environs de Cholet vint s'établir à Cerizay. C'était un lettré, nommé Pascal ; sa science le fit surnommer *le bon Dieu*. Dans la cave où il exerçait son métier de tisserand, il ouvrit une école qui fut fréquentée d'abord par une douzaine d'élèves appartenant aux familles les plus aisées du bourg. Pendant que retentissait le *cric-crac* de sa navette, le père Pascal enseignait l'A B C et la table de multiplication, donnant ainsi à la fois l'enseignement littéraire, scientifique et professionnel.

Bientôt l'école devint mixte. Pendant que « le Régent » instruisait les garçons dans sa cave, sa vieille servante, nommée Caro (Caroline), surveillait les jeunes filles au rez-de-chaussée, et leur faisait réciter la prière et le chapelet. A leur tour, quand ils avaient fini de lire, d'écrire et de compter, les garçons montaient trouver la mère Caro pour dire le chapelet et les filles les remplaçaient auprès de M. Pascal, qui recommençait sa leçon tout en continuant sa pièce de toile.

Ceux qui n'écrivaient pas étaient assis, derrière M. Pascal, sur un chevron. Ceux qui écrivaient s'asseyaient devant une large planche qui reposait à ses deux extrémités sur deux grosses pierres.

« Nous allions à l'école quand nous voulions, raconte un octogénaire ; nous allions jouer sur la place du Marché, pendant que M. Pascal continuait sa toile. Nous revenions quand il nous plaisait. Nos parents payaient, si je m'en souviens bien, vingt sous par mois et par élève ; de plus, M. Pascal pouvait après le battage du blé, se promener avec un sac, comme le fait

---

cette époque, l'ignorance et la superstition régnaient dans la contrée. Un vieillard raconte que son grand-père ayant été tué dans une rencontre avec les *Bleus*, la famille cacha son cadavre dans un coffre pendant trois jours, au bout desquels le mort devait ressusciter comme tous ceux qui étaient tués au service de Dieu.

encore le sacristain, et recueillir le grain qu'on voulait bien lui donner. »

En 1836, M. Gauvain, breveté du 2e degré, fut nommé instituteur communal. La municipalité lui fit aménager une salle de classe dans une tour du vieux château de Cerizay, où nichaient les corneilles. Plus de cent enfants se pressaient dans ce local étroit, humide et mal aéré.

C'est en 1848 que fut bâtie l'école actuelle.

CHAIL (563 h.). — Le sieur Senault Jean, muni de son brevet du 3e degré, avait été désigné comme instituteur en 1833. Voici dans quelles curieuses conditions il fut remplacé le 9 février 1834. Le garde champêtre d'alors, qui se nommait Lambert, était boiteux et ne marchait qu'avec les plus grandes difficultés. Malgré toute sa bonne volonté, il ne pouvait remplir convenablement une fonction qui consiste surtout à faire des tournées régulières et des courses fréquentes ; aussi des déprédations étaient-elles commises sur les propriétés insuffisamment surveillées et il se produisait de nombreuses réclamations. L'administration municipale, désireuse de donner satisfaction aux réclamants sans congédier brutalement son garde, cherchait une solution qui pût tout concilier. Or, sous le rapport de l'agilité, l'instituteur ne laissait rien à désirer ; grand, robuste, bien qu'il lui manquât à une main quelques doigts, emportés par un coup de fusil malheureux, il avait le physique d'un garde champêtre alerte et vigoureux. Le maire comprit vite le parti qu'il y avait à tirer de la situation, et avec l'approbation de son conseil municipal, il en fit le garde communal, et du garde, l'instituteur public. Les délibérations du 9 février et du 9 mars 1834 prouvent l'authenticité du fait.

L'ancien garde champêtre remplit les fonctions d'instituteur jusqu'en 1844, époque où il fut obligé de donner sa démission, à cause de ses habitudes d'ivrognerie.

CHANTECORPS (830 h.). — En l'an VI, le sieur Mignonneau, Joseph-Antoine, exerçait au hameau de la Magnonnière les fonctions d'instituteur à gages et de notaire public. Il fut même adjoint au maire, qui se nommait alors l'agent municipal, comme il appert de la délibération du 9 floréal de cette même année (an VI), dont nous donnons l'extrait suivant :

... D'où il s'en est suivi que la majorité absolue des voix a tombé sur le dit citoyen Mignonneau, notaire public résidant à la Magnonnière, dépendante de notre dite commune, lequel citoyen nous a exposé qu'ayant été élu l'année dernière en même temps que le nouvel agent municipal, lui dit Mignonneau, n'étant ni colon, ni propriétaire, ni locataire, mais *instituteur* en maison particulière, il n'acceptait ladite charge d'adjoint que pour l'année seulement, en ayant déjà passé une dans le même employ, et prévoyant ne rester qu'un an dans ladite commune, sauf à l'administration centrale à décider l'année prochaine sur le mode d'élection entre l'agent municipal et l'adjoint qui n'accepte que pour correspondre aux vœux de ses concitoyens et pour être utile, autant qu'il sera en son pouvoir, à la chose publique.

CHAMPDENIERS (1.405 h.). — Jusqu'à l'organisation de l'enseignement primaire, en 1833, cette ville eut un certain nombre d'écoles, avec ou sans pensionnat, pour les filles et pour les garçons. Plusieurs de ces écoles étaient subventionnées par la commune. Ce qui nous frappe durant cette période, c'est le goût qui domine pour l'étude de la langue latine, si nécessaire, dit la délibération du 21 février 1813, pour rendre les enfants « aptes à divers états ». On considérait que l'enseignement de la lecture, de l'écriture et de l'arithmétique n'était pas suffisant. La pension Crochery, qui fut longtemps en vogue, comptait, d'après un rapport du maire du 21 avril 1820, outre les élèves de l'école primaire, 34 élèves de latinité, dont 32 pensionnaires et 1 demi-pensionnaire. Voici la lettre écrite, le 27 septembre 1819, par le maire de Champdeniers au préfet des Deux-Sèvres :

Monsieur le Préfet,

Monsieur Crochery, maître de pension, et en même temps instituteur primaire en cette commune, depuis environ quatre ans, s'est concilié dans l'exercice de ses pénibles et honorables fonctions, la confiance des pères de famille et l'estime générale de ses concitoyens. Ce qui le prouve, c'est que son pensionnat compte déjà vingt et quelques pensionnaires, et un grand nombre d'externes suivent aussi ses leçons. La morale et la religion forment la base de l'enseignement qu'il donne à ses nombreux écoliers ; il leur en inculque les principes non seulement par d'excellentes explications, mais encore par de bons exemples.

Le respectable pasteur, que nous avons eu le malheur de perdre au mois de décembre 1817, avait pour M. Crochery une estime particulière et il favorisait de tout son pouvoir cet établissement naissant, dont nous sommes redevables à son zèle pour le bien de ses paroissiens.

D'où vient donc que M. Faisneau, son successeur, bien loin d'accorder la même bienveillance à cette institution, cherche au contraire à lui nuire, soit par un esprit de contradiction, soit par tout autre motif aussi peu louable? Dimanche dernier, il me confia que l'école de M. Crochery, surtout sous le rapport de l'instruction primaire et de l'étude de la religion, était à peu près nulle ; que pour les enfants dont il était chargé, il se proposait, dans l'intérêt de ses paroissiens, d'avoir chez lui un Frère des Écoles chrétiennes ; que cet instituteur ne serait nullement à la charge de la commune, puisqu'il s'obligeait de le loger et de le nourrir. J'objectai qu'il fallait que cette nouvelle école ne pût nuire à celle déjà existante, à laquelle nous tenions beaucoup ; que cette crainte m'avait empêché d'accepter l'offre qu'on m'avait faite d'établir ici une école d'enseignement mutuel ; qu'au surplus je désirais en conférer avec Messieurs du Conseil. Ces observations faites avec modération déplurent à M. le curé, qui m'a l'air d'aimer un peu trop la domination. Sur ce, il me quitta me donnant à penser qu'il persistait dans son projet et qu'il le mettrait à exécution.

Messieurs les conseillers municipaux que j'ai consultés là-dessus ont répondu unanimement qu'il ne fallait souffrir en cette commune l'établissement d'aucune autre école ; ils ont pensé avec raison que cette concession étant faite à M. le curé, il pouvait ensuite faire venir chez lui un maître de latin et que la nouveauté ayant toujours beaucoup de charmes, l'institution de M. Crochery en éprouverait infailliblement un préjudice notable.

Je passerai sous silence, Monsieur le Préfet, les scènes scandaleuses auxquelles a donné lieu, il y a quelques mois, le caractère un peu trop emporté de notre pasteur à l'occasion de l'estimable M. Crochery.

L'amour que j'ai pour la paix m'a fait oublier les injures qu'il m'a prodiguées en cette circonstance, lorsque j'ai voulu interposer ma médiation.

Pour ces puissants motifs, je vous supplie, Monsieur le Préfet, au nom du Conseil municipal de cette commune et dans les intérêts de nos administrés, d'avoir la bonté de rejeter la demande qui pourrait vous être faite par MM. les vicaires généraux du placement d'un frère ignorantin à Champdeniers.

Signé : Pineau.

En 1840, M. Théophile Crochery ayant donné sa démission pour accepter les fonctions de sous-inspecteur des écoles, le cours de latinité, qui existait depuis trente-trois ans, disparut avec lui.

En 1814, les religieuses de l'Union chrétienne s'étaient établies à Champdeniers ; leur institution fut longtemps florissante ; elles furent quelque temps institutrices communales, et, après la création d'une école laïque de filles, en 1866, elles restèrent comme institutrices privées.

Dès 1833, il y avait à Champdeniers deux petites écoles pour les très jeunes enfants. En 1848, le Conseil municipal songea à créer une salle d'asile subventionnée. La rétribution était fixée à cinq centimes par élève et par jour ; en arrivant en classe, chaque matin, le bambin remettait son sou à la maîtresse. Primitivement dirigée par une institutrice spéciale, la salle d'asile devint, en 1887, une classe enfantine annexée à l'école publique de filles.

LA CHAPELLE-BERTRAND (696 h.). — En 1833, le préfet ayant inscrit d'office au budget de 1834 un crédit de 240 fr. pour le service de l'enseignement primaire, le conseil protesta par la délibération suivante :

L'an 1833, le 21 décembre, le conseil, réuni extraordinairement, etc.

... M. le Maire a donné lecture de la circulaire de M. le sous-préfet dans laquelle il prévient M. le Maire que M. le Préfet a porté d'office, au budget de 1834, une somme de 240 fr., savoir : 200 fr. que M. le Sous-Préfet nous annonce être le *minimom (sic)* de la loi et 40 fr. pour indemnité de logement.

MM. les membres, après avoir examiné et réfléchi, ont pris la délibération suivante :

« Considérant que M. l'instituteur Pied a été nommé dans la commune sans le consentement du conseil, considérant aussi qu'il a son domicile dans sa maison et propriété dans la commune de Beaulieu, considérant qu'il a été nommé par *la Cadémie* pour sa propre satisfaction et dans l'intention d'augmenter son revenu, considérant que tout l'avantage de cette nomination est pour lui, qu'il ne rend aucun service à la commune; qu'en rendant justice aux bonnes qualités de cet instituteur, il ne possède pas l'instruction convenable; considérant enfin que les ressources de la commune sont insuffisantes pour voter un pareil emploi, n'ayant jamais pu avoir de *garde champêtre, qui était plus utile que l'instituteur*; considérant qu'une population de 425 âmes n'offre pas autant de ressources qu'une de 1,200 à 1,500, que les habitants qui ont quelque ressource sortent leurs enfants de la commune et les envoient à Parthenay, *qui est très rapproché* (1), etc...

« ... Est d'avis de ne rien voter, le conseil ne veut pas compromettre les intérêts de la commune, etc..... »

La question de construction d'une maison d'école rencontra une vive opposition de la part des fermiers des seigneurs de La Chapelle-Bertrand, ce qui ressort de la délibération prise le 6 janvier 1840, où il est dit :

Considérant que la plûpart qui ont déclaré qu'ils ne voulaient pas de maison d'école ont été poussés par une seule personne influente (le régisseur de la comtesse d'A...), mais qui ne possède rien dans la commune et ne peut rendre aucun service. En cette occasion, plusieurs fermiers ont déclaré à M. le Maire que 4 ou 5 personnes étaient allées chez eux pour les engager à déclarer qu'ils ne voulaient pas de maison d'école ;

Considérant que la commune est obligée d'avoir une maison d'école ; qu'elle possède en outre, depuis 2 ans, 1,500 fr. accordés par le ministre de l'instruction publique ;

En conséquence, le conseil persiste et est d'avis de construire la maison d'école, etc.

---

1. — La distance est pourtant de 7 kilomètres.

Vers 1845, le marquis d'A..., grand propriétaire foncier possédant le tiers de la commune, signa avec la congrégation des filles de la Croix, dont le siège est à La Puye (Vienne), un traité par lequel il s'engageait à fournir aux 4 sœurs que la congrégation mettait à sa disposition un local convenable, le chauffage et un traitement de 600 fr. Cette école subsiste encore.

LA CHAPELLE-GAUDIN (568 h.). — La population de La Chapelle-Gaudin montra longtemps une grande indifférence en matière d'instruction, témoin la délibération du 3 août 1851. Une somme d'environ 300 fr. figurait au budget pour le traitement de l'instituteur, mais l'école communale n'existait pas encore.

Considérant qu'il n'y a pas d'école primaire dans la commune, qu'il y a eu deux instituteurs et une institutrice à trois époques différentes qui ont été obligés de quitter l'endroit faute d'élèves ;
Le conseil, regardant comme inutile de garder en caisse de l'argent qui ne sert à rien, tandis qu'il serait si nécessaire pour l'église, conjure avec instance M. le Préfet de permettre à la commune d'employer cet argent pour l'église.

En 1859, la commune est mise en demeure de faire son choix entre une institutrice laïque ou une religieuse. Le conseil municipal « déclare donner sa préférence pour une religieuse, mais fait cependant choix d'une laïque, parce que, pour cette dernière, les dépenses ne seront pas supportées entièrement par la commmune, ce qui arriverait pour une religieuse » (18 septembre 1859).

LA CHAPELLE-LARGEAU (937 h.). — Vers 1823, le curé de La Chapelle-Largeau fit construire une école de garçons — l'école actuelle — et y installa le sieur Gouin, qui paraît avoir eu une certaine renommée dans la région. A la mort de cet instituteur, en 1838, une demoiselle Rosalie Marolleau, de La Chapelle-Largeau, qui faisait la classe aux filles, eut l'autorisation de se charger aussi des garçons jusqu'à la nomination d'un nouvel instituteur. Cette situation dura jusqu'en 1841, époque où vint s'établir à La Chapelle-Largeau M. Marais, élève de l'école normale, qui fut instituteur public jusqu'en 1870. Le curé de la paroisse avait fait venir en 1859, pour tenir une école de filles, des religieuses de la Salle de Vihiers, et, en 1865, pour faire concurrence à l'école de garçons, des frères de Saint-Gabriel. Depuis cette époque, le conseil municipal, sous l'impulsion du curé, ne cessa de réclamer la suppression des deux écoles laïques. Ce que l'Empire avait toujours refusé de faire, la République conservatrice de 1873 l'accomplit et, le 20 mars 1873, les écoles congréganistes furent reconnues écoles publiques.

L'école congréganiste de garçons ne fut laïcisée qu'en 1890 ; celle des filles vient de l'être en 1904.

LA CHAPELLE-SAINT-LAURENT (2.247 h.). — En 1813, le sieur Rousseau, l'un des deux instituteurs de la commune, réclamait sa part de l'indemnité allouée par la commune pour le logement de l'instituteur. Le conseil municipal, ayant à statuer sur la demande du pétitionnaire, motive son avis de la manière suivante :

Considérant que les motifs sur lesquels le sieur Rousseau appuie sa demande sont vrais et fondés, en ce qu'il est le seul capable en cette commune d'enseigner utilement à la jeunesse l'écriture, la lecture et le calcul ; que l'enseignement qu'il donne dans ses différents genres depuis longtemps lui a mérité la confiance et la reconnaissance de tous les pères de famille, en raison des progrès rapides qu'il fait faire à leurs enfants et qui sont dus tant à la bonne écriture qu'il leur donne à imiter, qu'aux autres principes qu'il possède pour la lecture et le calcul ;

Considérant que le sieur Rousseau a été obligé de louer à un gros prix une maison en ce bourg, des plus commodes pour l'enseignement auquel il se livre entièrement, n'ayant aucune autre occupation ;

Considérant que le sieur Bluteau, instituteur, chantre, aubergiste et boisselier, enseigne aussi depuis plusieurs années, sans en avoir la capacité ; que sa mauvaise écriture en pieds de mouches, en crochets incorrects et disproportionnés, gâte la main de ses élèves dont le nombre n'est pas considérable dans l'hiver et se réduit de beaucoup pendant l'été, tandis que, dans cette dernière saison, le sieur Rousseau en a au moins vingt et que ce nombre double l'hiver ;

Considérant enfin que la jeunesse, tout en recevant dans l'auberge du sieur Bluteau une mauvaise instruction, ne peut fréquenter ce lieu qu'en courant les plus grands dangers, tant pour les mœurs et le mauvais exemple de la débauche, que pour les jurements qui s'y profèrent ;

D'après d'aussi puissantes considérations, le conseil est d'avis que le sieur Rousseau soit nommé seul instituteur en cette commune et, sur huit membres dont il est composé, cinq demandent que le sieur Rousseau jouisse en totalité de l'indemnité de 80 fr. alloués annuellement pour le logement de l'instituteur primaire et trois demandent que cette même indemnité soit partagée par égale portion entre le sieur Rousseau et le sieur Bluteau, jusqu'à ce qu'il ait été statué par l'autorité compétente s'il y aurait deux instituteurs dans la commune ou s'il n'y en aurait qu'un seul.

CHATILLON-SUR-SÈVRE (1.517 h.). — Pendant la Révolution, Châtillon ayant été l'un des principaux foyers de l'insurrection vendéenne, fut à peu près détruit en octobre 1793 et, par suite, fut privé d'école pendant plusieurs années. Un fait curieux nous est rapporté concernant le premier instituteur qui enseigna sous le Directoire jusqu'à l'époque du Concordat. Il se nommait Lemaître et avait épousé une demoiselle de La Grange. Un jour, il quitta subitement Châtillon, abandonnant sa femme et sa fille, sans leur laisser son adresse et sans leur faire connaître les raisons de son départ. On ne le revit plus (1).

Divers instituteurs laïques se succédèrent à Châtillon jusque vers 1848, époque où les frères de la Doctrine chrétienne, puis de Saint-Gabriel, furent investis du titre d'instituteurs communaux. L'école publique de garçons ne redevint laïque qu'en 1881.

CHAURAY (867 h.). — L'ancienne école était protestante et mixte et s'élevait sur le même emplacement que l'école d'aujourd'hui. Le local qu'elle occupait avait servi de presbytère avant la Révolution. Aussi, dès le 3 décembre 1833, des difficultés surgirent entre le conseil municipal et le conseil de fabrique de Saint-Gelais et Chauray réunis, au sujet de la revendication de cet immeuble. Ce n'est que le 27 juillet 1858 que

---

1. — Une malle secrète qu'il n'avait pas emportée, ayant été ouverte, fut trouvée pleine d'habits sacerdotaux. Lemaître devait être un ancien prêtre qui avait quitté les ordres au moment de la Terreur, s'était marié aux environs de Châtillon et y avait ouvert une école. Sans doute, après le Concordat, voulut-il retourner à son ancien état ; ce qui permet de le croire, c'est que sa femme et sa fille s'étant trouvées dans la gêne, l'évêché d'Orléans leur fit remettre plus tard une somme de 10,000 fr. sans leur en révéler la provenance. Mme Lemaître, née de La Grange, fit appel au crédit de M. de La Grange, alors préfet de police de Napoléon, pour retrouver son mari. Les recherches demeurèrent sans résultat.

la question fut tranchée. Le conseil municipal d'alors, favorable au clergé, décida qu'un nouveau presbytère et une école avec mairie seraient édifiés sur le terrain dont l'instituteur jusque-là avait seul la jouissance. Le 30 octobre de la même année, le préfet annonçait que l'évêque autorisait à prendre 13 ares 50 dans les dépendances du presbytère pour y établir l'école, « à la condition que la cour de récréation soit placée au nord, que le mur de séparation ait 3 mètres de hauteur ». Le 30 septembre 1867, une nouvelle école, dite « école catholique, » fut créée à 100 mètres de l'école ancienne, qu'on appelait alors « école protestante ». A partir de ce moment aucun élève ne put fréquenter une autre école que celle de son culte, sans une autorisation spéciale du curé ou du pasteur et sans une déclaration des parents.

CHAVAGNÉ (940 h.). — On trouve des écoles à Chavagné depuis 1804. Il y en avait sans doute avant cette époque, si l'on en juge par les signatures des actes de l'état civil. Le personnel fut toujours laïque. En 1857, le curé ayant demandé la nomination d'un instituteur catholique, le Conseil municipal refusa de prendre cette demande en considération, parce qu'il n'y avait dans la commune que 6 enfants catholiques (1).

---

1. — La question religieuse paraît laisser d'ailleurs assez indifférents les habitants de cette commune. Il est curieux de noter que, dans ce département où les passions religieuses ont allumé des guerres terribles, on trouve les dissidences les plus variées. Outre les catholiques et les protestants qui partagent les Deux-Sèvres en deux grandes fractions, nous avons des communes où la petite Eglise a conservé des partisans (voir **Courlay**); il en est d'autres où la libre pensée paraît multiplier ses adeptes. C'est ainsi qu'en 1903, à Chavagné, commune de 940 habitants, il y eut jusqu'à huit enterrements civils, et aucun mariage ne reçut la consécration religieuse.

CHERVEUX (1.601 h.). — Le sieur Couliau, instituteur communal de 1802 à 1806, fut relevé de ses fonctions, parce que les professions d'aubergiste et de fabricant, qu'il exerçait conjointement avec celle de maître d'école, avaient suscité des réclamations des familles.

Par délibération du 6 décembre 1850, le Conseil académique autorise l'instituteur de Cherveux à admettre dans son école les filles protestantes, l'école privée de filles étant tenue par des religieuses. Les filles protestantes fréquentèrent l'école communale catholique de garçons jusqu'en 1857. De 1857 à 1882, Cherveux eut trois écoles communales : une pour les garçons catholiques, une pour les filles catholiques, une école mixte protestante. La fusion des écoles catholiques et protestantes ne se fit qu'en 1886.

CHIZÉ (617 h.). — Comme nous l'avons vu plus haut, une école de filles était dirigée depuis longtemps par les sœurs attachées au service de l'hospice. Cette école a persisté jusque dans ces dernières années, pendant longtemps école privée, puis communalisée de 1873 à 1881, redevenue privée à partir de cette époque. Jusqu'en 1881, la commune paya une indemnité de 150 francs par an à l'hospice pour loyer de l'école de filles.

Pour les garçons, des instituteurs se sont succédé depuis 1817, quelquefois au nombre de douze, dans les conditions normales. Le procès-verbal d'installation de M. Lière, en 1854, porte les développements suivants :

...l'avons ensuite engagé, autant que besoin serait, à se bien pénétrer des devoirs qui lui sont imposés par la loi, ainsi que par les diverses instructions (en sa qualité d'instituteur), de manière à mériter, comme nous en sommes pénétré, l'estime de ses chefs et la considération des pères de famille qui lui confieront l'éducation de leurs enfants, etc., etc. (1).

Le Maire, VIEN Jean

CIRIÈRES (1.042 h.). — La commune de Cirières a énormément souffert des guerres de Vendée. Les habitants du Bocage vendéen, et de Cirières en particulier, furent longtemps rebelles au pouvoir civil. Leur seule préoccupation était d'élever leurs enfants dans leurs idées religieuses et monarchiques et toute l'instruction consistait dans la récitation des prières et du catéchisme appris par audition.

Les prêtres réfractaires et anticoncordataires, en particulier le prieur X..., racheté 6.000 francs aux Bleus et qui eut, dit-on, la vie sauve à condition qu'il se marierait avec sa bienfaitrice, et, plus tard, le curé Auzouf, se chargèrent de cet enseignement au Haut bourg de Cirières, dans la maison connue aujourd'hui sous le nom de Grand-Logis. Vers 1825, une religieuse, la sœur Thérèse Drochon, installée au hameau du Beugnon, commune de Montigny, recevait une partie des enfants de Cirières appartenant à la Petite Eglise, dans le but de les instruire, mais au point de vue religieux seulement.

Cet état de choses se modifia un peu, grâce à l'application de la loi Guizot. En 1851, M. de la Rochebrochard, du château de Cirières, légua une rente perpétuelle de

---

1. — Les communes de Brieuil et d'Availles furent réunies pendant un certain nombre d'années à celle de Chizé pour l'entretien des écoles : les enfants de certains villages, de La Fragnée notamment, devaient faire chaque jour huit kilomètres pour se rendre en classe.

400 francs à la commune à la condition que l'instruction fût gratuite pour les enfants de 8 à 12 ans. Les enfants au-dessous de 8 ans payaient 0 fr. 50 par mois ; ceux qui avaient dépassé 12 ans payaient 1 fr. 50. L'école était tenue alors par des religieuses ; comme celles-ci ne recevaient les garçons que jusqu'à 12 ans, quelques-uns, après cet âge, fréquentaient les écoles des communes voisines.

CLESSÉ (1.370 h.). — Après la Révolution, on trouve trace d'une école installée misérablement dans le bourg de Clessé. Le sieur Robert (1824-1857), qui possédait une maison au village de la Lande, était obligé de s'y loger et de faire 3 kilomètres pour venir à sa classe. Ce n'est qu'à partir de 1852 qu'il fut enfin logé par la commune.

Vers 1832, une école s'était créée au hameau de Laubreçais. Un sieur Delime, instituteur à Chiché au moment des troubles fomentés par la duchesse de Berry, avait pris part à un complot en vue de s'emparer du général Berton et de le tuer. Révoqué de ses fonctions d'instituteur à la suite de ce fait, il se retira à Laubreçais, et, quelque temps après, dans une maison lui appartenant, il ouvrit sans autorisation une école qui disparut avec lui.

Les locaux affectés à l'école de Clessé furent dans un état déplorable jusqu'en 1861. En 1859, l'inspecteur d'Académie ayant déclaré qu'il ne serait pas nommé d'instituteur tant que le local serait aussi défectueux, le Conseil répondit « qu'il préférait se passer d'école que de grever les habitants. »

En 1870, le Conseil municipal s'étant décidé à vendre des terrains communaux, l'école actuelle de garçons fut construite et il fut enjoint aussitôt après au curé de fermer l'école qu'il avait ouverte à la faveur des événements.

Jusqu'en 1884, filles et garçons avaient été en classe ensemble. A cette époque, le Conseil municipal demanda la création d'une école de filles, en émettant « le vœu très ardent que l'institutrice nommée par l'administration soit congréganiste. » En même temps, il votait une somme de 200 francs, à titre de prêt, pour acheter une petite pharmacie qui permit aux religieuses de soigner les malades. Ce service subsiste toujours, bien que l'école de filles ait été laïcisée en 1888.

CLUSSAIS (1.352 h.). — Le 20 prairial an II, le sieur Motheau s'offrait à la municipalité de Clussais « pour enseigner à lire, écrire et *la rithmétique* à la jeunesse ». Le 10 thermidor suivant, le Conseil prit la délibération suivante :

Aujourd'huy, dix thermidor, an deux de la République une et indivisible, le Conseil général de la commune de Clussay, assemblé au lieu de ses séances, considérant que la loi du 29 frimaire authorise chaque commune à demander un instituteur ; considérant que la commune de Clussay était de celles dont la population est la plus conséquente, puisqu'elle s'élève à onze cent trente individus ; considérant enfin que le citoyen Maric-Mandé Motheau, dont le civisme est connu, s'est présenté et a fait sa soumission pour être instituteur ;

Arrête, l'agent national entendu, que la municipalité sera autorisée à présenter une pétition à l'administration du district de Melle, à l'effet d'obtenir l'installation dudit citoyen Motheau à la place d'instituteur de cette commune, à charge par luy de se conformer à la loi précitée et jouir de l'avantage d'icelle.

C'est à La Pommeraye — et non à Clussais — que l'école fut installée, parce que le hameau se trouve bien au centre de la commune (1). Mais en choisissant La Pommeraye, la commune avait à payer un loyer, tandis qu'en fixant l'école à Clussais on pouvait, d'après la loi du 27 brumaire, s'emparer de tout ou partie du presbytère. Pour parer à cette difficulté, il fut convenu que le citoyen curé Demont, qui jouissait du presbytère, payerait le loyer de l'école, qui s'élevait à la somme de 40 francs. Le local, d'ailleurs, ne valait pas davantage ; c'était un cellier froid et humide. Cette école, fréquentée seulement par les garçons, était ouverte du 1er novembre au 1er avril (2).

LA COUARDE (3)(521 h.). — Le premier instituteur de la commune fut un sieur Renaud Pierre, qui exerça de 1820 à 1832, et qui avait été présenté par le Comité cantonal protestant de La Mothe-Saint-Héray. L'été, comme il n'avait pas d'élèves, il se retirait dans sa famille, à Trémont (4) et aidait ses parents dans les travaux agricoles.

Après lui, M. Chauvineau exerça les fonctions d'instituteur communal jusqu'en 1856. Pendant l'été, le maître fermait sa classe pour vaquer aux travaux des

---

1. — Aujourd'hui encore c'est à La Pommeraye que sont situées les écoles et la mairie.
2. — En dehors de l'école communale de La Pommeraye, il s'était ouvert des écoles privées dans les hameaux et à Clussais même. Les divers maîtres de ces écoles se faisaient concurrence et se contentaient d'une rétribution inférieure à la redevance officielle, qui était déjà bien minime (0.50, 0.75 et 1 fr.). Un ancien écolier de 1837 nous raconte qu'ayant été puni pour avoir apporté, en guise de bûche, un *pittiet* (piquet) de claie qu'il avait dérobé, ramassa son paquet et s'en fut à Clussais, chez l'instituteur Dusseuil, où il fut reçu à bras ouverts.
3. — Ce nom fut donné à la commune par un décret du 15 décembre 1890. Avant cette époque, elle se nommait la commune de Goux.
4. — Ferme dépendant de La Mothe-Saint-Héray.

champs ; durant les longues veillées d'hiver, il façonnait des sabots, des paniers, des corbeilles, etc.

La population étant en majeure partie protestante, l'école eut toujours, sous le gouvernement monarchique, un instituteur professant cette religion.

COURLAY (2.546 h.). — On ne peut pas parler des écoles de Courlay sans dire un mot des *Dissidents*, dont les enfants font la principale clientèle des écoles publiques de cette importante commune. Nous donnons à la suite de cette notice des renseignements personnels que nous avons recueillis sur les lieux mêmes.

En 1820, un grand nombre de familles, très attachées à la Petite Eglise, commencent à s'alarmer des conséquences de l'enseignement du catéchisme concordataire qui diffère sensiblement, quant aux fêtes, de l'ancien catéchisme de La Rochelle adopté par les dissidents. C'est alors que trois dames, deux congréganistes et une laïque dissidentes, ouvrirent une école mixte dans un hameau voisin du bourg.

Cette nouvelle école s'ouvrait à la Toussaint pour se fermer dès le lendemain de la Fête-Dieu. On y enseignait la lecture, un peu d'écriture, beaucoup d'histoire sainte et surtout le catéchisme. Le but essentiel de cette école était de préparer les petits dissidents à la première communion. Les maitresses avaient fait merveille lorsque leurs élèves, en quittant l'école, savaient par cœur : 1° toutes les prières du catéchisme ; 2° les commandements de Dieu et de l'Eglise ; 3° les Litanies du saint nom de Jésus ; 4° les Litanies de la Sainte-Vierge ; 5° les Litanies des Saints ; 6° les Psaumes de la Pénitence ; 7° la Passion de N.-S.-J.-C.

Au décès de ces dames, leur congrégation disparut avec elles, mais non leur enseignement, qui s'est perpétué de génération en génération. Aujourd'hui encore, à partir de Pâques, les élèves dissidents, filles et garçons, âgés de 10, 11 et 12 ans, quittent l'école pour suivre les cours du catéchisme jusqu'à la première communion, qui a lieu invariablement le jour de la Fête-Dieu. De nos jours, ce sont deux paysannes, presque illettrées, qui sont chargées de l'enseignement du catéchisme dissident ; ce sont elles qui procèdent également aux baptêmes, aux mariages et aux obsèques de leurs coreligionnaires. Ces dames ne reçoivent pas seulement les enfants de Courlay, mais tous les petits dissidents des communes voisines, les uns comme internes, les autres comme externes. Leurs cours ont lieu tous les jours, pendant la période de préparation à la première communion, de neuf heures du matin à quatre heures du soir, les jeudis exceptés. Elles réunissent ainsi chaque année de soixante à quatre-vingts élèves. Le taux de la rétribution scolaire dépend de l'aisance ou de la générosité des familles.

Cet état de choses n'est pas sans nuire au progrès des écoles publiques de Courlay ; chaque année, des enfants, qui pourraient se présenter aux examens du certificat d'études, sont détournés de leurs études pendant les deux mois et demi qui précèdent l'époque des examens.

Nous ne dirons rien des autres écoles de Courlay, si ce n'est qu'un instituteur communal, le sieur Guignard, ancien séminariste, qui exerça de 1830 à 1852, aida de tout son pouvoir le curé d'alors à ramener à la Grande Eglise les partisans de la Petite.

LES DISSIDENTS

Les Dissidents forment une sorte de secte religieuse, plus généralement connue sous le nom de *Petite Eglise*. Ce sont des catholiques qui n'ont pas voulu admettre le Concordat et qui ont conservé le culte et les fêtes, tels qu'ils se pratiquaient avant la Révolution. Ils sont assez nombreux dans les communes de Courlay et de Cirières, où ils ont des temples. Les enfants qui préparent leur première communion sont exercés dans ces temples pendant les deux ou trois mois qui précèdent la cérémonie et ne paraissent pas à l'école pendant le temps que dure cette préparation. Jusqu'ici, tous les efforts faits par les maîtres pour mettre un terme à cet état de choses contraire à la loi scolaire, sont demeurés vains.

Voulant nous rendre compte par nous-même de cette situation, nous nous sommes transporté à Courlay, au mois de décembre 1902, et nous avons recueilli sur place des renseignements curieux que nous résumons ici.

Les dissidents de Courlay (ou plus exactement de la Pleinelière, hameau de Courlay), comme tous ceux qu'on rencontre encore sur plusieurs points de la France, en Bretagne, dans les environs de Blois, de Rouen, de Lyon, de l'Ariège, sont les descendants des catholiques qui se sont groupés autour d'un certain nombre d'évêques anticoncordataires en 1803. Au début, les dissidents eurent facilement des prêtres, mais à la longue ceux-ci s'éteignirent sans pouvoir être remplacés. Aujourd'hui, la secte n'a plus de ministres consacrés. A La Pleinelière, la direction des offices est confiée aujourd'hui aux descendants de la famille Texier, en l'honneur de Pierre Texier, leur premier pasteur, pour la mémoire duquel ils conservent une grande vénération. La direction est même actuellement confiée à une femme, Mlle Texier, dont la parenté avec feu Texier suffit à lui assurer un grand ascendant sur ses coreligionnaires.

Tant qu'ils eurent des prêtres, leur culte ne se distingua pas du culte catholique, excepté pour le mariage, qui resta pour eux purement religieux. Aujourd'hui encore, le mariage religieux précède l'autre et ils se considèrent comme valablement mariés après leur passage à l'église ; s'ils admettent le mariage à la mairie, c'est uniquement pour sauvegarder leurs droits civils.

Comme il ne leur est plus possible d'officier d'une manière canonique, leur messe consiste aujourd'hui dans la récitation de prières et du Rosaire, dans des chants semblables à ceux des catholiques et dans la lecture que chacun fait à part soi de l'office suivant l'ancien rituel parisien.

Leur baptême se borne à l'ondoiement analogue à celui auquel ont recours les catholiques en cas d'extrême nécessité. Ce sont les personnes les plus âgées et les plus honorables qui en sont chargées.

Ils n'ont plus de confession auriculaire, ils se confessent directement à Dieu, comme les protestants ; ils s'y préparent par un examen de leurs fautes, aux pieds du Christ. Après s'être excités à la contrition, ils s'imposent une pénitence ; ils ne connaissent plus que la communion spirituelle, pour laquelle ils choisissent les grandes fêtes, telles que la Toussaint, la Noël, Pâques et la Pentecôte. Il n'y a plus de confirmation.

La messe de mariage ressemble à celle des dimanches et des jours de fête. Des prières remplacent la bénédiction des anneaux.

Des prières suppléent également à l'extrême-onction ; un ami ou un voisin recommande à Dieu l'âme du moribond. Le corps du défunt ne passe pas par l'église ; il est conduit directement au cimetière et son cercueil, avant d'être descendu dans la fosse, est déposé, pendant la récitation du Rosaire qui est faite à son intention, sur la pierre tombale de l'ancien prêtre Texier. En somme, c'est un enterrement civil, avec des prières.

Nous avons été admis à visiter leur chapelle, bâtie en 1875. C'est un grand vaisseau dont la tête forme une espèce de chœur rectangulaire, contenant trois autels placés sur le même plan, avec des statues de saints d'un style tout moderne. L'ornementation est d'un goût douteux et rappelle le clinquant des lieux de pèlerinage populaire. La nef est garnie de bancs et de stalles en chêne avec une allée au milieu. A l'entrée de la chapelle se trouve un bénitier dont l'eau primitive bénie par leurs premiers prêtres est entretenue pieusement par des additions d'eau ordinaire qui la diluent considérablement, mais qui l'empêchent de se tarir jamais. On y distribue, comme dans les églises catholiques, du pain bénit, et l'entretien du culte et de la chapelle est assuré par des offrandes déposées sur l'autel et par la location des places, qui monte souvent à un prix fort élevé.

Les dissidents ont un catéchisme qu'ils apprennent *in extenso*. C'est le petit catéchisme du diocèse de La Rochelle renouvelé par François-Joseph-Emmanuel de Crussol d'Uzès, ancien évêque dissident de ce siège. L'exemplaire que nous avons eu entre les mains a été édité à Fontenay-le-Comte, chez P. Robuchon, 1877.

Les dissidents chôment toutes les fêtes supprimées par le Concordat. Ils sont très charitables: deux fois au moins par semaine, ils font une distribution de pain : les pauvres du pays l'appellent la *donnée*. Ils pratiquent avec une exactitude rigoureuse les jeûnes et les abstinences. Au point de vue politique, les dissidents sont tous légitimistes et détestent les curés qu'ils qualifient dédaigneusement de curés républicains. C'est pour ce motif sans doute qu'ils sont ennemis de l'enseignement congréganiste, et que leurs enfants constituent la clientèle inébranlable des écoles laïques.

Ils sont au nombre d'un millier dans la commune de Courlay.

L'ENCLAVE-DE-LA-MARTINIÈRE (542 h.). — Une école existait au hameau de Buffageasse, au commencement de l'ère révolutionnaire, tenue par les sieurs Pelletreau et Proust. Le bâtiment où ils faisaient la classe était une sorte d'étable à moutons ; les tables et les bancs étaient faits avec des garnitures de charrettes, qu'on dressait sur des piquets ; on n'y voyait pas clair en plein jour.

Le premier instituteur de L'Enclave, Augereau (Pierre), avait été présenté, en 1821, par le comité cantonal de Melle. Un de ses successeurs, le sieur Gilbert, qui exerça de 1831 à 1851, restait domicilié à La Couarde, où il faisait valoir ses terres ; il ne venait à L'Enclave que les jours de classe. Il en prenait à son aise avec le service et il finit par être révoqué à la suite d'une visite de l'inspecteur primaire qui, à son passage, avait trouvé porte close. Déjà ce même Gilbert avait subi, en 1840, une suspension de traitement de trois mois.

A signaler la délibération du 15 août 1858, par laquelle le Conseil, « *après avoir mûrement réfléchi*, décide, à l'unanimité des membres présents, d'autoriser l'instituteur à enseigner : 1° la géographie ; 2° l'arithmétique ; 3° l'arpentage et la mesure des solides. »

ENSIGNÉ (479 h.). — Le premier document relatif à l'instruction primaire, relevé dans les archives de la commune, est du 12 brumaire an III. Il est rédigé dans une orthographe et dans un style des plus primitifs. En voici le début :

Aujourd'huy douze brumaire, l'an troissiaime de la République francaise une et indivisible et impérissable, les membres composant le corps municipal et le conseil général du chef-lieu commune et canton dansigné réuni an nas. général dans la salle ordinaire de leur seance daprés convocation faite préallablement decadi dernier a leffait de délibéré sur les moyen aprandre pour obtenir un Instituteur pour lensenement de la jeunesse de notre commune et setant fait Represanter la Loy du vingt neufviaime jour de frimaire an 2ᵉ sur lorganisation de linstruction publique et après avoir consulté larticle quatre section trois de la dite Loy ou il est dit que les commune élonée de plus dune demi Lieux du domicille de linstituteur le plus voisin, etc., etc.

Le procès-verbal d'installation de M. Maillou Louis, instituteur communal nommé en 1872, porte cette mention : « ... A qui nous avons fait lever la main en notre présence pour prêter serment de fidélité et d'obéissance au gouvernement de la République et à la nation. »

Il n'y eut jamais à Ensigné que des instituteurs laïques ; néanmoins, comme partout ailleurs, ces instituteurs furent tenus, jusque dans ces derniers temps, de conduire leurs élèves en rang à la messe et souvent de chanter au lutrin.

FAYE-L'ABBESSE (1.192 h.). — Vers 1825, un tisserand, du nom de Coutel, faisait la classe dans l'unique pièce qui lui servait d'atelier. On se souvient encore dans la famille de la belle écriture de l'aïeul (1).

Après Coutel, le notaire Touchard et son fils annexèrent à leur école un pensionnat qui devint prospère : il lui venait des élèves de Châtillon, des Aubiers, de Bressuire. Comme il enseignait le latin, le collège de Bressuire lui contesta ce droit ; il perdit son procès et fut obligé de renvoyer ses pensionnaires. D'ailleurs Touchard s'occupait surtout des pensionnaires et l'instruction des enfants de la commune était négligée.

FAYE-SUR-ARDIN (539 h.). — Il y eut, dès le commencement du siècle dernier, une école installée dans le presbytère ; en 1830, elle changea de local. Le directeur de cette école, le père Gaillard, un homme de 40 ans environ à ses débuts, grand et sec, n'a pas laissé

---

1. — Un de ses élèves, qui vit encore, n'a jamais pu apprendre à lire ; c'était lui qui, le plus souvent, s'occupait du petit enfant de Coutel ; quand le marmot pleurait trop fort, il le sortait dans la rue pour que la classe ne fût pas dérangée par ses cris.

la réputation d'un maître d'une douceur évangélique. Avant d'être maître d'école, il était journalier dans la commune, et lorsqu'il eut entrepris d'initier les jeunes rejetons de Faye aux secrets de la lecture, il se fit sabotier. Il façonnait ses sabots pendant la classe en même temps que le cerveau de ses élèves.

L'école de Faye-sur-Ardin progressa avec les différentes lois qui améliorèrent l'organisation de l'enseignement primaire ; les instituteurs ont joui, en général, de l'estime des habitants. La preuve en est dans la délibération du 10 mai 1875, dans laquelle les conseillers déclarent « qu'ayant été satisfaits jusqu'à ce jour de la direction laïque », ils demandent que l'école reste comme par le passé confiée à l'instituteur laïque.

En 1878, le préfet invita la municipalité à faire voter une imposition extraordinaire de 4 centimes, en vue d'établir la gratuité de l'enseignement dans son école. Voici la réponse, qui fait honneur aux représentants de cette commune :

Après délibération, le Conseil municipal et les plus imposés, considérant que la gratuité est le moyen le plus favorable à la diffusion de l'enseignement, *n'hésitent pas* à faire ce sacrifice et votent à l'*unanimité* les 206 fr. qui font la valeur approximative de 4 centimes extraordinaires.

FÉNERY (491 h.). — De 1869 à 1875, il n'y eut pas d'instituteur. Pendant cet intervalle, le curé Merlet, desservant de la paroisse, fit transporter chez lui, avec le consentement du conseil municipal, le matériel scolaire et se chargea de l'instruction des enfants.

FENIOUX (1.618 h.). — Avant 1830, des écoles avaient été tenues par les sieurs Laurent, Cardinaud et

Moguet. Ce dernier, originaire du Busseau, s'occupait d'abord à Fenioux de remplacer le curé absent, en lisant le dimanche les offices religieux au presbytère. Devenu régent, il cumulait les fonctions de chantre, sacristain et barbier. La rétribution scolaire lui était payée, si on voulait, en œufs, en beurre et en viande.

LA FERRIÈRE (1.019 h.). — Nous savons, par les récits des vieillards, que le premier instituteur de cette commune sous la Restauration, M. Verdon, a été conseiller municipal et sous-lieutenant de la garde nationale ; que, par la délibération du 5 août 1830, son successeur, M. Chevallier, fut nommé secrétaire de mairie, et qu'il jouissait de l'estime des habitants.

C'est le 25 octobre 1873 que fut nommée la première institutrice. Le Conseil municipal avait demandé des religieuses par une délibération, du 4 septembre précédent, qu'il nous parait intéressant de reproduire :

> Le président a ouvert la séance et après avoir exposé au Conseil les avantages qu'il y a, en général, d'avoir des religieuses comme institutrices dans une commune, et, en particulier, pour la Ferrière où elles sont installées par les soins de monsieur le curé qui s'engage à leur fournir le logement et tout le mobilier ;
> Le maire engage le Conseil à en demander une comme institutrice communale et le prie de vouloir bien délibérer. La proposition de monsieur le maire ayant été mise en délibération, messieurs Gautier, Chausseau et Baudoin ont demandé qu'il soit voté au scrutin secret, conformément au paragraphe 3 de la loi du 5 mai 1855.
> Monsieur le maire, faisant droit à leur demande, a fait déposer sur le bureau la boite au scrutin, a fait voir qu'elle était complètement vide, et a invité les conseillers à exprimer leur vote sur des bulletins blancs préparés à cet effet.

Le Conseil a demandé à voter avec des pois en prenant des pois blancs pour l'adoption et des pois rouges contre l'adoption.

Chacun ayant mis son pois dans la boîte, la boîte du scrutin a été ouverte. Le nombre des pois pour l'adoption de la proposition a été de sept et le nombre contre l'adoption de cinq.

En conséquence, monsieur le maire a déclaré que la proposition était adoptée; mais à condition, et le Conseil est unanime à ce sujet, que la commune n'entrera pour rien dans les frais de logement et d'installation et que la religieuse qui sera nommée institutrice communale ait son diplôme.

FOMPERRON (874 h.). — En 1818, la commune, ayant à trouver une somme de 90 francs pour rémunérer un garde champêtre, s'en tira en la reprenant à l'instituteur :

... Considérant que les impôts sont déjà très élevés et qu'une augmentation de 90 francs (salaire du garde champêtre) devient *désagréable*,

Considérant aussi que 96 francs sont accordés à l'instituteur pour l'instruction de huit enfants indigents, et cette instruction étant incomplète, par suite des absences très fréquentes des écoliers indigents, obligés de pourvoir aux besoins urgents de leur vie, et qu'en conséquence il ne se trouve qu'une faible portion des 96 francs méritée par l'instituteur, le Conseil conclut donc qu'il serait à propos de changer la destination des 96 francs et de les accorder au garde, sauf à laisser les six francs excédants au bénéfice de l'instituteur.

Une commune si peu disposée à faire les sacrifices nécessaires pour l'instruction, ne fut guère bien lotie en fait d'instituteur pendant la première partie du siècle ; on le voit par la délibération du 15 août 1841 que voici :

Nous, soussignés, membres du Conseil municipal de Fomperron, vu les observations de M. le maire sur l'instituteur communal, demandons unanimement sa révocation ; il n'est ni capable, ni n'a même l'envie d'instruire les enfants ; pour preuve de ce, nous le défions de *citer* un seul élève, depuis 20 ans qu'il est instituteur. Il avait été maintenu par commisération pour qu'il pût élever sa famille ; aujourd'hui, dans l'intérêt des pères de famille, nous demandons son renvoi.

FORS (761 h.). — Nous avons la liste authentique des instituteurs qui se sont succédé à Fors de 1818 à nos jours. Ce n'est que par des témoignages oraux que nous savons qu'à l'époque de la Révolution l'école fut dirigée par sept instituteurs, dont le premier était Geoffroy, concierge régisseur du château, surnommé le « Boiteux Grenotton », et le second, Martin, ancien curé qui avait abandonné la soutane pour épouser la supérieure d'une communauté religieuse.

Voici comment Danizeau, qui était instituteur privé depuis 10 ans, fut nommé instituteur public en 1835. Le Conseil municipal venait de décider la nomination d'un instituteur communal. Informé de cette décision, Danizeau se munit d'une lettre de recommandation du curé d'Aiffres auprès du préfet, et, enfourchant sa jument, il part au galop pour Niort, d'où il revient quelques heures après avec sa nomination en poche. Le maire lui aussi avait son protégé, mais il arriva trop tard à la Préfecture.

En 1887, fut ouverte l'école mixte du hameau de Pied-Blanc, bâtie et entretenue par les trois communes de Fors, Aiffres et Saint-Symphorien.

FRONTENAY-ROHAN-ROHAN (1.439 h.). — Pendant la période qui nous occupe, cette commune n'a pas cessé d'avoir des instituteurs et des institutrices. L'une de celles-ci, la première en date, a laissé des souvenirs tellement grotesques que nous hésitons à nous en faire l'écho.

Pendant longtemps, un crédit de 150 francs fut inscrit au budget pour aider les instituteurs infirmes et dans le besoin. Le 9 novembre 1844, le sieur Prévost, instituteur communal et maître de pension à Frontenay, réclama sa part de ce crédit par une lettre que nous possédons.

Le Conseil municipal rejeta cette réclamation.

Considérant, dit la délibération, que si le sieur Robin, par son infirmité et sa bonne volonté, se recommande à la gratitude communale, le sieur Junin, autre instituteur privé, dont les infirmités, l'indigence et l'âge avancé militent en sa faveur, a droit de concourir à la même bienveillance...

Quant à la réclamation de M. Prévost tendant à obtenir les mêmes subsides, le Conseil, sans s'occuper *de la diction peu mesurée* de cette demande, appréciant avec justice et indépendance la position de chacun des instituteurs, rejette les prétentions de M. Prévost et admet l'insertion de sa lettre au présent procès-verbal.

Le 17 mars 1843, le Conseil municipal, réuni par le préfet pour donner son avis sur l'établissement dans la commune des Dames de la Croix, dites Sœurs de Saint-André, émit à l'unanimité un avis favorable.

Le 19 décembre de la même année, le Conseil municipal de Frontenay s'est réuni pour donner son avis sur l'acceptation par les membres du bureau de bienfaisance, au profit des pauvres de cette commune, de la donation faite par madame veuve de la Bouterie à la congrégation des filles de la Croix, dites de Saint-André. Cette donation consiste en une maison située en cette commune et en une rente de mille francs à la charge d'établir dans ce lieu trois sœurs destinées à soigner les malades pauvres, à instruire les jeunes filles et à la charge aussi d'employer annuellement cent francs en distributions de remèdes et de secours aux indigents. Le Conseil municipal fut d'avis d'accepter cette donation.

GEAY (570 h.). — Le 19 septembre 1838, le conseil, appelé à se prononcer sur la candidature du sieur Michaud, faisait précéder son acceptation des considérants suivants :

... Considérant que la commune ne possède pas de maison d'école lui appartenant... ;
Considérant que la commune n'a pas d'instituteur et qu'elle a un grand nombre d'enfants privés d'instruction par suite de l'éloignement où ils se trouvent placés des écoles primaires des communes voisines..... etc.

Le sieur Michaud ne resta que trois ans instituteur à Geay ; le poste fut vacant de 1842 à 1849. Le 11 avril 1849, dans la délibération qui agréa M. Germond, nous trouvons un considérant analogue à celui que nous citons plus haut :

... Considérant qu'il existe un grand nombre d'enfants dans la commune qui ne reçoivent aucune instruction, la commune ne possédant aucune espèce d'école, et que les communes de Pierrefitte et de Noirterre, étant les seules où il y ait des instituteurs, sont à une distance trop grande pour que les enfants en bas âge puissent s'y rendre...

Nous donnons ci-contre un tableau indiquant le nombre de conjoints qui ont signé leur acte de mariage depuis 1792 ; on pourra suivre ainsi la marche ascendante de l'instruction dans la commune de Geay depuis un siècle.

PÉRIODES DÉCENNALES	Nombre de conjoints	Nombre de conjoints ayant signé	Proportion pour cent
20 7bre 1792 au 1er vendémiaire an XI...	44	3	6.8
21 7bre 1802 au 1er janv. 1813...	52	12	23
1813-1822...	40	2	5
1823-1832...	64	6	9.3
1833-1842...	68	8	11.7
1843-1852...	66	19	28.7
1853-1862...	66	16	24.2
1863-1872...	110	45	40.9
1873-1883...	100	63	63
1883-1892...	100	82	82
1893-1902...	102	93	91.1

GERMOND (731 h.). — On trouve dans les archives une note du 29 vendémiaire an V, invitant l'instituteur à abandonner les livres en usage avant la Révolution et à se servir de :

La Grammaire de Pankoucke, valeur 10 sols, in-octavo de 76 pages ;
La Grammaire de L'Homond, valeur 15 sols, reliée en parchemin ;
Le Catéchisme français, de Chaboissière ;
L'Abécédaire républicain ;
La Géographie élémentaire, de Maubelle.

Le 9 août 1836, le conseil refusa de voter de nouveaux fonds pour l'instruction primaire, « attendu que l'école n'est pas si conséquente, et que les charges pèsent toujours assez sur le peuple, qui ne cesse de se plaindre ».

GOURNAY (842 h.).— Avant 1813, il n'existait pas, à proprement parler, d'école à Gournay ; le curé de la paroisse, chargé de donner l'instruction religieuse aux enfants, apprenait en même temps à lire, écrire et compter aux sujets les plus intelligents.

A partir de 1813, il y eut des instituteurs privés jusqu'à l'établissement des instituteurs communaux.

Le conseil, appelé à délibérer le 2 juin 1832 sur diverses questions relatives à l'instruction primaire, prit la délibération suivante :

> Considérant que la commune vient de supporter des impôts extraordinaires, même considérables en raison de ses ressources, pour la construction du presbytère et réparations urgentes à faire à l'église, est d'avis qu'il n'y a pas lieu à s'imposer extraordinairement dans ce moment pour acheter ou faire construire une maison d'école communale.:...

La maison d'école actuelle fut bâtie en 1852 ; et en 1879, la baronne Aymé fit construire à ses frais une école privée pour les filles qui, jusque-là, fréquentaient l'école mixte. A l'époque où paraît cet ouvrage, la commune de Gournay, qui compte plus de 700 hab., est encore dépourvue d'école publique de filles. Il est vrai qu'un projet de création est à l'étude.

GRIPT (261 h.). — Il y avait un instituteur à Gript dès 1800 et une institutrice en 1825. Voici la lettre qu'écrivait le maire de Gript au préfet, le 10 octobre 1825, au sujet de la nomination de Mlle Marie Moreau :

> Je crois bien qu'elle n'est pas très exercée à l'écriture, même à la lecture, mais cette jeune femme a tant d'autres bonnes qualités qu'on doit passer légèrement là-dessus... Il est évident qu'elle se perfectionnera en instruisant les autres...

IRAIS (306 h.). — D'après les récits des vieillards de cette localité, vers 1818, un ancien sous-officier des armées de Bonaparte, Hublin Christophe, né à Irais, avait appris, pendant ses 14 années de service militaire, à lire, à écrire et à compter. De retour dans ses foyers, il se mit à instruire les enfants qui venaient le trouver chez lui, mais le soir, à la nuit seulement, et pendant les mois d'hiver. Il ne recevait que les enfants de dix ans au moins. Il réunit, dit-on, jusqu'à 12 élèves, et cela pendant trois ou quatre ans.

Vers 1822, une dame Michaud, élevée par une famille noble, puis devenue la femme d'un maréchal, vint avec son mari s'établir à Irais. Pendant quelques années, elle continua l'œuvre entreprise par Hublin. Elle faisait venir chez elle les enfants du bourg pour les faire *dire*. Elle ne savait que lire et écrire à peine. Il n'y avait pas d'heures fixes d'arrivée et de sortie : chacun venait quand il le pouvait. La maîtresse faisait *dire* d'abord les plus âgés qui, aussitôt après, rentraient chez eux pour se livrer aux travaux des champs ; les plus jeunes restaient une partie de la journée.

C'est en 1837 que la commune d'Irais commença à avoir une école communale. En 1849, le conseil municipal demanda que le local qui servait de maison d'école fût affecté à l'usage de presbytère. Cette proposition ne fut pas adoptée. Le conseil la renouvela le 26 octobre 1852 par une délibération qui se terminait ainsi : « Le conseil espère que l'administration voudra bien enfin ouvrir les yeux et se rendre aux désirs ardents de la population d'Irais qui réclame cette mutation depuis 3 ans. » Ce changement fut autorisé en 1853.

LAMAIRÉ (318 h.). — Ce n'est qu'en 1848 qu'il y eut un instituteur communal à Lamairé. Jusque-là la jeunesse resta sans instruction : aussi, presque tous les vieillards sont illettrés. L'un d'eux, cependant, aujourd'hui âgé de 88 ans, raconte qu'il commença à aller à l'école à 18 ans, non dans sa commune, mais au Chillou, où un séminariste en rupture de froc faisait un semblant de classe vers 1830. Ledit séminariste, un sieur Minault, faisait la classe, le jour, à quelques petits garçons de 9 à 14 ans, et l'hiver, il faisait l'école du soir dans une cave. C'est cette école que fréquenta le témoin.

Cette veillée, raconte-t-il, était non seulement le rendez-vous de grands jeunes gens qui venaient pour apprendre à lire, mais des femmes et des filles du pays, qui allaient là pour passer gaiement la soirée, chanter des chansons, y boire un pichet de vin blanc, tout en *filant une quenouille*. Les jeunes gens passaient tour à tour devant le maître pour lire dans le *Nouveau Testament*, *les Heures*, après quoi ils imitaient un exemple d'écriture que le maître avait tracé au préalable.

Mis à la porte de l'école du soir de Chillou pour s'être laissé distraire par les œillades des fileuses, ce grand écolier de 19 ans alla terminer ses études au village de La Boutellerie, où un autre ancien séminariste, le sieur Touret, avait ouvert une école. L'enseignement y était à peu près le même, mais on y écrivait mieux, et l'aimable vieillard dont nous racontons l'histoire dit « qu'il y avait pris une main d'écriture aussi belle que celle du maître. »

Jusqu'en 1848, quelques autres jeunes gens allèrent apprendre à lire dans les communes voisines (1).

---

1. — Le premier instituteur, installé en 1848, M. Lière, était maire et sacristain ; de sorte que le desservant de Lamairé, invité un jour à déjeuner chez son confrère de Pressigny, promit de mener avec lui son maire, son instituteur et son sacristain. On comptait sur 4 personnes. Le curé arriva au rendez-vous avec M. Lière seul. On s'expliqua et on s'amusa de cette plaisanterie, que les gens du pays se plaisent à raconter.

LEZAY (2.250 h.). — La commune n'a pas cessé d'avoir des instituteurs depuis la Révolution. L'instituteur qui, sur notre demande, a fouillé les archives communales, nous rapporte que la principale école du bourg comptait, en 1817, 12 garçons et une fille seulement.

Ce nombre d'élèves, ajoute-t-il, est peu élevé pour une population agglomérée de 7 à 800 habitants ; mais une habitude, très répandue alors dans nos environs, en était probablement la cause : à côté des écoles proprement dites, il y avait des maîtres particuliers, que les propriétaires et les fermiers aisés louaient chaque année. Pendant la mauvaise saison, ils s'occupaient de l'instruction des enfants dans la famille, et à l'époque des grands travaux, ils y étaient employés comme simples domestiques. Tel devait être Pierre Minault, instituteur à Reigné en 1808 ; tel fut plus tard Louis Guerrive qui, avant d'être instituteur à Grand-Champ, puis à Villeneuve, avait été précepteur des nombreux enfants du fermier de Reigné. Ce dernier m'est resté d'autant plus familier qu'il fut l'instituteur de mon père, lequel en a gardé le meilleur souvenir. Il avait été son maître à Grand-Champ, il le fut à Villeneuve, où la plupart de ses élèves le suivirent.

Une délibération du conseil municipal, en date du 7 juin 1832, constate qu'il y eut à cette époque dans la commune quatre instituteurs : deux du culte catholique, deux du culte protestant, un de ces derniers enseignant par la méthode mutuelle. Plus tard, cette distinction confessionnelle dans les écoles de Lezay amena des divisions. La loi sur la neutralité scolaire vint rétablir la paix (1).

---

1. — La moyenne des conjoints ayant signé leur acte de mariage, qui était, en 1800, de 14 0/0 pour les hommes et 7,75 0/0 pour les femmes, s'était élevée, en 1884, à 97 0/0 pour les hommes et 61,5 0/0 pour les femmes.

LUCHÉ-THOUARSAIS (532 h.). — Luché fut d'abord réuni à Coulonges-Thouarsais pour l'instruction des enfants. En effet, dans sa délibération du 10 mai 1839, le Conseil certifie que M. Olivier, instituteur communal à Coulonges, a touché, sur les crédits ouverts à Luché : « en 1837, 66 fr. 72 ; en 1838, 67 fr. 71. » Plus tard, la commune fut réunie à celle de Sainte-Gemme, à la suite de la délibération suivante du 11 mai 1844 :

Le Conseil,
Considérant que les enfants ont la route pour se rendre à Sainte-Gemme ;
Qu'au contraire « il'lia beaucoups de petits ruisseaux qui l'iver sont assés grand pour empêchez les élèves gratuis d'abité l'écol de Coulonges, ce qui lès prive d'un si gran boneur et qui empêche l'instruction de se répandre dans notre commune, »
Demande que la commune de Luché soit réunie à Sainte-Gemme pour l'instruction primaire.

On eut beaucoup de peine à obtenir une école publique à Luché. Cette école fut établie à la Bourrelière, en 1878. Malgré les considérants que nous relevons dans une délibération du 10 novembre 1868 : « Considérant que nous sommes à une époque où le savoir doit triompher de l'ignorance ; considérant surtout qu'il est de la dignité d'un Conseil municipal de procurer l'instruction à tous... » ; malgré les observations du maire tendant à prouver « que l'instruction est le bien-être des populations », les conseillers, dans la séance du 6 novembre 1869, refusèrent de voter la somme nécessaire à la location d'une maison d'école, en disant « qu'ils n'ont point besoin d'instituteur dans la commune, attendu que selon eux l'instruction nuit à la culture. »

LUSSERAY (330 h.). — On a la liste des instituteurs de cette commune depuis 1789 jusqu'à nos jours. L'instruction des femmes y fut longtemps négligée ; pour trouver une signature de femme dans les actes de mariage, il faut arriver à l'année 1843, comme en témoigne le relevé suivant :

Années	Nombre de mariages	Hommes ayant signé	Femmes ayant signé
1793-1803	26	19	»
1803-1813	25	17	»
1813-1823	41	25	»
1823-1833	29	18	»
1833-1843	42	34	»
1843-1853	30	21	2
1853-1863	40	36	10
1863-1873	39	37	17
1873-1883	29	28	21
1883-1893	23	23	18
1893-1902	22	21	22
1793-1902	346	279	90

MARIGNY (890 h.). — La première installation d'un instituteur date de la troisième année de la République ; elle est ainsi formulée :

Aujourd'hui, 2 floréal, troisième année républicaine,
Nous, maire et officiers municipaux de cette commune de Marigny, avons vu le citoyen Garcéau qui s'est présenté à nous, muni des pouvoirs du district pour être instituteur et occuper le presbytère de notre commune. Ce que nous lui avons promis, si faire se peut, à cause que le ci-devant curé n'est pas encore sorti.

Il paraît que le citoyen Garcéau n'est point parvenu à s'installer dans le presbytère, le curé y étant resté comme prêtre constitutionnel jusqu'au Concordat.

MAZIÈRES-EN-GATINE (1.146 h.). — Il ne faudrait pas s'étonner que ce chef-lieu de canton n'ait pas eu d'instituteur avant 1832. Mazières est une petite bourgade (350 habitants de population agglomérée), située au beau milieu de ce pays de Gâtine, qui a été longtemps comme un îlot laissé à l'écart du mouvement de la civilisation et réfractaire à tout progrès. Là, la terre appartient rarement au paysan qui la cultive et les propriétaires terriens habitent au loin. Avant 1845, époque où fut construite la première route de la région (de Niort à Parthenay), il n'y avait dans ce pays de terre argileuse que des chemins ruraux non pavés, à peine praticables dans la belle saison. Le paysan sortait fort peu de son village et n'avait aucun souci de l'instruction.

MELLE (2.669 h.). — Il ne paraît pas qu'il y ait eu des petites écoles à Melle avant la Révolution ; quelques enfants seulement recevaient l'instruction au collège. C'est en 1796 que le département essaya d'organiser l'instruction primaire dans le canton de Melle, comme en témoigne l'extrait suivant des séances de l'administration municipale dans le canton de Melle (séance du 29 frimaire an IV) :

Considérant que la lettre du département invite cette administration à l'instruire dans le plus bref délai :
 1° De la quantité d'écoles primaires dont elle a besoin dans ce canton ;
 2° Du lieu de l'établissement de ces écoles ;
 3° Quelles en seraient les.....
 4° S'il se présente des sujets propres à remplir ces places, quels sont leurs noms et demeures ;
 5° Quelles rétributions il conviendra de leur accorder ;

6° Si dans les lieux où seront fixées ces écoles, il se trouve des maisons pour loger les instituteurs. En quoi consistent ces maisons et étendue des jardins ;

7° Enfin, dans le cas où il n'y aurait pas de logement, quelles sommes il conviendrait d'allouer pour leur en tenir lieu.

Considérant combien il est intéressant de procéder le plus tôt possible à l'établissement des écoles relatives à l'instruction publique.

L'administration, le commissaire du Directoire exécutif entendu, estime qu'il doit être étably dans le ressort de cette administration six instituteurs, sçavoir : un pour les communes de Melle et Saint-Martin ; un pour celles de Saint-Léger, Labarre et L'Enclave ; un pour Mazière et Saint-Romans ; un pour Pezais-le-Tord et Saint-Gennard ; un pour Sompt et Maizonnais ; enfin un pour Chail et Pouffond.

Que ces instituteurs seront logés commodément sçavoir :

L'instituteur de Melle et Saint-Martin dans la maison du ci-devant collège de Melle, qui, n'ayant point de jardin, on y suppléra en abandonnant à cet instituteur la jouissance d'un des jardins de la ci-devant maison des Capucins ; quant aux autres instituteurs, ils seraient logés dans les ci-devant maisons curialles de Saint-Léger, Mazière, Pezais-le-Tord, Sompt et Chail où ils trouveront les ressources utiles tant en logement que jardins.

Qu'il sera répondu au département qu'il ne s'est encore présenté aucuns sujets pour remplir ces places d'instituteurs, qu'on a seulement proposé le citoyen Jacques Texier, demeurant à Pouffond, pour remplir la place d'instituteur des communes de Chail et Pouffond. Quant au traitement à accorder à ces instituteurs, l'administration estime qu'il pourrait être fixé à cinquante sols par mois pour chaque écolier qui apprend à lire seulement et à trois livres quinze sols pour ceux qui apprennent à lire et écrire, le tout valeur métallique de 17 fr. 90.

Le premier instituteur de Melle paraît avoir été le citoyen Malapert, mentionné dans la délibération du 10 vendémiaire an VI.

Nous avons pu nous procurer l'état nominatif des instituteurs et institutrices existant dans la commune de Melle au 21 mai 1828.

Noms et prénoms des instituteurs et institutrices	Leur âge	Époque depuis laquelle ils enseignent	Religion qu'ils professent ou enseignent	Sexe de leurs élèves	Nombre de leurs élèves par an	Durée des classes	Observations
Maynard (J.-Bapt.)	43 ans	depuis 21 ans	Catholique	garçons	55	11 mois	
Nourry (Hilaire)	46 ans	13 ans	—	—	40	12 mois	
Texier (Rosine)	23 ans	2 ans	—	filles	18	11 mois	
Dury (Julie)	30 ans	14 ans	—	—	60	12 mois	
Veuve Marchand	68 ans	30 ans	—	garçons	24	12 mois	

C'est le sieur Varlet que nous trouvons comme instituteur communal en 1833. Dans une lettre qu'il écrit à MM. les membres composant le Conseil municipal, le 28 avril 1840, il donne les renseignements qu'il paraît intéressant de retenir. Il touchait 800 fr. sur lesquels il prélevait 200 fr. pour un sous-maître.

... Je me donne beaucoup de peine, dit-il dans un rapport ; je consacre journellement neuf heures à mon école. Plusieurs enfants lisent couramment, écrivent enfin, connaissent les règles de trois simples, composées, de sociétés, des problèmes métriques, les poids et mesures ; d'autres apprennent la grammaire, des notions d'Histoire de France, et quelques-uns ont commencé le dessin linéaire

M. Varlet paraît avoir été un maître des plus actifs ; nous le voyons en 1839 demander à ouvrir un cours public et gratuit de système métrique « pour les marchands, artisans et ouvriers qui n'en avaient jamais fait usage » ; il donnait aussi des leçons en ville, et fut chargé pendant quelque temps de l'enseignement de l'écriture au collège. Il avait essayé d'enseigner l'arpentage, l'histoire et la géographie, mais comme il ne possédait que le brevet du second degré, et que le brevet du 1er degré était exigé pour enseigner ces matières, il fut rappelé par le recteur à l'observation des règlements par lettre du 7 décembre 1832.

MENIGOUTE (1.061 h.). — Par une délibération du 22 messidor an X, le Conseil fonda la première école laïque. Le premier local fut une partie d'une ancienne église désaffectée. Cette école n'a pas cessé d'exister : nous avons la liste de tous les maîtres. Un carnet d'inspection conservé dans les archives de l'école porte comme note pour l'un d'eux : « M. Abrard (1838-1864) est un bon maitre, mais il frappe beaucoup trop les élèves. L'instruction religieuse est un peu négligée. »

Ce n'est qu'en 1879 que la commune de Menigoute fut dotée d'une école de filles. Avant cette époque, l'hospice entretenait une école publique congréganiste qu'il avait fondée en 1805. Les sœurs étaient payées et entretenues par l'hospice, qui fournissait aussi le matériel d'enseignement.

MONTIGNÉ (373 h.). — En 1829, on trouve un maitre d'école faisant la classe à La Moutonnerie, dans une maison de pauvre apparence. Le premier maitre connu, Jean Papot, avait une renommée de grand savoir qui lui amenait des enfants d'Etrochon, de Saint-Romans, de Périgné. Vers 1840, l'école fut établie au bourg. Cette école était mixte et recevait enfants et adultes.

Pour fréquenter l'école, il fallait une autorisation écrite du pasteur ou du curé. Ces autorisations étaient, parait-il, plus difficiles à obtenir du curé, l'instituteur étant protestant. Ce dernier s'engageait toujours à apprendre aux catholiques la prière et le catéchisme.

MONTIGNY (682 h.). — Au commencement du dernier siècle, les 9/10 des habitants étaient illettrés. Il n'existait aucune école et les familles aisées, qui avaient le souci de faire instruire leurs enfants, étaient obligées de les envoyer en classe dans les communes voisines ; c'était chaque jour un voyage de huit kilomètres par des chemins impraticables. Le premier instituteur date de 1830.

La première institutrice, qui exerça de 1850 à 1876, se faisait l'auxiliaire du curé : elle balayait l'église, s'occupait du blanchissage du linge de l'autel, remplaçait parfois le prêtre dans la récitation du catéchisme. A son décès, elle institua la fabrique sa légataire universelle, et les fidèles récitent encore chaque dimanche à son intention un *Pater* et un *Ave*.

MOUTIERS-SOUS-ARGENTON (1.026 h.). — En 1819, on avait à Moutiers un instituteur pour 50 francs, comme l'indique la délibération du 6 mai 1818, où il est dit que le Conseil,

... Considérant que, par l'insouciance de la majeure partie des habitants de la commune à donner à leurs enfants les premiers éléments de l'instruction, le petit nombre d'élèves qui se rendent aux écoles ne peut indemniser l'instituteur des soins qu'il prend à les instruire ;
Est d'avis qu'il soit accordé à l'instituteur de la commune de Moutiers la somme de cinquante francs, laquelle dite somme sera portée, au budget de 1819, comme dépense communale et pour forme d'indemnité.

L'instituteur d'alors, M. Noulleau, recevait en outre 30 francs comme secrétaire de mairie. Comme il était menuisier, il s'était construit un mobilier scolaire qui était convenable pour l'époque et qui put être utilisé jusqu'en 1870.

Jusqu'à 1850, l'école communale fut spéciale aux garçons. Vers 1842, une ancienne religieuse avait ouvert une école libre pour les filles dans une espèce de grenier. L'école devint mixte en 1850 sur la demande du Conseil municipal. En 1854, la situation change ; le curé ayant ouvert une école libre pour les garçons, on demande que l'instituteur soit remplacé par des institutrices. La délibération du 18 mai 1864 débute ainsi :

M. le président a exposé au Conseil que, dans l'intérêt de l'instruction de la jeunesse, M. le vicaire venant d'élever une école libre pour les garçons et que maintenant les filles se trouvent privées de l'instruction, à moins d'aller dans les communes voisines, *vu qu'il n'est pas convenable et contraire aux bonnes mœurs de confier des filles à un instituteur*, a proposé au Conseil de demander à l'administration supérieure de donner un autre poste à M. Poussard et de le remplacer par des institutrices religieuses de la Salle de Vihiers, dont une serait chargée de visiter les malades.

Il faut dire que la demande du Conseil ne fut pas accueillie et que l'école dirigée par le vicaire fut fermée quelques années plus tard.

La commune de Moutiers qui, en 1870, n'avait encore qu'une école mixte, possède aujourd'hui trois écoles publiques, dont une au hameau de Mirémont, recevant ensemble pendant plus de la moitié de l'année environ 160 élèves.

LA MOTHE-SAINT-HÉRAY (2.346 h.). — Nous avons vu que ce bourg important avait eu des écoles pendant tout le xviie et le xviiie siècle. Aussi l'instruction y fut-elle en honneur pendant toute la première partie du xixe siècle, alors que la généralité des communes du Poitou était plongée dans l'ignorance. En l'an XIV, en 1811, en 1814, nous voyons même des autorisations données à M. Presles du Plessis, à M. Louvet, à M. Hyacinthe Plé, pour enseigner les langues anciennes. Un des premiers instituteurs, Sardin, tenait le bureau des acquêts des droits réunis ; Paulin Demellier avait été lieutenant au 43e de ligne ; François Chabot était minotier. Il y eut de bonne heure (1819) des écoles protestantes, conjointement avec les écoles catholiques ; la première institutrice date de 1820.

Les documents officiels abondent. Nous citerons ceux qui nous ont paru les plus intéressants. D'abord, la délibération du 12 brumaire an XIII :

.. Considérant que les recettes ont toujours été insuffisantes pour payer toutes les dépenses qu'exige une population de 2.500 âmes, notamment celles de l'instruction publique,

Considérant l'importance d'appeler dans cette commune un homme instruit qui enseignera aux enfants les premiers éléments des langues latine, française et mathématique,

Le Conseil municipal de la Mothe-Saint-Héray arrête ce qui suit :

ARTICLE PREMIER

A compter du 1er frimaire prochain, il sera perçu, tous les jours de marché et foire, sur les places publiques de cette commune, un droit d'étalage.

ARTICLE QUATRE

Le produit de la recette sera employé, partie à payer le logement du professeur, et partie à payer les mois d'instruction des enfants indigents, qui assisteront soit à l'école primaire, soit à celle du professeur ; le surplus, s'il y en a, sera employé aux besoins de la commune.

L'autorisation accordée, le 11 mars 1816, à Pierre Martineau, porte cette réserve « qu'il ne pourra recevoir ni pensionnaires ni demi-pensionnaires, sous peine de révocation et de poursuites. »

Le 25 mai de la même année, le Conseil municipal vote 500 francs pour un instituteur primaire ecclésiastique. Par contre, le 30 juin 1818, il refuse de subventionner une école protestante d'enseignement mutuel, réclamée par le Consistoire de La Mothe.

Le 7 août 1834, une délibération constate qu'à cette date 52 garçons ne reçoivent aucune instruction, ni à l'école primaire, ni dans leur famille.

Le 23 décembre 1857, il est créé pour les filles une école communale catholique et une école communale protestante. Dans la délibération prise à cet effet, il est dit que « les 600 francs portés au budget de 1858, pour subvention aux institutrices catholiques libres, sont affectés aux institutrices communales de l'une et l'autre religion, et que l'école catholique devra être dirigée par une laïque. »

- La commune de La Mothe a été une des premières à voter la gratuité de l'instruction primaire.

Elle possède un cours complémentaire annexé à l'école de garçons.

NEUVY-BOUIN (1.002 h.). — On n'a pas souvenir qu'une école ait existé à Neuvy-Bouin avant 1840 ; on signale à cette époque un sieur Cousinot, qui exerçait sans brevet et remplissait les fonctions de sacristain. Vers 1842, M. Rousseau Jean-Baptiste, également sans brevet, donnait l'instruction dans cette commune ; il venait de Largeasso, où son père était instituteur. Après s'être muni du titre nécessaire, Rousseau fut nommé à Pugny, d'où il revint à Neuvy le 22 avril 1843, sur la demande du curé Turpan, parce qu'il savait très bien chanter au lutrin. En 1852, Rousseau, qui était secrétaire de mairie, dut, en cette qualité, prêter serment de fidélité au président, selon cette formule : « Je jure obéissance à la Constitution et fidélité au Président. »

MOULINS (765 h.). — Nous trouvons dans les archives de la commune la supplique suivante, adressée par le curé de la paroisse, en 1828, à son A. R. la duchesse de Berry :

Le desservant de la paroisse de Moulins, canton de Châtillon-sur-Sèvre, département des Deux-Sèvres, à Son Altesse Royale.

Madame,

Votre Altesse Royale me permettra-t-elle d'implorer sa bienfaisance et sa charité pour une malheureuse victime de la première guerre de l'Ouest ?

Magdelaine Brémond, âgée de quarante-six ans, carmélite de ma paroisse, a perdu ses père et mère en 1793 dans la guerre de la Vendée.

Jean Brémond, son père, périt dans les rangs de l'armée catholique et royale.

Magdelaine Tuau, sa mère, fut massacrée dans sa maison, à Trémentine, de la manière la plus barbare.

Magdelaine, leur fille, âgée alors de douze ans, crut trouver son salut dans la fuite ; mais en fuyant elle fut surprise par des soldats républicains qui conduisaient un grand nombre de victimes à la mort.

On la fit entrer dans les rangs. Tous ces malheureux furent fusillés. Heureusement, les blessures de Magdelaine ne furent pas mortelles ; après un évanouissement, elle sembla se réveiller du sein de la Mort ; c'est ainsi qu'elle fut sauvée comme par miracle ; mais depuis cette époque, accablée d'infirmités, devenue sourde et menacée de cécité par les coups de sabre et de feu qu'elle a reçus à la tête, elle a traîné l'existence la plus malheureuse. L'âge doit accroître son infortune ; incapable de travailler, réduite à recevoir les secours de la charité qu'elle ne peut aller chercher, elle supplie Votre Altesse Royale de protéger, par une modique pension ou par quelques secours, une vie que Dieu semble avoir protégée.

C'est à vous, Madame, c'est à l'Ange des Miséricordes sur terre à accomplir l'œuvre du Ciel. Que Votre Altesse Royale daigne jeter un regard de pitié sur cette malheureuse fille ; elle pourra vivre encore, et le reste de ses jours sera employé à bénir sa bienfaitrice et à prier pour son auguste famille.

Puissiez-vous, Madame, accueillir le vœu d'une pauvre servante, dis-je, qui n'a d'autre refuge que votre bienfaisance.

Cette Madeleine Brémond enseignait à Moulins depuis 1820. Elle avait été précédée par Jean Givan de Fevole et par Louis-Charles Boucher. Cette malheureuse institutrice ne pouvait vivre de sa profession de « régente » ; elle était obligée de se gager une partie de l'année.

Nous devons aux patientes recherches de l'instituteur de Moulins la statistique suivante :

PÉRIODES	NAISSANCES		MARIAGES			DÉCÈS	
	Nombre d'actes	Signatures	Actes	Signatures des époux	Signatures des épouses	Actes	Signatures
1793 à 1800	79	30	27	5	3	70	20
1800 à 1810	118	89	39	8	8	80	61
1810 à 1820	142	118	53	15	15	87	74
1820 à 1830	155	103	42	11	7	115	59
1830 à 1840	180	181	34	14	10	123	65
1840 à 1850	160	143	47	22	18	102	65
1850 à 1860	161	145	48	28	24	130	77
1860 à 1870	214	346	67	45	30	138	128
1870 à 1880	205	459	55	30	30	197	247
1880 à 1890	184	571	60	53	49	152	206
1890 à 1900	226	605	50	45	45	154	254

NIORT (23.674 h.). — Niort possédait une école centrale dès les premiers temps de la Révolution. Nous n'en parlerons pas, puisque ces écoles se rattachent à l'enseignement secondaire.

Nous noterons que, dans sa délibération du 9 floréal an VI, qui a trait à l'abolition du calendrier grégorien, la municipalité de Niort arrête que « ... les instituteurs ne pourront accorder de congés que les quintidi, décadi et jours de fêtes nationales. Ils sont chargés spécialement, sous peine de destitution, d'enseigner à leurs élèves les principes et l'usage du calendrier républicain... »

En 1819, il existait à Niort quatre établissements secondaires, une école communale, une école privée d'enseignement mutuel et un certain nombre de maisons d'éducation pour les jeunes filles (1).

---

1. — D'après le tableau des instituteurs et institutrices tenant écoles primaires dans la ville de Niort, tableau certifié par le maire, on comptait,

En 1823, sur le vu d'un procès-verbal du commissaire de police, le recteur retira au sieur Debrun, directeur de l'école d'enseignement mutuel à Niort, le brevet d'instituteur primaire, parce qu'il détenait chez lui des livres suspects, qu'il donnait en lecture à ses élèves. En informant le ministre de cette mesure, le préfet d'alors la commentait en ces termes :

Votre Excellence appréciera sans doute quel danger c'est pour la jeunesse d'être confiée à un instituteur qui respecte assez peu la religion et les lois, pour avoir chez lui un dépôt clandestin d'ouvrages remplis d'impiétés et de blasphèmes, tandis qu'il est chargé par état d'inspirer aux enfants l'amour de Dieu et du Roi.

Quels étaient bien ces ouvrages si subversifs ? sans doute quelque édition de Voltaire.

La première école primaire supérieure du département paraît avoir été créée à Niort. Nous trouvons, en effet, dans le registre des délibérations du comité d'arrondissement, la nomination du sieur Penain comme directeur de l'école primaire supérieure de Niort, à la date du 5 octobre 1837.

C'est en 1840 que fut créée la première salle d'asile, et en 1879 que la direction des écoles communales de garçons et de filles fut enlevée aux Frères de la Doctrine chrétienne et aux Sœurs de l'Immaculée-Conception.

NOIRTERRE (1.112 h.). — Le 9 vendémiaire an IX, les habitants de la commune de Noirterre adressaient

---

à la date du 1ᵉʳ messidor an XI, 19 instituteurs se partageaient 448 élèves, dont 352 mâles et 96 femelles *(sic)*, et 21 institutrices, ayant ensemble 313 élèves, dont 96 garçons et 217 filles. Les rétributions variaient depuis 15 sols jusqu'à 4 fr. 50.

une pétition au préfet pour lui demander de mettre à leur disposition le presbytère qui venait d'être afferme comme bien national, soit pour la tenue d'une maison d'instruction, soit pour tous autres usages publics. « ... Cette commune, disait la pétition, considérable par sa population et les hameaux éloignés qui en dépendent, exige l'établissement *dans ses murs* d'une école primaire... » L'école parait avoir existé depuis cette époque.

Bien que la commune de Noirterre se rattache à la Gâtine par sa situation, son sol et l'esprit de ses habitants, il est à remarquer que le Conseil municipal s'est toujours montré favorable à l'instruction. De nos jours, la commune est dotée de trois écoles, dont deux spéciales au bourg, chacune à deux classes, et d'une école mixte de hameau.

PAIZAY-LE-TORT (642 h.). — Voici la délibération du 24 prairial an IV, demandant que la maison curiale soit affectée au logement de l'instituteur :

Vu la pétition des adgents et adjoints de la commune de Pézay-le-Tord, par laquelle ils demandent la conservation de leurs cy-devants maisons curialles, comme propres à la résidence d'un instituteur. Et donnent pour raison : 1° qu'il y en a déjà un qui y est étably ; 2° que la population de leurs communes est de cinq à six cents âmes,

Vu l'ordonnance du Département, du 18 prairial, portant que ce soit communiqué à cette administration pour avoir son avis. L'administration oui, et considérant qu'il est constant que la cy-devant maison curiale de Pézay-le-Tord est en ce moment occupée par un réfugié de la Vendée, qui y remplit la place d'instituteur, à laquelle il a été nommé par cette administration depuis plusieurs mois ; considérant que cette commune est la plus considérable et la plus peuplée de ce canton après celle de

Melle et qu'il suit du certificat, délivré par l'agent municipal de cette commune, que la population s'élève à six cents soixante âmes.

L'administration oui estime que la ci-devant maison curialle de Pézay-le-Tord doit être comprise dans le nombre de celles qui seront conservées pour les Etablissements des Instituteurs établis par la Loy : c'est pour le faire ainsi ordonner que la pétition et copie du présent avis seront transmis au Département.

PAMPLIE (599 h.). — A noter deux curieuses délibérations de 1832 et de 1833 au sujet de l'indemnité de logement et de la réunion de la commune de Pamplie à celle des Groseillers pour l'entretien d'une école primaire.

Du 1er juin 1832. — Le Conseil a délibéré que, n'ayant point d'instituteur communal, voulant en avoir un, il faisait le *sacrifice* de voter une somme de 20 fr. affectée à l'indemnité de logement d'un instituteur ou l'institutrice qui est actuellement, en raison de sa bonne conduite et de son éducation dans l'école, vu qu'elle se maintient en honnête femme envers ses écoliers, en les séparant de local pour leur instruction....., et demande au Gouvernement une indemnité pour supplément de logement qui peut s'évaluer à la somme de 40 fr. pour subvenir au dit logement.

Du 15 août 1833. — Le Conseil fait l'observation suivante, que la commune des Groseillers voulait se réunir à celle de Pamplie, vu que ces deux communes étant très près l'une de l'autre, qu'elles pourraient se réunir ensemble, afin de diminuer leurs charges ; vu que la commune de Pamplie a été chargée depuis longtemps d'un impôt extraordinaire pour l'acquisition du presbytère logeant le curé qui dessert la commune des Groseillers,

Le Conseil prie M. le Maire d'être l'interprète auprès de M. le Préfet pour réunir la commune de Pamplie à celle des Groseillers ; alors cette dernière fera tous les sacrifices pour remplir les vœux de la loi.

C'est depuis 1900 que la commune de Pamplie est pourvue d'une école publique de filles, dirigée par une institutrice laïque.

PAMPROUX (2,041 h.). — Nous trouvons dans les archives de cette importante commune une moisson abondante de documents, qui nous prouve que l'instruction n'a jamais cessé d'être en honneur depuis et dès avant la Révolution. Dans sa séance du 7 prairial an III, le Conseil de la commune arrête que le citoyen Louis Villain prendra possession le jour même, dans le ci-devant *presbitere*, de la partie qui lui est nécessaire pour son logement et pour l'instruction des enfants. Dans une délibération du 8 messidor de la même année, il est dit que « copie de la nomination de la citoyenne Rosalie Chaigniau à l'exercice d'institutrice pour cette commune lui sera fournie, pour entrer en fonctions. » Dans un état dressé le 6 avril 1810, nous relevons sept noms d'instituteurs exerçant dans cette commune.

Sous la Restauration, la situation resta à peu près la même. Après 1833, les instituteurs durent produire un brevet et furent soumis, comme partout ailleurs, à la surveillance d'un comité local. Il y eut un instituteur communal, à côté duquel subsistaient des instituteurs libres, catholiques et protestants.

Le 23 juillet 1855, le Conseil, « reconnaissant que l'institutrice catholique libre, qui réside à Pamproux, ne répond pas à la confiance des familles, demande deux institutrices libres, une catholique et une protestante, et vote 150 fr. pour chacune, à titre d'indemnité de logement, à la condition de recevoir des filles indigentes. »

Outre les écoles primaires, il existait deux salles d'asile ou garderies établies, l'une au chef-lieu, l'autre au hameau de La Jarrie.

Le 1ᵉʳ août 1858, M. Guitton, instituteur protestant, demande à l'inspecteur d'Académie l'autorisation d'enseigner le chant, l'arpentage et la géographie. Il obtint l'autorisation pour la géographie ; elle lui fut refusée pour l'arpentage et le chant.

Le 10 décembre de la même année, le maire, avec la connivence de l'inspecteur d'Académie d'alors, fit voter par le Conseil l'établissement d'une institutrice appartenant à une congrégation religieuse. Mais le 10 novembre 1878, le Conseil municipal, dont l'esprit était changé, demanda la nomination d'une institutrice catholique laïque. Le Préfet, M. Cotelle, prétendit que la majorité protestante du Conseil avait voulu opprimer les catholiques, et pourtant le Conseil, qui comprenait 5 catholiques, sur 16 membres, avait été unanime à réclamer cette laïcisation. L'affaire fut portée devant le Conseil départemental, qui ordonna une enquête ; mais le Préfet décida que cette enquête serait faite auprès des catholiques seulement. Le maire et le Conseil municipal estimaient que satisfaction devait leur être donnée sans enquête, disant que l'enquête, ainsi faite, ne pouvait pas manquer d'être favorable aux sœurs. Après un échange de lettres entre le maire et le Préfet, le maire donna sa démission, aussitôt suivie de celle de l'adjoint. Ces démissions sont acceptées et le premier conseiller est chargé de remplir les fonctions de maire. Au jour fixé pour l'enquête, le Sous-Préfet de Melle se rend à Pamproux. Le soir même, le Conseil se réunit et donna sa démission fortement motivée dans une délibération que nous croyons devoir reproduire textuellement :

L'an mil huit cent soixante-dix-neuf, le mercredi 5 février, à onze heures du soir.

Le Conseil municipal de la commune de Pamproux s'est réuni en séance extraordinaire sous la présidence de M. Honoré Baudet, conseiller municipal, remplissant les fonctions de maire, conformément à l'autorisation de M. le Sous-Préfet de Melle en date de ce jour.

Etaient présents tous les membres du Conseil.

Il a été procédé à la nomination d'un secrétaire, et M. Glorieux a été désigné pour remplir ces fonctions qu'il a acceptées.

La séance ouverte, M. Honoré Baudet porte à la connaissance du Conseil que, dans une entrevue qu'il a eue ce soir avec M. le Sous-Préfet, ce magistrat lui a annoncé qu'il était à Pamproux afin de procéder à une enquête parmi les catholiques dans le cas où le Conseil municipal refuserait d'ajourner sa demande d'une institutrice catholique laïque.

En conséquence, il pose la question d'ajournement ou d'enquête.

Le Conseil, après en avoir délibéré :

Attendu la volonté bien arrêtée de M. le Préfet de faire faire une enquête parmi les catholiques à l'exclusion des protestants, et de ne tenir aucun compte de la délibération du Conseil municipal, en date du dix-sept novembre dernier, réclamant à l'unanimité des membres de ce Conseil l'enseignement laïque.

Attendu le peu de cas que fait M. le Préfet du droit qu'ont les Conseils municipaux d'opter entre un laïque et un congréganiste, droit qui n'a été ni refusé ni contesté en 1870.

Attendu que l'accusation portée par M. le Préfet contre les protestants de vouloir opprimer les catholiques est inqualifiable et injustifiable ;

Attendu qu'il est incompréhensible que M. le Préfet refuse à la partie protestante du Conseil le droit qu'elle tient de la loi de parler au nom de la population entière de la commune et considère la partie catholique de ce même Conseil comme ne comptant point ;

Attendu que le Conseil municipal n'admet pas qu'il soit fait une enquête partielle et que la façon dont M. le Préfet prétend faire faire cette enquête est irrégulière ;

Attendu qu'elle n'a été accordée par le Conseil départemental que sur la demande de M. le Préfet et sur l'affirmation par lui d'un fait erroné qui a eu sur certains membres du Conseil une influence capitale ;

Attendu qu'il eût été tout au moins convenable de s'assurer de l'exactitude de ce fait avant de s'en servir comme d'une arme ;

Attendu qu'il est extraordinaire que, ne tenant aucun compte de la délibération du Conseil municipal dans laquelle ce Conseil a voté l'instruction gratuite à la condition sine qua non qu'elle serait essentiellement laïque, M. le Préfet, sans se préoccuper de la condition suspensive de ce vote, ait ordonnancé le rôle supplémentaire permettant de recouvrer les quatre centimes additionnels, nécessaires pour assurer le service de l'instruction gratuite ;

Attendu que l'émission de ce rôle supplémentaire est une adhésion indirecte donnée par M. le Préfet à la délibération prise à l'unanimité par le Conseil municipal et les plus haut imposés de la commune, et qu'en conséquence il n'y a pas lieu de procéder à une enquête ;

Le Conseil,

Persiste dans sa délibération du 17 novembre ;

Dit que toutes les pièces du dossier et une copie de la présente délibération seront adressées tant au ministre de l'Instruction publique qu'au ministre de l'Intérieur ;

Proteste contre la manière d'agir de M. le Préfet ;

Donne sa démission ;

S'oppose formellement à l'enquête,

Et se sépare au cri de : Vive la République !!!

Suivent les signatures.

Il arriva ce que le maire avait prévu : les catholiques les plus zélés se rendirent seuls à l'enquête ; les autres, les plus nombreux, s'abstinrent. Le parti de l'école laïque paraissait vaincu. Mais la même municipalité fut réélue avec le même maire et le même adjoint. Le nouveau Conseil émit le 18 mai un vœu relatif à la laïcisation et il obtint aussitôt satisfaction, car le 27 une institutrice laïque était nommée à la place de la religieuse.

Les faits que nous venons de raconter montrent qu'il n'était pas aisé de laïciser une école dans les Deux-Sèvres, en l'an de grâce 1879, à l'arrivée de M. Jules Ferry au ministère de l'instruction publique.

PARTHENAY (6.915 h.). — Des renseignements nombreux sur l'enseignement public à Parthenay se trouvent dans *La Gâtine historique et monumentale*, de Bélisaire Ledain ; nous y renvoyons nos lecteurs. Pendant la tourmente révolutionnaire et sous l'Empire, il y eut constamment, en dehors du collège reconstitué, des écoles primaires subventionnées par la ville.

En 1817, il s'ouvrit une école d'enseignement mutuel ; on en créa une seconde en 1820.

Des tentatives réitérées furent faites en vain sous la Restauration pour l'établissement d'une école congréganiste ; elles n'aboutirent que sous la 3e République !

Sous la Restauration et le Gouvernement de Juillet, on compte plusieurs établissements libres à côté de l'école mutuelle et de l'école communale. Celle-ci fut pendant quelque temps annexée à l'école normale.

Châtillon-sur-Thouet fut longtemps réuni à Parthenay pour l'instruction primaire.

Dès le commencement du xixe siècle, il y eut un établissement privé laïque, « pour l'éducation des jeunes demoiselles » ; la ville l'encourageait par une indemnité.

Les Religieuses Ursulines, revenues en 1820, firent grand tort à l'école laïque, elles dirigèrent l'école communale jusqu'au 1er octobre 1866.

Enfin, une salle d'asile fut construite en 1856 ; c'est l'école maternelle actuelle.

Pour ce qui est de l'établissement de l'école normale d'instituteurs à Parthenay, nous renvoyons au chapitre spécial que nous consacrons plus loin à cette institution.

Une école primaire supérieure de garçons, annexée au collège communal, a été ouverte en avril 1902.

PÉRIGNÉ (1.363 h.). — Nous avons vu que Périgné avait eu des « instituteurs de jeunesse » dès 1660, et que la charge s'était transmise de père en fils dans la famille des Pommier. Le dernier des Pommier quitta Périgné en 1835.

Nous savons, d'après une lettre du maire au sous-préfet, du 11 août 1810, quel était à cette époque le personnel enseignant dans cette commune :

Monsieur le sous-préfet, par votre lettre du 4 de ce mois, vous nous demandez les noms, prénoms, lieu de naissance des personnes qui s'occupent d'enseigner la lecture, l'écriture et l'arithmétique. J'ai l'honneur de vous adresser cet état.

Cyr-Jacques-François Goussencourt, né à Cantigné, arrondissement de Montdidier, département de la Somme : la lecture, l'écriture, l'arithmétique et les principes des langues française et latine. C'est pourquoi il demande d'être admis au nombre des instituteurs primaires et municipaux. Vous connaissez sa moralité (c'était l'ancien prieur.)

Toussaint Pommier, né à Périgné, n'a pas une belle écriture, mais sait lire dans les vieux contrats.

Pierre Marcoult, né à Périgné, bon maître, écrivant passablement bien.

Madame Louise Brimeau, déjà reçue par le jury d'instruction, *veuve Martin Desguittières, demoiselle Victoire-Ursule-Martin Desguittières*, sa fille, et *Louise Jousseaume*.

Ce sont ceux qui s'occupent de l'enseignement public dans notre commune.

Nous n'avons rien de particulier à mentionner sur la vie scolaire pendant la période qui suivit. En 1870, il fut question de transformer la salle de classe en ambulance ; bien qu'il n'ait pas été donné suite à ce projet, nous croyons intéressant de publier la réponse patriotique adressée à l'autorité par le maire de l'époque (9 septembre 1870) :

Monsieur le Préfet, après examen de la maison d'école pour la convertir en ambulance, je vois que nous pouvons offrir dix lits. Nous n'avons point de médecins dans notre localité ; nous y pourvoirons cependant et ferons tous nos efforts pour que les blessés que vous nous adresserez soient parfaitement soignés.

Veuillez nous prévenir de l'arrivée, afin que tout soit prêt.

Agréez, etc.

En 1865, le sous-préfet de Melle demanda s'il y avait lieu de confier la direction de l'école de Périgné à un congréganiste. Le Conseil municipal se prononça pour le maintien de l'instituteur laïque.

PIERREFITTE (621 h.). — Le 3 février 1839, le Conseil s'est réuni,

... pour délibérer sur la demande faite par le sieur Brothier René, ex-facteur rural habitant cette commune, pour être autorisé à exercer les fonctions d'instituteur communal de Sainte-Gemme. Le Conseil est d'avis que le sieur Brothier René soit autorisé à exercer les fonctions d'instituteur de la dite commune de Sainte-Gemme. Nous prions le Comité supérieur de vouloir *adérrer* à la demande de M. Brothier, ayant égard à sa position nécessiteuse et aux infirmités qui lui sont survenues par suite de fatigue de son état de facteur rural.

Nous savons par une lettre de l'inspecteur primaire de Bressuire, M. Louvet, en date du 9 janvier 1854, que le curé de Pierrefitte s'était permis cette année-là de modifier, de sa propre autorité, la liste des élèves admis gratuitement à titre d'indigents.

PIOUSSAY (763 h.). — Voici les différentes modifications apportées au taux de la rétribution scolaire de 1834 à 1858 :

	1831	1836	1841	1851	1852	1858
Élèves qui lisent..........	0.60	1 »	1 »	1 »	1.50	De 6 à 10 ans 1.50
Élèves qui lisent et écrivent.	0.90	1.25	1.25	1.50	1.50	De 10 à 13 ans 1 »
Élèves qui lisent, écrivent et comptent.....	1.25	1.30	1.50	1.50	1.50	Au-dessus de 13 3 »

L'enseignement resta individuel jusqu'en 1870. Ce n'est pas qu'on n'ait pas compris plus tôt les avantages de l'enseignement simultané, mais l'absence de livres uniformes, qu'on ne pouvait pas obtenir, surtout des 40 élèves indigents, obligeait l'instituteur à conserver cette méthode surannée.

POUGNE-HÉRISSON (742 h.). — Vers 1796, un boisselier du bourg, nommé Jean Bluteau, enseigna la lecture à quelques jeunes gens. Il paraît avoir enseigné jusqu'en 1819, bien qu'il eût été nommé maire en 1801 et qu'il eût occupé le poste jusqu'en avril 1819. Après lui, les jeunes gens qui voulurent s'instruire furent obligés d'aller à Neuvy-Bouin et à Saint-Aubin-le-Cloud. L'absence d'instituteur de 1819 à 1849 est due sans doute au peu d'importance de la commune à cette époque (1).

ROM (1.744 h.). — La question religieuse a toujours joué un rôle important dans cette commune, qui comprend aujourd'hui environ 1.000 catholiques et 800 protestants. Au début, chaque religion avait ses écoles distinctes et il existait au chef-lieu de canton un comité catholique et un comité protestant, qui proposaient la nomination des maîtres et surveillaient les écoles.

Le 9 juin 1882, cette situation cessa, officiellement du moins ; l'école catholique et l'école protestante furent fusionnées en une seule, par décision du Conseil départemental. Mais les premiers instituteurs et les premières institutrices nommés à cette époque étant protestants, la population s'habitua à considérer les écoles publiques comme destinées aux protestants et les catholiques se portèrent vers les écoles privées. Cette opinion fut accréditée jusque dans ces dernières années (2).

ROMANS (628 h.). — Le 28 juillet 1819, le maire, M. Louveau de la Règle, fournissait au Préfet un état des enfants en âge de fréquenter l'école. Sur une

---

1. — Son accroissement rapide et continu à partir de 1861, qui est dû au développement de la culture, mérite d'être signalé. Ainsi : en 1831, elle avait 466 habitants ; en 1856, 537 ; en 1871, 550 ; en 1876, 573 ; en 1881, 610 ; en 1886, 684 ; en 1891, 712 ; en 1896, 742 ; en 1901, 776.

2. — Vers 1856, il s'est créé à la cure de Rom une institution secondaire tenue par des religieux, d'abord entretenue par l'évêché de Poitiers, puis par une société civile. Cet établissement secondaire a disparu en 1900.

— Nous noterons en outre que M. de la Liborlière — qui fut recteur de l'Académie de Poitiers de 1815 à 1830, — était possesseur du vieux château de la Guessonière de Rom, aujourd'hui propriété de M. M..., maire de la commune.

population de 1.031 habitants, le contingent scolaire était de 98 garçons et 65 filles, sur lesquels 62 garçons et 34 filles seulement recevaient l'enseignement. D'après un état du même genre fourni trois ans plus tard, la population d'âge scolaire était montée à 105 garçons et 77 filles, sur lesquels 75 garçons et 40 filles fréquentaient les écoles. C'était beaucoup pour l'époque.

SAINT-AUBIN-LE-CLOUD (1.840 h.). — Le premier instituteur, qui exerça de 1822 à 1850, était un ancien soldat, qui avait 14 ans de services et 10 campagnes, et avait acquis son instruction au régiment. Il fut aussi garde champêtre pendant quelques années. On raconte qu'en 1830, des Chouans se rendirent chez lui avec le projet de le tondre et de lui imprimer sur le front « une croix sanglante », parce qu'il montrait des idées libérales ; mais que, ne l'ayant pas trouvé, ils se saisirent de son fusil et de son sabre de garde champêtre.

Une délibération du 10 février 1857 demande à l'Inspecteur d'Académie que le jour de congé hebdomadaire soit le mercredi, parce que nombre d'habitants s'absentent ce jour-là pour se rendre au marché de Parthenay et retiennent leurs enfants chez eux, pour soigner le bétail et faire les travaux du ménage (1).

Le 22 octobre de la même année, le Conseil municipal vote la construction d'une école de filles et opte à l'unanimité pour une institutrice laïque.

SAINT-COUTANT (737 h.). — Ce qui est à noter dans cette commune, c'est que les écoles publiques,

---
1. — Cette dérogation au règlement départemental subsiste encore de nos jours dans le canton de Parthenay et localités circonvoisines.

aussi bien que les écoles privées, n'eurent pas, jusque dans ces dernières années, de sièges fixes. Ce fait s'explique par l'extrême dissémination des habitants, au nombre de moins de 800, dans 34 hameaux différents, aussi peu agglomérés les uns que les autres. Elles fonctionnèrent successivement ou simultanément à Crolour surtout, à Verdroux, à la Grand'Maison, à l'Annebouère, à la Girardière, à Huric, etc. Quant au hameau qui a donné son nom à la commune, Saint-Coutant, il n'a été le siège d'une école que pendant quelques années.

Toutes ces écoles furent mixtes, mais les jeunes filles les fréquentèrent toujours très peu ; si bien qu'il est difficile de trouver aujourd'hui dans la commune des femmes de 45 à 50 ans sachant lire et écrire. L'instituteur a relevé sur les registres de mariage de la mairie le nombre de mères des nouveaux conjoints qui se sont déclarées incapables de signer les actes dressés depuis 1860 jusqu'à nos jours. Le résultat de cette enquête est que sur 561, 480 n'ont pu signer, soit 85 0/0.

SAINT-GERMIER (610 h.). — Le premier instituteur dont on ait gardé le souvenir est Jean Godeau. Il s'était mis dans l'enseignement à la suite de revers de fortune : marchand de grains à la Villedieu de La Mothe-Saint-Héray, des spéculations malheureuses l'avaient ruiné complètement. N'ayant aucun diplôme, mais possédant une certaine instruction, il s'établit, comme instituteur privé, d'abord à l'abbaye des Châteliers, commune de Fomperron, puis à Saint-Germier, vers 1810 ou 1812. Il conquit assez vite l'estime de la population, puisqu'il devint maire en 1817. Il conserva ces fonctions jusqu'en 1835, concurremment avec celles de maître d'école.

SAINT-JOUIN-DE-MILLY (472 h.). — L'enseignement primaire n'a été organisé dans cette commune qu'à partir de 1816. Avant cette époque, les rares personnes qui désiraient s'instruire se rendaient dans les endroits où il y avait un « régent ». L'école, fondée en 1816, fut une école mixte protestante, dirigée par M. Marilleaud, qui exerça jusqu'en 1852, et installée jusqu'à cette époque au hameau de la Falourdière. Cette école jouit d'une certaine renommée et M. Marilleaud avait des pensionnaires venus surtout de la Vendée, de Mouilleron-en-Pareds en particulier. Il faut dire que c'était la seule école protestante qui existât alors dans toute cette partie nord-ouest du Poitou, où l'on rencontre un certain nombre de réformés.

M. Marilleaud fut remplacé par son fils Louis, qui avait fait de bonnes études à l'Ecole normale protestante de Courbevoie. Mais en 1884 l'administration, par application du décret du 9 mars 1852, nomma un instituteur catholique. Le Maire, M. M..., grand propriétaire, jugea le moment favorable pour placer un énorme crucifix dans la classe. Des réclamations s'étant produites, l'inspecteur primaire fit enlever l'emblème. Mais le Maire revint à la charge ; il fit crocheter la porte de l'école et boulonner le crucifix dans le mur. L'inspecteur primaire dut revenir, assisté de la gendarmerie de La Forêt-sur-Sèvre, procéder lui-même au deuxième enlèvement de l'objet en litige. Depuis, les élèves catholiques vont presque tous dans les écoles privées congréganistes (1).

SAINT-LAURS (1.228 h.). — Saint-Laurs qui, il y a 60 ans seulement, ne comptait que 300 habitants, n'eut au début, vers 1825, qu'une école mixte, tenue par un nommé Sicot, qui venait de la Villedé. Ce Sicot se fit remarquer surtout par son ivrognerie. C'est en 1900 seulement que fut construite l'école actuelle de garçons, qui a deux adjoints ; jusque-là l'aménagement était resté défectueux et le local exigu.

Des mines de houille commencèrent d'être exploitées dans cette commune en 1838. Autour du puits avait pris naissance un village, la Rampière, qui compte aujourd'hui 700 habitants. A cause de la distance de 2 kilomètres, qui séparait ce village de l'école mixte, il s'y était de bonne heure ouvert une école privée de filles. Plus tard, la société des mines installa à la Rampière une école gratuite de filles, tenue par des religieuses, qui géraient en même temps la pharmacie de la mine. En 1876, le Conseil municipal ayant demandé la communalisation de l'école de filles, la mine, pour conserver ses religieuses, offrit une avance d'argent qui fut acceptée et les religieuses devinrent communales, tout en conservant la pharmacie. Cette école fut laïcisée en 1884.

SAINT-LÉGER-DE-MONTBRUN (922 h.). — D'après les archives communales, il y eut une école de filles dans cette commune dès 1824. Nous relevons un peu plus

---

1. — Il est peu de communes où la division des habitants en catholiques et protestants soit aussi tranchée. La même scission se retrouve dans la fréquentation des écoles.

tard une curieuse lettre (18 septembre 1830) du maire de
cette commune au maire de Saint-Sigismond, près
Ingrande (Maine-et-Loire), demandant des renseignements sur le sieur Gigo qui s'offrait pour remplir les
fonctions d'instituteur. Nous la reproduisons ci-après :

Monsieur,

Le nommé François-Marie Gigo, ex-instituteur en votre commune, vient de se présenter ici pour y remplir les mêmes fonctions. La pauvre situation dans laquelle il se trouve, n'inspirant pas une grande confiance, quoi qu'il soit pourvu de plusieurs certificats de moralité, j'ai pris le parti de m'adresser à vous, Monsieur, pour avoir des renseignements sur sa conduite. Me permettant de vous adresser une série de questions auxquelles je vous prie de vouloir bien répondre, et dans le cas où vous ne les trouveriez pas suffisantes, d'y ajouter telle observation que vous jugerez convenable.

Est-il de bonne vie et mœurs ? n'y a-t-il rien à craindre de son opinion? remplit-il le devoir d'instituteur avec zèle? la débauche ne serait-elle pas cause de son indigence ? n'a-t-il point laissé de dettes dans votre commune ?

Enfin quel est le motif qui l'a obligé à vous quitter ?

Recevez, etc.

Le sieur Gigo fut agréé et exerça pendant un an,
comme le témoigne le certificat suivant qui lui fut
délivré le 12 octobre 1831 :

Nous soussigné, maire de la commune de Montbrun, canton de Thouars, département des Deux-Sèvres, certifions que le sieur François-Marie Gigo, né à l'*Orient*, département du Morbihan, le 10 ventôse an 8, a exercé les fonctions d'instituteur en cette commune pendant un an ; qu'on lui doit un éloge bien mérité du progrès de ses élèves ; et qu'en outre, il s'y est comporté en honnête homme.

SAINT-LOUP (1.354 h.). — Dans une lettre écrite par la municipalité de Saint-Loup, le 14 prairial an VI, au Directoire départemental, sur la nécessité d'employer des moyens coercitifs pour contraindre les parents à envoyer leurs enfants aux écoles primaires, nous lisons :
« ... Les pères et mères n'envoient pas leurs enfants aux écoles, les uns par avarice, ceux-là par insouciance et par nonchalance, les autres, parce qu'ils sont travaillés par le fanatisme et par les malveillants... »

La même municipalité adressa l'année suivante, le 21 vendémiaire an VII, une lettre au citoyen Sapin, instituteur, pour lui faire reproche de ce que ses élèves se sont présentés à la dernière fête décadaire « dans un costume sale et dégoûtant » et pour lui rappeler que la loi exige qu'il les y conduise tous, ce qu'il n'a pas fait (1).

SAINT-MAIXENT (5.370 h.). — Une école mutuelle de garçons fut créée à Saint-Maixent par délibération du 13 janvier 1819. Voici le procès-verbal de l'inauguration, le 13 juillet de la même année :

L'an mil huit cent dix-neuf, le 13 juillet, 10 heures du matin, jour indiqué pour procéder à l'établissement en cette ville de Saint-Maixent d'une école d'enseignement mutuel. Le maire voulant donner à cette inauguration toute la pompe que demande son sujet avait fait inviter les autorités locales et les comités cantonaux à se réunir à la mairie dans la salle de ses séances, d'où elles sont sorties escortées de la garde nationale, ayant sa musique en tête, pour se rendre à l'église de la paroisse

---

1. — Saint-Loup, patrie des Arrouet, s'appela *Voltaire* pendant la Révolution.

de Saint-Hilaire, où se trouvait déjà le sieur Ribon, directeur, avec ses élèves au nombre de soixante.

Après que le *Veni Creator* a été chanté pour implorer les lumières du Saint-Esprit sur cet utile et intéressant établissement, Monsieur Auzuret, curé de la dite paroisse, a célébré la messe. Cette cérémonie religieuse terminée, le cortège s'est rendu au local destiné pour la dite école, où arrivé, Monsieur le maire a prononcé un discours dans lequel il a développé tous les avantages de la nouvelle méthode, fait connaître à son instituteur les devoirs qu'il a à remplir et aux élèves tout ce qu'ils doivent au vertueux monarque qui l'a accueillie. Après quoi, Messieurs Servant, juge de paix, et Lyonnet, chargés de la surveillance de cet établissement, ont successivement prononcé un discours, qui, ainsi que le premier, ont été unanimement applaudis par des cris répétés de « vive le Roi ! »

Rédigé à Saint-Maixent, les jour et an susdits.

Giraud de CROUZON.

L'état de la population scolaire en 1845, d'après un relevé trouvé dans les archives, était de 47 élèves au collège, 110 élèves dans l'école enfantine, 100 dans l'école communale de garçons et 75 dans celle des filles.

La même année, une sorte d'école primaire supérieure ayant à sa tête un instituteur, pourvu du degré supérieur, fut annexée au collège. La ville entretenait six bourses dans cette école (1). Cette école primaire supérieure fut supprimée en 1857 et remplacée par un cours supérieur d'enseignement primaire annexé à l'école communale.

En 1872, l'école communale tout entière fut absorbée par le collège ; ce régime dura jusqu'en 1896.

Il y eut aussi des écoles de filles à Saint-Maixent depuis le commencement du siècle dernier. L'école

---

1. — Pour le programme d'étude suivi dans cette sorte d'enseignement spécial, voir l'ouvrage de M. Pillet, déjà cité, p. 48.

communale, longtemps dirigée par des institutrices congréganistes, fut laïcisée en 1879.

Une salle d'asile fut créée en 1845 ; c'est l'école maternelle actuelle.

Un cours normal, pour la préparation des institutrices, exista à Saint-Maixent depuis 1861 jusqu'en 1882, époque de l'ouverture de l'école normale de Niort.

Ce cours fut remplacé en 1882 par une école primaire supérieure de filles, la première du département, qui fut installée d'abord dans l'ancienne maison des Sœurs, affectée depuis, après avoir été appropriée et agrandie, au collège de garçons. Le mobilier scolaire et le matériel d'enseignement provenaient de l'ancien cours normal d'institutrices. L'école prit possession de son local actuel le 22 avril 1896 ; elle a atteint une prospérité remarquable.

SAINT-MARC-LA-LANDE (568 h.). — Vers 1830 ou 1831, un sieur Chaigneau, huissier, enseignait pendant l'hiver à lire et à écrire. En 1834, M. Louis Barc se démit de ses fonctions de maire pour remplir celles d'instituteur communal. De 1836 à 1884, la commune des Groseillers fut réunie à celle de Saint-Marc pour l'entretien de l'école, qui resta mixte pendant toute cette période. Depuis 1884, la commune a deux écoles spéciales.

SAINT-MARTIN-LÈS-MELLE (530 h.). — Vers 1810, les fermiers du hameau de la Nègrerie prenaient pour leurs enfants et ceux des environs, qui voulaient s'instruire, un instituteur à gages, qui était en même temps tisserand.

SAINT-MARTIN-DE-SAINT-MAIXENT(1.042 h.).
— Nous avons eu communication d'un certain nombre de vieux documents ayant appartenu à M. Papot, ancien instituteur dans cette commune, entr'autres son brevet délivré par le recteur de Poitiers, le 23 novembre 1822, et une lettre du ministre de la guerre, du 12 octobre 1814 que nous reproduisons ci-après :

MINISTÈRE Paris, le 12 octobre 1814.
DE LA GUERRE

Monsieur Papot, sergent au 48ᵉ de ligne,

J'ai l'honneur de vous informer que SA MAJESTÉ, pleine de confiance dans votre fidélité et dans votre dévouement à sa personne, vous autorise à porter la décoration du Lys.

Le Ministre Secrétaire d'Etat de la Guerre,
Comte DUPONT.

Nous avons eu également sous les yeux le brevet de la médaille de Sainte-Hélène, instituée par Napoléon III, attestant « que M. Papot Jean, sergent au 48ᵉ de ligne, a servi durant la période de 1792 à 1815. »

SAINT-MAURICE-LA-FOUGEREUSE (981 h.).
— Le 10 décembre 1837, une délibération autorise le Maire à vendre « ajoncs, brandes et bruyères existant dans la plupart des chemins vicinaux de la commune, pour l'argent être employé à diverses réparations, dont a besoin la commune, et notamment à l'acquisition d'un poêle pour l'instituteur. »

Le 15 février 1877, le Conseil municipal vote un projet de construction de maison d'école de garçons. Nous remarquons les considérants suivants, qui nous poignent l'état de l'ancienne école :

Que la classe n'a que 40 mètres carrés de surface, pour contenir les 95 élèves qui la fréquentent actuellement ; que l'instituteur est obligé de placer un certain nombre d'enfants dans sa cuisine, ce qui nuit à la surveillance et au travail ; que la classe est trop basse d'étage, pas assez claire et qu'ainsi les enfants sont dans de mauvaises conditions hygiéniques, que les latrines qui sont trop petites sont situées trop près de l'école, que l'odeur qui s'en dégage se répand dans la classe, ce qui peut nuire à la santé des enfants ; que les élèves n'ont point de cour pour s'amuser, que l'instituteur est obligé de les laisser jouer et courir sur la place publique ; que, s'il vient à pleuvoir, les enfants sont obligés de rester dans l'école, puisqu'il n'y a point de hangar, pour qu'ils puissent se mettre à l'abri pendant le mauvais temps.

Que le logement de l'instituteur n'est point convenable ; qu'il ne se compose que d'une cuisine et de deux autres chambres trop étroites et humides ; qu'une partie du local menace ruine.

SAINT-PARDOUX (2.128 h.). — Nous lisons dans les archives départementales de la période révolutionnaire qu' « un instituteur résidant au chef-lieu est tombé sous le fer des assassins qui ont si longtemps désolé la contrée. » Les anciens instituteurs de Saint-Pardoux enseignaient au bourg pendant l'hiver, et se rendaient à domicile, dans les fermes, pendant l'été. Le sieur Bluteau, vers 1820, était à la fois instituteur, sacristain et maréchal.

Jusqu'en 1854, l'école communale est mixte ; à cette date, il est créé une école de filles à Château-Bourdin, hameau situé à 3 kilomètres du bourg, lors de l'installation dans l'hospice de cette localité des religieuses de la Salle de Vihiers. Ce fut une grande fête que l'installation des sœurs, comme le témoigne le rapport qui en fut fait par le Maire au Sous-Préfet de Parthenay :

Monsieur le Sous-Préfet,

J'ai l'honneur de vous rendre compte que pendant la journée d'hier a eu lieu à l'hospice de Château-Bourdin l'installation des religieuses avec toute la pompe possible dans nos modestes paroisses de Gâtine.

Dès l'aurore les cloches ont annoncé la cérémonie.

A dix heures, une messe solennelle a été chantée ; la commission tout entière y assistait ainsi qu'une foule compacte.

Après l'Evangile, M. Larnay, dans un discours tout à fait remarquable, a fait l'historique de l'établissement de Château-Bourdin, et en partant de l'époque si éminemment chrétienne et charitable des Croisades, il a amené l'auditoire jusqu'à nos jours, par une tradition de bonnes œuvres continuées, de générations en générations, par de saintes filles se dévouant au soulagement des malheureux, tradition interrompue seulement pendant la tourmente révolutionnaire de 1793, pour renaître aujourd'hui sous un gouvernement réparateur et renouer la chaîne des temps, en soulageant les infirmités corporelles et en appliquant sur les plaies morales le baume de l'instruction et de l'éducation religieuse.

Un temps magnifique et un soleil radieux ont donné beaucoup d'éclat à cette fête de famille ; j'ai bien regretté que vos nombreuses occupations vous ayant empêché de vous joindre à nous, vous nous manquiez et à moi plus qu'à tout autre (1).

SAINTE-BLANDINE (774 h.). — Jacques Bujault, une célébrité des Deux-Sèvres, connu surtout par ses almanachs populaires et ses études sur les questions agricoles, laissa en mourant (1842) à la commune de Sainte-Blandine 75,000 francs, destinés à la construction d'une double maison d'école, au traitement de

---

1. — Cette école n'existe plus, elle a été laïcisée en 1886 malgré le Conseil municipal et son siège est maintenant au bourg.

l'institutrice et de l'instituteur. Ce groupe bien installé n'a été construit qu'en 1874 (1).

SAINTE-GEMME (322 h.). — A défaut d'archives, nous savons, par le témoignage d'un vieillard de cette localité, que l'instituteur qui tenait l'école, vers 1835, était un nommé Gouranne. Alsacien de naissance, Gouranne avait été voué d'abord à l'état ecclésiastique ; mais, soit qu'il eût commis quelque faute contre la règle, soit qu'il eût renoncé à cette vocation, il avait été envoyé en garnison à La Rochelle. Son service militaire fini, il rentrait à pied dans ses foyers ; en passant par Sainte-Gemme, il s'y arrêta pour prendre son repos, et, ayant appris de son hôtesse que la commune était dépourvue de maître d'école, il se présenta au Maire qui l'agréa, et l'installa dans le presbytère.

SAINTE-NÉOMAYE (772 h.). — L'instituteur Moreau Jean, qui exerçait au commencement du siècle dernier, dut prêter le serment en ces termes : « Je jure fidélité à l'Empereur et obéissance aux constitutions de l'Empire. »

Il y eut des instituteurs protestants, soit seuls, soit concurremment avec des instituteurs catholiques libres. A ce sujet, notons la délibération du 12 novembre 1875 :

M. le Président donne lecture d'une lettre de M. le Préfet ainsi conçue : « Monsieur le Maire, je suis informé que la population catholique de votre commune désirerait le dédoublement de l'école publique mixte, dirigée par un instituteur protestant ; par suite, la création d'une école spéciale pour les garçons du culte catholique. Recevez, etc. »

---

1. — Un buste de Jacques Bujault, œuvre du sculpteur Baujault, a été érigé devant l'école en 1881 par la municipalité reconnaissante.

Le Conseil municipal, vu le petit nombre d'élèves qui fréquentent l'école, et que les élèves, quels qu'ils soient, ont toujours vécu en bonne harmonie, refuse à l'unanimité le dédoublement de l'école publique.

Il y eut aussi des écoles de filles : Mme Jacquier, femme du pasteur, instruisait les enfants chez elle (1819). En 1844, le Conseil, sur l'invitation du Préfet, donna son approbation à l'ouverture d'un établissement dirigé par les Filles de la congrégation de Saint-André, dont l'occupation était d'instruire les jeunes filles pauvres et de donner des secours à domicile aux malades indigents.

SAINTE-PEZENNE (1.572 h.). — Le premier document relatif à l'instruction primaire à Sainte-Pezenne est une circulaire préfectorale du 11 brumaire an IX, qui invite le Maire à choisir un instituteur pour la commune et qui se termine ainsi :

Je préviens les Maires, s'il s'en trouvait d'assez négligents qui n'auraient pas pourvu avant un mois, à dater de ce jour, aux moyens de remplir les places d'instituteurs de leurs communes, que je ferais vendre les presbytères réservés pour leur logement. Il vaut mieux faire tourner les édifices au profit du Trésor public que de les laisser dépérir sans aucune utilité. Je vous salue, signé : Dupin. — P. S. J'invite le Maire, s'il y a un instituteur à Sainte-Pezenne, à me faire connaître quel nombre d'élèves fréquente l'école pendant l'été et quel nombre s'y rassemble l'hiver.

A cette circulaire, le Maire répond que le nombre des élèves de l'école primaire est actuellement de 15 et *que le calcul décimal y est enseigné.*

Nous savons, par une délibération du 15 mai 1819, qu'il existait à cette époque un orphelinat et une école de filles dirigés par les dames du Sacré-Cœur de Jésus.

Le 15 mai 1824, le Conseil municipal vote 120 fr., pour indemnité de logement à partager entre Boisseaux, l'instituteur de la rive droite, et Brangier, celui de la rive gauche de la Sèvre.

Ces deux instituteurs durent prêter, le 13 juin 1836, devant le comité de surveillance, le serment de fidélité ainsi libellé : « Je jure fidélité au roi des Français, obéissance à la Charte constitutionnelle et aux lois du Royaume. »

SAINTE-VERGE (875 h.). — Le premier acte authentique, relatif à l'enseignement dans cette commune, est une délibération du 5 nivôse an IX, rétribuant le curé pour les services qu'il rend comme instituteur. En voici la copie :

> ... Le produit des biens communaux qui est de quarante-huit boisseaux de blé froment et de vingt-quatre boisseaux de baillarge, mesure de Thouars, a depuis plusieurs années été laissé à la disposition du citoyen Valleray pour les services qu'il rend à la commune, tant comme instituteur que comme ministre du culte ; pourquoi le Conseil est d'avis qu'il en ait encore la jouissance.

Vers 1818, M. Amand, marchand drapier à Thouars, établit une école privée à Sainte-Verge ; en 1820, il la transporta à Belleville, village de la commune des Hameaux, contiguë à Sainte-Verge. Sa femme tenait la boutique de draperie, tandis qu'il venait chaque matin à son école. Le vendredi, jour de marché à Thouars, il redevenait commerçant et les élèves avaient congé.

SAIVRE (1.547 h.). — Cette commune eut des écoles dès le début du xix⁰ siècle. Une délibération du 1ᵉʳ novembre 1835 imposait à l'instituteur l'instruction gratuite de 30 indigents.

SANZAY (451 h.). — La commune de Sanzay, distante de 4 kilomètres d'Argenton-Château, a été, jusqu'en 1878, réunie à ce chef-lieu de canton, pour le service de l'instruction primaire. Le Conseil municipal républicain d'Argenton, ayant voté la gratuité, à partir du 1ᵉʳ janvier 1876, la commune de Sanzay, administrée par une municipalité réactionnaire, refusa de contribuer à cette dépense pour la part proportionnelle à sa population (1).

SAURAIS (324 h.). — La petite commune de Saurais eut son premier instituteur communal en 1876. Auparavant, elle eut des instituteurs libres, parmi lesquels nous comptons plusieurs desservants de la paroisse, comme en témoigne la lettre suivante du curé Breillad :

Du 17 nove .bre 1851.

Monsieur le maire,

La loi sur l'enseignement adoptée par l'Assemblée Nationale en 1850, donnant à tout prêtre, en exercice de ses fonctions, la faculté d'ouvrir une école libre dans sa paroisse, j'ai l'honneur de vous déclarer que je suis dans l'intention de faire partager

---

1. — Alors le Conseil municipal d'Argenton déclara se charger de la rétribution scolaire pour les trois communes de Sanzay, Le Breuil et Boesse, se contentant à l'avenir du contingent fourni par les trois communes pour subvenir aux dépenses d'entretien de l'école.

les avantages de cette loi à notre petite commune, qui n'a point d'instituteur.

Veuillez agréer, etc.

BREILLAD, desservant de Saurais.

SAUZÉ-VAUSSAIS (1.709 h.). — Le bourg de Sauzé eut des instituteurs, sans aucune interruption, depuis 1789. Le premier qui est signalé, à la date du 31 décembre de cette année mémorable, sur le registre de la répartition de la taille, est un nommé Pierre Proust, qui était à la fois cultivateur, maitre d'école, sacristain et fossoyeur. Il enseigna jusqu'en 1825, ne faisant qu'une classe par jour et laissant partir ses élèves quand ils avaient lu. Les jeunes gens des divers hameaux se livraient, parait-il, de bruyantes batailles, qui faisaient que le voisinage de l'école était redouté et que les propriétaires du local donnaient congé tous les ans ou tous les deux ans. Les élèves étaient insubordonnés, l'esprit des parents peu favorable à l'instruction. Les résultats furent médiocres jusqu'en 1876.

En 1880, le Conseil municipal décida la construction d'une école de garçons, d'une école de filles au bourg et d'une école mixte à Vaussais, et « *considérant que les progrès des élèves laissent à désirer quand l'instituteur est marié à l'institutrice, décide, pour que ce fait ait le moins de chance possible de se réaliser, que les deux écoles seront très éloignées l'une de l'autre.* »

Toutes les institutrices furent laïques. Sauzé-Vaussais est le seul chef-lieu de canton où il n'y ait jamais eu de religieuses enseignantes.

SECONDIGNÉ (850 h.). — Le sieur Marcadet tint école dans la commune de Secondigné jusqu'à sa mort, en 1838 ; il était alors âgé de plus de 80 ans. Il s'était d'abord établi au hameau de la Bernardière. Le nombre de ses élèves, pendant l'hiver, dépassait la centaine ; il lui en venait beaucoup de Brûlain et de Périgné. Pendant la crise révolutionnaire, il fut destitué de sa place de greffier de la municipalité pour avoir traité publiquement, à la sortie de la messe, le Maire d'*insolent*, et le curé de *parjure*.

Vers 1818, le sieur Bodineau, élève de Marcadet, ouvrit une école au hameau de La Vollée, situé à 3 kilomètres du chef-lieu de la commune et y accédant par de mauvais chemins aujourd'hui encore. Il y resta quatre ans et vint ensuite s'établir à Secondigné, où il demeura huit ans. Bodineau s'établit ensuite aux Forges, hameau voisin de la Vollée, où il possédait une propriété qu'il exploitait en dirigeant son école.

En 1825, un propriétaire aisé, nommé Martin, fit venir, pour instruire ses quatre enfants, le sieur Léon Baubeau, instituteur breveté du deuxième degré, qui ouvrit une école à Saint-Hilaire-de-Ligné, localité située sur la route de Chizé, à 2 kilomètres 1/2 de Secondigné. Plusieurs personnes encore vivantes ont fréquenté cette école, qui recevait les enfants des hameaux de la Garde et de Lurgère, très éloignés du chef-lieu de la commune, ainsi que plusieurs élèves des communes de Bricuil-sur-Chizé et de Séligné. Elle fut fermée en 1833, date à laquelle Léon Baubeau fut nommé instituteur communal à Secondigné.

Le sieur Baubeau laissa parmi les habitants la réputation d'un maître instruit et zélé ; il se vit décerner la médaille de bronze en 1839 et fut appelé en 1842 à la direction de l'Ecole de Melle.

En 1867, un particulier, possédant de nombreuses propriétés dans la commune de Secondigné, y fit venir des sœurs pour l'instruction des filles, et leur fit construire une habitation et un local scolaire. Le 24 juillet 1881, le Conseil municipal, appelé à se prononcer sur la création d'une école publique de filles, « considérant que l'école libre des religieuses ne tient aucunement lieu d'une école publique, qu'elle n'en a ni le titre ni le caractère », demanda à l'unanimité la création d'une école publique laïque de filles.

La commune de Secondigné a toujours montré beaucoup d'empressement à appliquer les lois scolaires.

SEPVRET (1.120 h.). — Les instituteurs et institutrices ne manquèrent pas à Sepvret, à partir de 1820. Nous en trouvons même un à La Barre, chef-lieu d'une commune qui fut supprimée en 1830 et réunie à Sepvret.

En 1834, le Conseil municipal, après avoir fait choix d'un instituteur communal, demanda à installer la nouvelle école et le nouveau maître dans la grange de la cure catholique. Cette proposition fut repoussée. Ce n'est pas que la commune ait lésiné pour les dépenses scolaires. Nous avons sous les yeux un tableau des crédits inscrits à tous les budgets, pour l'instruction, depuis 1824 jusqu'à nos jours ; nous regrettons de ne pouvoir le reproduire, à cause de son étendue et de ses nombreux détails ; mais en prenant les totaux par décades, nous voyons qu'ils passent de 20 fr. en 1824, à

40 fr. en 1830, à 360 fr. en 1840, à 370 fr. en 1850, à 868 fr. 50 en 1860, à 1,150 fr. en 1870, à 2,378 en 1880, à 4,985 fr. en 1890, sans compter l'annuité de l'emprunt pour construction des écoles, pour redescendre à 229 fr. en 1900, sous le régime de la gratuité.

SOUVIGNÉ (1.470 h.). — Le 16 juillet 1832, le Conseil municipal de Souvigné refusa de voter des fonds pour le traitement d'un instituteur, alléguant, entre autres motifs, « la nombreuse quantité de mendiants qui parcourent journellement la commune et auxquels il faut donner la *chérité.* »

Le 10 février 1834, il ne refuse plus l'indemnité, mais il demande qu'elle soit répartie entre les trois instituteurs privés existants. Nous reproduisons cette délibération, malgré son étendue et sa rédaction informe, parce qu'elle nous dépeint une situation qui se répète en plus d'un endroit.

L'assemblée, au nombre de 10 membres, après avoir délibéré sur les moyens d'améliorer le système de l'instruction primaire dans ladite commune, considérant : 1° que la commune de Souvigné a 7 kilomètres d'étendue du Nord au Sud et 6 kilomètres d'étendue de l'Est à l'Ouest et que conséquemment les enfants qui demeurent à ses extrémités ne pourraient sans de graves inconvénients aller tous les jours à l'école, surtout en hiver, quoique l'instituteur communal serait établi au centre ; considérant que l'usage introduit par le besoin est que dans nos communes rurales, que les écoles ne soient ouvertes et fréquentées que durant trois ou quatre rigoureux mois de la fin de l'automne et de tout l'hiver, les travaux agricoles rappelant aussitôt après aux champs toute la jeunesse, grands et petits, soit pour travailler à la terre, soit pour garder les troupeaux, ce qui donne aux instituteurs de ces communes le moyen de vaquer eux aussi pour leurs besoins à des travaux semblables ;

considérant qu'en outre la population de cette commune étant de 1,076 âmes, il y existe un nombre d'enfants proportionné pour l'instruction desquels le travail et les soins d'un instituteur communal seraient insuffisants; considérant que pour obvier à cet inconvénient de l'insuffisance d'un seul instituteur communal, ladite commune ne peut faire les frais d'un double traitement de deux instituteurs communaux qui seraient encore insuffisants; considérant que, ci-devant, les instituteurs de cette commune se sont jusqu'à présent livrés volontiers à l'instruction de la jeunesse et se sont acquittés de leurs obligations à cet égard d'une manière satisfaisante pour les parents, sans autres émoluments que ceux ordinaires et qu'en ayant à l'avenir de plus considérables, si M. le Préfet veut permettre d'employer la somme de 250 fr. qui ferait le traitement de l'instituteur communal, de la manière que le Conseil le désire, ce sera un motif d'encouragement de plus qui profitera aux maîtres et aux élèves qui leur sont confiés; considérant que le législateur a eu principalement pour but en créant la loi du 28 juin 1833 sur l'instruction primaire de faire participer le plus possible de jeunes citoyens aux précieux avantages de cette instruction; qu'en conséquence le traitement de l'instituteur n'est pas uniquement donné pour profiter à cet instituteur seul, mais aussi à la population de la commune qui, en échange de cette charge, en doit recevoir une instruction plus généralement répandue et plus abondante; considérant que ce n'est point enfreindre la loi que de décliner un peu son application générale pour en mieux suivre l'esprit, dans des cas imprévus pour lesquels il devrait y avoir des exceptions; que c'est au contraire lui fournir des compléments utiles, ledit Conseil, après y avoir mûrement réfléchi déclare: 1° qu'il ne veut point d'instituteur communal; 2° que son intention est que les fonds destinés pour le traitement de l'instituteur communal soient divisés entre les trois instituteurs privés actuellement en fonction dans la commune, proportionnellement au nombre des indigents de l'arrondissement de chacun d'eux, lesquels indigents et arrondissements lui seront connus par un tableau qu'en fera M. le Maire avec désignation de l'arrondissement de l'instituteur dont ces indigents dépendent.

SURIN (1.005 h.). — Dans une délibération du 15 messidor an X, le Conseil municipal constatait que la commune était trop disséminée et trop peu fortunée pour procurer à un instituteur « des moyens suffisants de subsistance » et ne voyait pas d'inconvénient à ce que la partie haute fût réunie à Xaintray et la partie basse à Sainte-Ouenne, pour l'entretien d'une école.

L'école de Surin a été mixte jusqu'en 1893. La commune possède actuellement quatre écoles spéciales, deux au bourg et deux au hameau de la Véquière.

TERVES (1.384 h.). — Terves paraît avoir eu des écoles pendant tout le cours du xixe siècle ; mais elles furent longtemps mal installées. En 1852, l'école et la mairie étaient dans le même bâtiment, et on était obligé de passer dans la salle d'école pour aller dans la chambre commune, ce qui causait du désordre pendant les heures de classe. On dut remédier à cet inconvénient, en construisant un escalier spécial pour desservir la salle de mairie.

En 1863, le Conseil, bien qu'ayant une préférence marquée pour les congréganistes, se résigna, pour une raison d'économie, à opter pour un instituteur laïque.

L'administration préfectorale dut faire procéder d'office, en 1884, à la construction d'une école publique de filles. La municipalité voulait s'en tenir à l'école privée fondée en 1843 par Mme Torterue de Langardière et donnée à la commune aux conditions suivantes :

> Cette donation, indivisible pour le tout, est faite à la commune de Terves sous les conditions suivantes : 1° que cette donation, dans chacune de ses parties comme pour le tout, ne servira que pour l'enseignement des jeunes filles, sans que les

garçons puissent en profiter et qu'on puisse appliquer la moindre partie, même pour le temps le plus court, à tout autre objet ; 2° que cette école ne pourra être tenue que par des maîtresses appartenant à une congrégation religieuse légalement reconnue ou à une congrégation spécialement autorisée pour l'enseignement ; ainsi seront exclues à toujours les maîtresses laïques. Que conformément à ce qui se pratique dans les établissements publics, qui sont confiés aux soins des personnes appartenant à des congrégations religieuses, les maîtresses tenant l'école ci-dessus continueront d'être soumises à leurs supérieurs religieux en ce qui les concerne, et notamment ceux-ci auront le droit de les remplacer par d'autres quand ils le jugeront convenable.

Que dans le cas où l'école ne serait pas tenue, pour une cause quelconque, par des membres de la congrégation religieuse qui en est chargée présentement, une autre congrégation ne pourrait être choisie par la commune pour diriger l'école qu'autant qu'interviendrait l'agrément de l'Évêque diocésain pour le choix.

Qu'enfin, il y aura toujours pour tenir l'école au moins deux sœurs. Mme de Langardière exprime ici le désir, sans pour cela en imposer l'obligation à la commune, qu'il y ait même une troisième sœur afin, qu'outre l'enseignement, il puisse être rendu assidûment une charitable assistance aux malades de la commune, du moins dans le bourg. Cette troisième sœur aurait, en outre, le soin de faire le catéchisme aux enfants infirmes et à ceux qui, étant obligés d'aller mendier, ne peuvent se trouver aux heures de classe, mais les enfants qui seraient abandonnés aux soins de cette troisième sœur n'apprendraient point à lire.

. . . .

5° Que la commune laissera les sœurs faire réciter tous les jours aux petites filles de l'école une prière pour le repos des âmes de M. et Mme de Langardière, à titre de fondateurs de cette école. La donatrice impose ici à la conscience des bonnes sœurs l'obligation de faire réciter chaque fois, à cette intention, un *Pater* et un *Ave* et elles ne pourront se charger de l'école sans contracter dans leur for intérieur cet engagement.

6° A défaut d'accomplissement d'une seule des conditions qui précèdent, la donatrice ou ceux de ses héritiers auxquels adviendra le domaine de la Braudière, commune de Terves, auront toujours le droit de demander devant les tribunaux, la révocation à leur profit de la présente donation, et cette révocation devra être prononcée par justice dès l'instant où il sera prouvé que la commune aura omis de se conformer à une seule des conditions qui précèdent. M°¹ᵉ Torterue de Langardière nomme M. le curé de Terves, et par suite ses successeurs pour vérifier, s'assurer et juger si toutes les obligations imposées à la commune sont bien remplies, et pour la contraindre à l'exécution dans le cas où elle s'en écarterait. Pour mettre MM. les curés de Terves à même de juger de l'inobservation des conditions de la présente donation, il leur sera délivré une expédition de la présente donation, qu'ils se transmettront à perpétuité.

THOUARS (5.033 h.). — Thouars possédait depuis longtemps un collège où l'on enseignait les humanités, mais l'enseignement primaire existait à peine au commencement du XIX° siècle. Nous en trouvons la preuve dans la délibération suivante, du 15 pluviôse an IX :

Un membre a observé que tous les bons citoyens voyaient avec douleur l'état déplorable de l'instruction publique dans la commune, que les maîtres qui en soient chargés avaient ou des infirmités dangereuses pour la jeunesse, ou une ignorance absolue des règles de la grammaire, de l'orthographe et de l'art de bien lire, qu'ils ne suivaient dans leurs leçons qu'une misérable routine contraire au bon goût et à l'usage reçu.

Que, pour parer à ces inconvénients graves, il était d'avis que le Conseil autorisât la municipalité à faire la recherche et à procurer à la commune un sujet qui, à de bonnes mœurs, joignît la connaissance grammaticale de la langue française, de l'orthographe, le calcul, l'art de bien écrire et du goût dans celui de la lecture.

Que, pour faciliter l'acquisition d'un sujet convenable et l'attirer à Thouars, il était d'avis que le Conseil votât en sa faveur une gratification annuelle de cent cinquante francs.

Ces considérations ayant été goûtées par le Conseil municipal et plusieurs membres en ayant reconnu la vérité et les ayant appuyées de leurs suffrages, les propositions qu'elles renferment ont été mises aux voix et adoptées à l'unanimité.

Il y avait cependant une famille Robin qui enseignait à Thouars depuis longtemps. Bertrand-Louis Robin, nommé instituteur primaire de la ville au lieu et place de son père, par délibération du 24 brumaire an XIV, avait été choisi parce que « il joignait à de longs services rendus par trois générations de père en fils le talent d'une écriture brillante », et parce qu'il « réunissait à une très bonne conduite, à une piété filiale exemplaire, les talents et l'assiduité qu'exige la place qu'il sollicite. »

Le 16 mai 1809, il est accordé aux dames Maignée, « qui depuis 6 ans tiennent un pensionnat et instruisent des externes dont 6 gratuitement », une indemnité de logement de 200 fr., tant pour la capacité et les bonnes mœurs de ces dames, « que pour les encourager à les continuer pour cette portion de l'espèce humaine si intéressante et si négligée jusqu'ici. »

Dans la séance du 9 juin 1820, le Conseil demande que la ville soit autorisée « à établir dans son sein une école d'instruction mutuelle » pour les jeunes garçons et vote à cet effet une somme de 1,000 fr. pour frais de premier établissement. Le 15 mai 1854, « désirant avoir un établissement fixe pour l'éducation des jeunes personnes de toutes les classes, il vote une somme de 1,000 fr. pour pouvoir traiter avec une Communauté de religieuses pour qu'elles viennent établir en cette ville un pensionnat... »

La municipalité de Thouars fut la première à demander l'établissement d'une école primaire supérieure. Ce projet fut voté le 29 décembre 1833. Elle revint avec insistance sur cette question le 20 décembre 1846 et l'année suivante, au moment où l'école communale de garçons, qui avait occupé jusque-là l'ancienne cure, fut transférée dans l'ancien hôpital. Mais les partisans du collège paraissent avoir fait échouer ce projet. La ville de Thouars dut se contenter de deux cours complémentaires (filles et garçons) qui furent créés en 1884.

TOURTENAY (442 h.). — Tourtenay n'eut que des écoles misérables jusqu'en 1857. L'école dont on se servait depuis 1817 se composait d'une pièce unique, qui tenait lieu à la fois de cuisine, de salle à manger et de chambre à coucher pour l'instituteur. Le premier instituteur fut un nommé Marchais, ancien officier de l'armée de la Loire, qui vint s'établir à Tourtenay, son pays de naissance. Il apprenait à lire et à écrire aux enfants des familles les plus aisées et recevait des parents une rétribution volontaire en argent ou en nature. Cela dura jusqu'en 1830, époque où il fut réintégré dans l'armée.

En 1879, la commune, devançant la loi, vota pour 1880 la gratuité absolue.

VALLANS (531 h.). — Vers 1822, le curé de la paroisse avait une sœur qui se chargea d'instruire les garçons au presbytère. Ce fut la première école ; avant cette époque, les enfants allaient en classe dans les

communes voisines, à Frontenay ou à La Foye-Monjault.
En 1825, deux vieilles filles, sœurs d'un curé défunt,
tinrent école dans un local à elles, vaste écurie dont
un bout servait de salle de classe et l'autre d'étable à
moutons. Ces deux femmes vivaient des denrées
alimentaires que leur donnaient les parents ; elles
prisaient horriblement et dégoûtaient les élèves.

COURGÉ, commune de **VANÇAIS** (643 h.). —
Avant 1840, l'école n'était ouverte que du 15 novembre
au 15 mai. Jusqu'en 1882, les instituteurs qui se sont
succédé étaient en même temps évangélistes, subventionnés par la société de Genève ; aussi les classes
vaquaient-elles chaque samedi, ce jour étant jugé nécessaire pour préparer les cérémonies du culte et se rendre
au marché voisin. L'école fut laïcisée en 1882. Elle
cessa d'être mixte en 1886, époque de la construction
d'un groupe scolaire.

LE VANNEAU (1.050 h.). — Au Vanneau, l'école
fut tenue pendant un siècle par une vraie dynastie
d'Audebert, de 1782 à 1880, savoir : Audebert Augustin,
gendre de ce Tardy dont nous avons parlé, qui exerça
de 1782 à 1808 ; Audebert Pierre, fils du précédent,
qui reçut une autorisation en 1810, fut breveté le
17 avril 1817 et démissionna en 1836 en faveur de son
neveu, Audebert Pierre-Eutrope ; ce dernier, à son
tour, démissionna en 1847 en faveur de son fils,
Audebert Charles-Léon, sorti de l'Ecole normale de
Parthenay, qui fut instituteur de la commune jusqu'en
novembre 1880.

VASLES (3.083 h.). — Le seul instituteur que l'on cite avant 1833 était M. Seignouret, intendant de MM. de Lamarque, qui habitait une maison leur appartenant. Il portait un chapeau à trois cornes et des culottes courtes, ce qui l'avait fait surnommer « le Père la Jarretière. »

Après lui, la commune ne cessa pas d'avoir des instituteurs communaux ; en 1885, on vit s'installer une école privée, dirigée par les Frères de Saint-Viateur, qui fit concurrence à l'école laïque.

En 1853, Mlle Bourgeois fut la première institutrice communale ; mais en 1854, les héritiers de feu M. de Lamarque, ayant fait venir des religieuses de la congrégation des Filles de la Croix de la Puye, et leur ayant donné une maison et ses dépendances pour y tenir une école gratuite, le Conseil accepta cette école comme école communale en 1857. L'école laïque de filles fut créée vers 1879.

En 1883, une école fut établie à la Pagerie, hameau de Vasles : elle resta mixte jusqu'au mois de février 1898, époque à laquelle elle fut dédoublée.

VAUTEBIS (995 h.). — L'an II de la République, la municipalité de Vautebis montra qu'elle était résolue à marcher de l'avant en prenant la délibération suivante, dont nous respectons l'orthographe :

Aujourd'huy, trois floréal, l'an second de la République française, une et indivisible, nous officiers municipaux, membres composant le Comité de surveillence et autre citoyen de ladite commune assemblée comme accoutumé au temple de la liberté pâr assemblée de convocation en date du dix et vingt et trente germinal ayant annoncé aux citoyens l'assemblée d'aujourd'huy pour la nomination d'un instituteur pour instruire la jeunesse selon la loy sur les droits de l'homme, la constitution et les vertus héroïques et vertueuse des bons républicains, enseigner à lire et écrire et l'arithmétique, les citoyens étant réunis au temple de la raison ont procédé à la nomination du président de laditte assemblée. La pluralité des suffrages s'est réunis en faveur du citoyen Mailin qui a accepté laditte charges et a pris place au bureau pour y tenir sa séance d'après quoy le greffier a donné lecture aux citoyens desdittes lois consernant la nomination des instituteurs et institutrices le tout conformément aux lois, alors nous avons procédé à la nomination d'un instituteur. Les billets mis dans les vases ont été dépouillé par le président. La pluralité des suffrages s'est réunis en faveur du citoyen Félix Yve Raymond qui s'est rendu de suite à laditte assemblée et a accepté les pouvoirs qui lui ont été délégué par la confience du peuple et a remercié l'assemblée du témoignage de reconnaissance qu'ils avaient en sa faveur et a prêté avec unité, zèle et courage [le serment de s'acquitter exactement de] sest fonctions et de rester toujours fidèle à son poste comme vray républicain, c'est pourquoy nous, maire et officiers municipaux et habitant composant laditte commune de Vautebis, d'après le serment dudit citoyen dénomé connu depux vingt ans dans les communes des environs par ses bonnes mœurs et capacité, mais plus encore par la pureté de son civisme qui est irréprochable. Prions les citoyens administrateurs du directoire du district de Saint-Maixent de procurer au dit citoyen Félix Yve Raymond le traitement que la loy et la nation accorde aux instituteurs des écoles primaires conformément à la loy après avoir donné lecture dudit procès-verbal aux citoyens en assemblée générale ont clos et arrêté le dit procès-verbal et ce sont avec nous soussignés sauf ceux qui ont déclaré ne savoir signer. Au temple de la liberté ce trois floréal an deux de la République française, une et indivisible.

En 1837, l'ancien instituteur Chicard fut remplacé par M. Hubert, Jean-Pierre, qui exerça les fonctions d'instituteur communal à Vautebis jusqu'au 31 août

1873, époque où il prit sa retraite. En 1839, Hubert partageait sa journée entre le chef-lieu et Reffannes, la plus importante agglomération de la commune : le matin, il enseignait au bourg et le soir il se transportait à Reffannes. Dans sa séance du 15 décembre 1839, à la majorité de 6 voix contre 4, et à l'unanimité des trois membres du Comité local de l'instruction primaire, le Conseil de la commune décida qu'à l'avenir l'instituteur résiderait au chef-lieu.

En 1871, une institutrice communale fut nommée à Reffannes qui n'avait eu jusque-là que des institutrices libres. L'école du chef-lieu ne reçut plus désormais que les enfants de la section du bourg et resta école mixte.

Les deux sections de Reffanes et de Vautebis viennent d'être érigées en communes distinctes.

VERRUYES (1743 h.). — Le 13 floréal an XIII, Verruyes fut choisi pour être le siège d'une école primaire qui devait servir en même temps aux communes de Saint-Georges, de Saint-Lin, de Clavé. Ce n'est qu'en 1863 que Verruyes eut un local spécialement affecté à l'enseignement. Voici, d'après les registres de l'état civil, la proportion des individus sachant lire et écrire à différentes époques du siècle dernier.

	Hommes	Femmes
En 1813	25 0/0	3 0/0
En 1834	50 0/0	1 0/0
En 1866	41 0/0	4 0/0
En 1874	66 0/0	27 0/0

LE VERT (303 h.). — Avant 1789, Le Vert faisait partie de la province d'Aunis. De 1789 à 1830, les quelques personnes qui ont acquis quelque instruction avaient fréquenté l'école de Dampierre, dans la Charente-Inférieure, située à 5 kilomètres.

VOUHÉ (810 h.). — Nous avons des renseignements très complets, mais qui n'offrent rien de particulier, sur les écoles et les instituteurs de Vouhé. Nous donnons seulement la formule du certificat de bonne conduite délivré en 1831 au premier instituteur de la commune, M. Treillaud :

Je soussigné, maire de la commune de Clavé, certifie que Simon Treillaud, domicilié en cette commune depuis sa rentrée du service militaire, muni d'un bon congé, qu'à ma connaissance il s'est comporté en honnête homme, avec des marques de bonnes vie et mœurs ; et que depuis son habitation dans cette commune, il a contracté mariage avec Marie David, et que lesdits époux *ont toujours vécu ensemble paisiblement avec des marques d'amitié...* En foi de quoi, etc.

VOULTEGON (625 h.). — En 1841-1842, une école spéciale fut construite sur un terrain communal, avec les offrandes des propriétaires et habitants de la commune. Le desservant qui surveilla les travaux reçut mission, par délibération du 22 novembre 1842, de placer lui-même des sœurs dans la « construction bâtie par lui, pour enseigner aux enfants des deux sexes. » Il y eut une école spéciale de garçons à partir de 1879 et l'école de filles fut laïcisée en 1897, au décès de la directrice congréganiste.

XAINTRAY (518 h.). — Jacques Dain était « instituteur de jeunesse », une dizaine d'années avant la

Révolution. Voici le procès-verbal de la déclaration qu'il fit devant la municipalité, le 20 germinal an II :

Aujourd'hui, décadi, vingt germinal, l'an second de la République française, une et indivisible, nous, maire, officiers municipaux et conseil général de la commune de Xaintray, réunis au lieu ordinaire de nos séances, a comparu devant nous le citoyen Jacques Dain, instituteur de jeunesse, domicilié en cette commune, lequel nous a déclaré vouloir se conformer exactement au décret de la Convention nationale du 29ᵉ jour de frimaire dernier, sur l'organisation de l'instruction publique et que, conformément à l'article 3 du dit décret, il est dans l'intention d'ouvrir, au premier floréal prochain, une école pour enseigner à lire, à écrire et les premières règles de l'arithmétique et qu'il veut bien se conformer aux livres élémentaires adoptés et publiés à cet effet par la représentation nationale. Sur quoy, nous maire, officiers municipaux et notables, ayant toujours reconnu le dit Dain estre d'un bon civisme, de bonnes vie et mœurs et capable d'exercer la dite charge d'instituteur de jeunesse, l'ayant toujours fait, pendant dix années consécutives, nous avons accepté sa déclaration et il a été arrêté qu'il luy serait délivré copie du présent pour luy servir en cas de besoin.

Fait, clos et arrêté les jours, mois, lieu et an que dit est.

Un de ses successeurs (1), Julien Baillet, reçut de l'Académie, le 17 février 1813, l'autorisation provisoire de tenir école primaire. Voici la formule de cette autorisation :

D'après les renseignements fournis par les autorités administratives locales et par MM. les inspecteurs de l'académie sur le compte du sieur Baillet Julien, le recteur autorise provisoirement le dit sieur Baillet à tenir école primaire dans la commune de Xaintray, arrondissement de Niort, département des Deux-

---

1. — M. Forestier qui exerçait à Xaintray en 1813, était manchot ; M. Langlois, instituteur en 1857, était épileptique ; M. G..., en 1860, était alcoolique.

Sèvres, à la charge par lui et sous peine de révocation de la présente de se conformer à tous les statuts et règlements de l'université impériale, la dite autorisation provisoire qu'il devra faire enregistrer sans délai à la mairie de la commune où son école est située, lui servira jusqu'à ce qu'il reçoive de son Excellence le sénateur Grand maître de l'Université un diplôme définitif.

Fait à Poitiers, au chef-lieu de l'académie, le dix-sept février 1813.

Le recteur de l'Académie,
Signé : M. de BELLISENS.

Écoles protestantes. — Les écoles protestantes avaient pu se rouvrir librement après la Révolution. L'ordonnance du 29 février 1826 consacrait leur existence. A partir de cette époque, nous en rencontrons un certain nombre, surtout dans la partie méridionale du département (1).

Les instituteurs primaires ne pouvaient recevoir des élèves de différentes religions sans en avoir obtenu la permission du Conseil royal de l'instruction publique (Ordonnance du 21 avril 1828, art. 13.)

Sous le régime de la loi du 15 mars 1850, dans les communes où il y avait pour chaque culte des écoles séparées, les enfants d'un culte ne devaient être admis dans l'école d'un autre culte que sur la volonté formellement exprimée des parents.

Le rapport présenté au Conseil départemental, le 18

---

1. — Dans la plupart des communes des Deux-Sèvres où se pratique la religion réformée, et d'après une coutume qui remonte sans doute à l'arrêt du 9 juillet 1685, interdisant l'inhumation des protestants dans les cimetières catholiques, chaque famille possède sa sépulture particulière établi dans un coin de champ ou de jardin, et l'étranger qui parcourt la contrée est frappé du pittoresque de ces petits enclos marqués par des bouquets d'ifs.

août 1856, constate qu'il existait, en 1855-56, 450 écoles catholiques, 29 protestantes, 68 mixtes quant au culte. La statistique de 1859 relève 421 écoles catholiques, 34 protestantes, 92 mixtes (1).

La loi du 28 mars 1882 a fait disparaître ces distinctions (2).

Fêtes nationales. — Nous aurions voulu trouver un compte rendu complet d'une des fêtes nationales décrétées par la Convention. Nous n'avons pas eu cette bonne fortune. Pourtant ces fêtes étaient célébrées dans les Deux-Sèvres, comme partout ailleurs. Voici les rares documents que nous avons pu nous procurer sur cet objet (3).

Frontenay. — Procès-verbal de la fête du 10 août (27 thermidor an IV) : « ... Les citoyens de la commune de Frontenay, réunis à cet effet sur la place publique, le président rappelle au peuple l'histoire abrégée du 10 août ; il suspend ensuite au pied de l'arbre de la Liberté l'inscription portée à l'arrêté du Directoire exécutif L'instituteur de la jeunesse, qui habite en cette commune, arrive avec ses élèves sur la place publique, s'engage à haute voix à ne leur inspirer que des sentiments républicains, du respect pour les vertus, le talent, le courage et de la reconnaissance pour les fondateurs de la République. La fête se termine par des danses multipliées »

---

1. — Les instituteurs protestants, d'après nos renseignements, ne se distinguaient guère de leurs autres collègues en ce qui concerne l'enseignement et les méthodes. Peut-être faisaient-ils apprendre un peu plus de catéchisme et d'histoire sainte que les instituteurs catholiques.
2. — Pour contrebalancer le préjudice causé à leur influence religieuse par la neutralité de l'école républicaine, quelques pasteurs protestants ont établi des écoles du jeudi et du dimanche et ils reculent le plus possible l'âge de la première communion.
3. — Tiré des Archives des Deux-Sèvres, période révolutionnaire. — Voir aussi plus haut, **Saint-Loup**, p. 140.

Parthenay. — Procès-verbal de la fête décadaire (10 brumaire an VII) : « Les administrateurs et les fonctionnaires se rendent au lieu destiné à la réunion des citoyens (la ci-devant église Sainte-Croix), où étaient les instituteurs et institutrices avec leurs élèves et plusieurs autres citoyens. Le président donne lecture des lois et arrêtés, donne connaissance des naissances et décès et procède à deux mariages, etc. » (Archives des Deux-Sèvres. Période révolutionnaire, p. 146.)

Thouars. — L'administration municipale écrit le 23 ventôse an VI au citoyen Vaubourg pour lui offrir une place d'instituteur : « ... L'administration vous offre une place d'instituteur primaire, un logement et un jardin et une somme de deux cents livres par an, moyennant que vous jouerez dans les fêtes nationales... »

*
**

Par les documents qui précèdent, il semble établi que les décrets de la Convention relatifs à l'instruction primaire restèrent généralement lettre morte dans les Deux-Sèvres (1) ;

Que, sous l'Empire et la Restauration, l'enseignement de la jeunesse resta la plupart du temps une fonction privée ;

Que ce n'est qu'à partir de 1833 que l'instruction publique commença à s'organiser, et que cette organisation rencontra des résistances dans bien des communes ;

Que la loi de 1850 fut appliquée assez mollement et qu'il restait un immense effort à faire à l'avènement de

---

1. — Il faut en accuser les événements politiques à l'intérieur et l'état de guerre continuelle à l'extérieur. Mais on peut s'en prendre aussi au peu de goût que les habitants professaient pour l'instruction. Nous en voulons pour preuve que dans les cahiers de 126 communes que nous avons compulsés, voir p. 149, nous en avons trouvé à peine quatre où il soit fait allusion à la question d'instruction. Les cahiers des doléances du Tiers-Etat qui ont été arrêtés à l'assemblée générale de Poitiers, n'en font même pas mention.

la 3ᵉ République pour mettre ce pays à l'unisson des autres régions de la France sous le rapport scolaire ;

Que les anciennes écoles, dont l'installation était laissée à la charge des instituteurs souvent fort pauvres, n'étaient presque jamais disposées en vue de leur destination ;

Que les anciens maitres, avant l'ouverture de l'école normale de Parthenay, étaient loin d'offrir toutes les garanties nécessaires de savoir, de tenue et de moralité ;

Que la fréquentation était des plus irrégulières ; non seulement parce que la rétribution scolaire paraissait trop lourde aux familles, mais parce que la population des communes était souvent éparpillée dans un grand nombre de hameaux, reliés entre eux par des chemins impraticables en hiver ;

Que l'enseignement des filles resta longtemps négligé ;

Que dans un certain nombre de localités, des fondations charitables confiaient aux sœurs le soin des malades et l'enseignement gratuit des indigents (1).

Les lois scolaires aujourd'hui en vigueur ont établi un régime uniforme dans toutes les parties de la France, et bientôt le bienfait de l'instruction laïque, gratuite et obligatoire, sera assuré à toute la jeunesse républicaine jusque dans le moindre hameau. A l'heure où ces lignes paraitront, il ne restera dans les Deux-Sèvres que 9 communes à pourvoir d'écoles de filles et 13 écoles publiques à laïciser (2).

---

1. — Nous trouvons de ces fondations dans une vingtaine de communes des Deux-Sèvres et notamment à Niort, à Thouars, à Parthenay, à Saint-Maixent, etc.

2. — Pour marquer les progrès de l'instruction dans le département des Deux-Sèvres, notons qu'il y avait 120 écoles primaires en 1801, 365 en 1824, 471 en 1834 et qu'il en existe aujourd'hui 928, tant publiques que privées, dont un grand nombre à plusieurs classes.

CHAPITRE III

L'Ancienne École

CHAPITRE III

L'Ancienne École

I

Installation matérielle de l'école.

Les anciennes écoles, dans les Deux-Sèvres comme partout ailleurs, répondaient mal à leur destination. En général, elles étaient trop petites, trop basses, mal éclairées, et le plus souvent sans parquet. En beaucoup d'endroits, le maître était obligé de fournir lui-même le local et se préoccupait avant tout d'avoir une installation peu coûteuse, plutôt que confortable et appropriée à son usage. Dans les localités où la commune procurait le local, la modicité des prix d'achat ou de loyer indique qu'on était loin de songer au luxe.

Voici du reste un certain nombre de témoignages qui en font foi.

A **L'Absie**, on avait acheté en 1829 une grange 1,000 francs pour servir de maison commune et de logement à l'instituteur. Voici le parti que le Conseil municipal proposa d'en tirer, dans sa délibération du 18 mars 1833 :

On établirait dans le local destiné à la maison commune le logement de l'instituteur et la classe et tout le rez-de-chaussée servirait pour l'établissement de l'école ; le rez-de-chaussée serait distribué en trois appartements dont un, pour la classe, aurait *trois mètres neuf décimètres* de largeur et *six mètres trois décimètres* de longueur et les deux autres *moins grandes* seraient pour loger l'instituteur.

Le devis des dépenses montait à 978 fr. pour l'établissement de l'école et du logement et à 182 fr. pour le matériel scolaire.

A **Adilly,** la construction qui servit d'école avant 1870, et qui n'a guère changé d'aspect, est aujourd'hui une écurie. C'était une maison basse, mesurant 6 mètres sur 3 m. 50, sans plafond. On y était sous les tuiles. Elle avait une porte à deux vantaux et une croisée à 4 petits carreaux. On était souvent obligé de s'approcher de la porte pour y voir.

Vers 1830, un sieur Papin ouvre une école dans un hameau voisin du bourg de La **Chapelle-Gaudin.** Il l'installe dans sa maison, une misérable chaumière qui existe encore aujourd'hui comme écurie, et qui n'avait d'autre ouverture que la porte et une petite lucarne.

Nous trouvons dans les archives départementales la lettre suivante du sous-préfet de Melle au maire de **L'Enclave,** à la date du 19 juillet 1853 :

> Par sa lettre du 15 de ce mois, M. le Préfet me mande qu'il est informé que votre maison d'école placée au village de la Martinière, comme point plus central que le siège de votre commune, se trouve dans les plus mauvaises conditions : elle est entourée d'eau et de fumier, sans préau couvert, ni découvert. Lorsque les élèves sortent aux heures de récréation, ils sont obligés de se tenir au couchant de la maison, dans une sorte de « quéreux » couvert de boue pendant presque toute

l'année. Il n'existe même pas de cloison pour séparer les sexes.

Il est donc urgent, M. le Maire, dans l'intérêt de l'hygiène, comme dans celui de la morale et de la discipline, de trouver immédiatement un local plus convenable pour l'école primaire...

A **Bignet,** hameau de **Lezay,** avant 1833, les enfants se réunissaient dans un bâtiment qui servait à la fois de grange et d'écurie et ne recevait la lumière que par la porte d'entrée et une sorte de lucarne, pratiquée en haut du mur, par laquelle on passait le foin. Les femmes du voisinage venaient souvent s'y asseoir pour coudre et filer. Dans les grands froids, tout le monde se réfugiait dans la demeure de l'instituteur, composée d'une seule pièce servant à la fois de cuisine et de chambre à coucher.

Les premières écoles de **Mazières-sur-Béronne** servent aujourd'hui d'écurie.

A **La Villedé,** commune de **La Mothe,** M. Lagorce (1833-1857) faisait la classe dans un vaste appartement qui sert aujourd'hui de grange. La porte d'entrée, qui donnait au Nord, était tellement mal jointe que la chienne de chasse du maître passait facilement par dessous et venait manger le pain des élèves dans leurs paniers.

A **Noirterre,** en 1840, il y avait dans la salle de classe un four commun à plusieurs locataires, ce qui faisait que l'école était dans un état de malpropreté continuelle.

A **Rom,** l'école de M. Robert (1841) comprenait trois pièces, une qui servait de salle de classe, une qui servait de mairie, et la troisième qui était la chambre de l'instituteur. Il fallait traverser la salle de classe pour se rendre à la mairie.

A **Saint-Germier,** la première école, dont les bâtiments existent encore et servent d'atelier de menuiserie, était en contrebas de la rue ; il arrivait qu'à la suite de grandes averses l'eau y pénétrait et s'y élevait à une hauteur de 20 à 30 centimètres. Les gens d'aujourd'hui ont vu plus d'une fois le menuisier dans l'eau jusqu'à mi-jambes, lutter vaillamment, avec force pelles et seaux, contre l'inondation. — La maison qui servit d'école de 1848 à 1869 ne valait guère mieux. Comme le sol n'était ni planchéié ni carrelé, les sabots des élèves y creusaient des trous plus ou moins larges ou profonds, qui, selon l'occasion, se remplissaient de poussière ou d'eau. Ce sol peu uni nuisait à l'aplomb du mobilier. En revanche, cet équilibre instable réjouissait fort certains espiègles qui prenaient un malin plaisir à faire basculer bancs et tables au moment où leurs camarades s'appliquaient le mieux à bien écrire. Cette même salle servait de mairie.

Dans une des premières écoles de **Saint-Jouin-de-Milly,** la classe était surmontée d'un grenier dont le plancher mal joint laissait parfois passer le contenu. En l'absence du maître, il arrivait que quelque espiègle, grimpé sur le dos d'un camarade, écartait doucement les planches et faisait dégringoler dans la salle pommes et poires, qui disparaissaient promptement dans la profondeur des poches.

Le premier instituteur communal nommé à **Saint-Romans-lès-Melle,** en 1835, a réuni, paraît-il, jusqu'à 140 élèves qui étaient installés dans deux pièces, dont l'une était au rez-de-chaussée et l'autre au 1er étage. On peut se représenter quelle discipline pouvait régner dans de pareilles conditions.

A **Vanzay,** les écoles, jusqu'à ces derniers temps, (1897) étaient dans une situation lamentable : l'institutrice était réduite à corriger les cahiers de ses élèves sur ses genoux. Un médecin disait un jour : « Si on transmettait au Ministère de l'Instruction publique une photographie de cette classe, les chefs de service de ce ministère ne pourraient croire qu'il existe dans notre pays une école pareille. »

A **L'Isle,** commune de **Villiers-sur-Chizé,** vers 1840, le sieur Pelisson installa son école dans une grande chambre qui sert aujourd'hui d'écurie et qui n'était éclairée que par une petite fenêtre à 4 carreaux, auprès de laquelle il avait installé sa table pour avoir un peu de clarté ; car en hiver « on n'y voyait plus à lire dès deux heures du soir. Nous étions là une quarantaine d'élèves, nous raconte un vieillard d'Availles, grands et petits, garçons et filles. »

Les premiers locaux scolaires de **Xaintray** étaient sombres, mal aérés et trop exigus ; les enfants étaient loin d'avoir toujours un banc pour s'asseoir. Comme ils lisaient chacun à leur tour par ordre d'arrivée, ils marquaient leur place en posant chacun une pierre près de la porte d'entrée ; mais souvent quelque camarade dérangeait les pierres et c'étaient alors des chicanes et quelquefois des batailles où le maître était obligé d'intervenir.

Nous pourrions multiplier les descriptions ; il n'est pas, en effet, de commune où les gens ne vous montrent encore aujourd'hui les abris invraisemblables qui ont servi d'école soit à eux-mêmes, soit à leurs parents.

Ce n'est pas que l'attention de l'administration ne fût appelée sur les conditions hygiéniques de l'école. Les règlements scolaires comprenaient à ce sujet un article important que nous copions dans celui de l'arrondissement de Niort de 1835 :

Art. 37. — Le comité local veillera à ce que la salle où se tiendra la classe soit vaste, bien éclairée, bien aérée, et telle surtout que la disposition des fenêtres permette de renouveler l'air facilement ; à ce que l'instituteur ne reçoive pas un plus grand nombre d'enfants que n'en comportent les dimensions de la classe, à raison *d'un carré de huit décimètres de côté* pour chaque élève.

Mais dans l'état misérable où se trouvaient la plupart des écoles, on faisait comme on pouvait.

Pensionnats. — Un grand nombre de communes, nous citerons en particulier celles des cantons d'Airvault, de St-Loup et de Thénezay, ne possédaient pas d'écoles. Beaucoup d'enfants avaient à franchir des distances considérables pour se rendre en classe ; les plus favorisés étaient mis en pension, soit chez des particuliers, soit chez l'instituteur ou l'institutrice. Tous les maîtres qui ont exercé à **Airvault** de 1805 à 1870 ont annexé un pensionnat à leur école ; l'un d'eux, M. Texereau a réuni jusqu'à 40 internes pendant plusieurs hivers de suite. Le prix de la pension mensuelle variait entre 25 et 35 francs ; beaucoup payaient partie en numéraire, partie en nature.

L'ancienne école des **Forges,** hameau de **Secondigné,** recevait des jeunes gens des communes voisines, notamment de Périgné, qui ne rentraient chez eux que le samedi soir et rapportaient le lundi des provisions pour la semaine. Ils couchaient chez l'instituteur ou chez les cultivateurs du lieu.

II

Mobilier scolaire et matériel d'enseignement.

I. Comme nous venons de le voir, la plupart des communes n'ayant point de maison spéciale pour l'école, la classe se faisait dans l'habitation du maître. Ce dernier, obligé de fournir les bancs et les tables, s'accommodait de ce qu'il avait sous la main, de tables de ferme, de fonds de charrette, de planches quelconques reposant sur des piquets enfoncés dans le sol ; d'ailleurs, les locaux, qui ne se distinguaient pas des pièces ordinaires d'habitation, auraient été trop vite encombrés avec le matériel tel que nous le concevons aujourd'hui. Une rangée de bancs autour de la salle pour ceux qui ne faisaient que lire et des tables au milieu pour ceux qui apprenaient à écrire, telle était la disposition la plus communément adoptée. Pendant l'hiver, quand l'école était le plus fréquentée, tous les enfants n'avaient pas toujours une place pour s'asseoir. Quand on songe que les malheureux étaient obligés de se tenir immobiles pendant des heures entières dans de pareilles conditions, on est pris d'une profonde pitié.

Nous pouvons nous faire une idée à peu près exacte

de ce qu'était le mobilier des anciennes écoles par les différents inventaires que nous mettons sous les yeux de nos lecteurs et les récits qui nous ont été faits par des personnes âgées.

Voici l'estimation du mobilier scolaire de **L'Absie**, en 1830, faite par un notaire et un menuisier :

1. Une grande table pour écrire........ 14 fr.
2. Un bureau pour le maître........... 12
3. Un tableau pour chiffrer............. 4
4. Un banc pour les écoliers.......... 1
   Total .... 31 fr.

Inventaire du mobilier scolaire d'**Asnières**, dressé en 1854 :

Un christ cloué sur sa croix, en bon état.

Bustes de Leurs Majestés l'Empereur et l'Impératrice.

Méthode de lecture par Peigné, 45 tableaux collés sur planches.

2 bancs pour les commençants, l'un de 3^{m}20 de long, l'autre de 1^{m}85.

4 tables de 0^{m}35 de large, de 3^m de long, ayant 6 cases chacune avec leurs bancs, ne formant qu'un seul corps de menuiserie chacune, bien faites et en bon état.

1 tableau noir avec son pied, en bon état.

1 petit tableau, portant le signe de sortie et rentrée des élèves.

1 poêle grillé ; les tuyaux, dont la longueur est de 6^{m}70, sont tous hors d'état de servir.

1 règlement des écoles communales, collé sur un mur et en assez mauvais état.

Nota. — L'estrade, son pied, la chaise, le porte-bibliothèque et la sonnette appartiennent à l'instituteur.

Dans un devis dressé par un menuisier pour la construction du mobilier scolaire et soumis au Conseil municipal de **La Ferrière**, le 8 mai 1835, le tableau noir est appelé « plancher mural ». Les tables de cette époque, dont deux sont encore conservées à l'école de filles de cette commune, étaient munies d'une tringle de fer, fixée à l'avant ; à cette tringle le maître attachait ses modèles d'écriture (1) et les élèves y suspendaient leurs encriers et bouteilles de formes diverses. Le maître avait à cette époque un énorme bureau avec de nombreux casiers et tiroirs et qui servait en même temps d'armoire.

Dans l'inventaire du mobilier de l'école de **Geay**, dressé en 1854, on trouve, outre les tables et les tableaux ordinaires, un christ, une cloche, un buste de l'Empereur, un buste de l'Impératrice, une pendule œil-de-bœuf.

Dans l'inventaire général du mobilier scolaire de **Sainte-Pezenne**, fait le 28 avril 1854, nous relevons « 3 christs, un buste de l'Empereur et un buste de l'Impératrice. »

Dans l'inventaire de l'école de garçons **d'Usseau**, en 1838, nous remarquons « 21 clous à vis pour les porte-exemples, 2 fr. ; une sonnette et 15 écriteaux de punition, 3 fr... »

Voici, en outre, des renseignements que nous tenons de personnes âgées.

Dans certaines écoles de filles, les élèves écrivaient

---

1. — Dans un grand nombre d'écoles la même disposition était adoptée : les tables supportaient dans le sens de la longueur une ficelle soutenue par des supports à la hauteur des yeux, et à laquelle maître ou élèves suspendaient les modèles d'écriture.

sur des tables ordinaires et étaient assises sur des bancs dont la hauteur ne convenait ni à leur âge ni à leur taille.

Les élèves les plus jeunes (garçons ou filles) étaient placés sur des bancs disposés autour de la classe ; ils ne s'asseyaient devant une table ou un pupitre que lorsqu'ils savaient lire assez couramment. Souvent, pendant l'hiver, alors que les élèves étaient nombreux, les petits étaient obligés d'écrire en plaçant leur ardoise sur leurs genoux (**Airvault**).

A **Chizé**, en dehors des huit grandes tables-bancs à huit places, il y avait de petites tables à une place, dans l'embrasure des croisées, réservées aux élèves riches.

A **Gript**, le mobilier scolaire se composait de vieilles planches supportées par des tréteaux.

A **Mazières-sur-Béronne**, les élèves, au début, manquaient de tables ; quand ils avaient à écrire, chacun était muni d'une planche carrée qu'il mettait sur ses genoux et sur laquelle il appuyait son papier.

Au village de **Langevinière** (commune de **Messé**), le mobilier scolaire du sieur Nivelle, qui a exercé de 1815 à 1830, se composait de deux bancs et d'une table formée par des planches qu'un laboureur mettait sur les côtés de sa charrette à bœufs ; ces planches étaient posées sur des tréteaux, on les enlevait à volonté.

II. Les cartes géographiques, les tableaux noirs ont fait leur apparition, dans la plupart des écoles, vers 1836 ou 1837 (1).

---

1. — Dans le règlement des écoles primaires de l'arrondissement de Niort, de 1835, il était dit :

En 1839, l'école communale de **Melle** était dotée d'une mappemonde, d'une carte de France et d'une carte d'Europe, dont les noms étaient écrits si fins qu'il aurait fallu une loupe pour les lire.

Un ancien élève de l'école de **Ploussay**, qui allait en classe vers 1836 et fréquentait assidûment, raconte qu'il y avait pour tout matériel un tableau noir qui ne servait jamais. Il se rappelle qu'un jour l'inspecteur primaire en tournée fit passer à ce tableau un des élèves les plus avancés pour lui faire faire une multiplication et qu'il eut beaucoup de peine à lui faire former des chiffres, parce qu'il n'avait pas l'habitude d'écrire sur les planches. Est-ce croyable ?

Avant 1850, le maître de **Vitré**, après avoir étendu une couche de sable sur l'unique table de la classe, traçait des lettres avec une baguette et les élèves devaient les reproduire au-dessous du modèle. Les plus avancés seuls se servaient de papier ; ce papier était posé sur une planchette que chaque élève tenait obliquement sur ses genoux.

A **Chizé**, à la même époque, on se servait encore d'une table avec le dessus en forme de caisse remplie de sable pour enseigner l'écriture aux commençants.

Art. 21. — Il y aura dans toute école au moins un grand tableau noir sur lequel les élèves s'exerceront à écrire, à calculer ou à dessiner.
Art. 22. — Sur une portion du mur approprié à cet effet, ou sur des tableaux mobiles, seront tracées les mesures usuelles, la table de multiplication, la carte de France, la topographie du canton.
Ces prescriptions n'étaient pas observées partout.

A **Secondigné**, on conserve un compas d'arpentage, appelé « sauterelle » en usage avant l'adoption de la chaîne d'arpenteur. Ce compas, qui date d'une soixantaine d'années, est en noyer. Il se compose de deux branches de 1 mètre 57 ; leur écartement, quand le compas est ouvert, est de 2 mètres environ (6 pieds). L'écartement est maintenu fixe par une tringle transversale. Nous reproduisons ci-contre cet appareil. On faisait pivoter alternativement la sauterelle sur chacune de ses branches le long de la ligne à mesurer. Avec ce système, un homme pouvait arpenter seul.

III

Chauffage.

Au début, pour chauffer la classe pendant l'hiver, on brûlait dans de vastes cheminées la bûche apportée par les élèves ; nous en avons vu encore dans d'anciennes écoles de ces cheminées largement ouvertes. Le bois était le plus souvent dérobé aux haies ou clôtures des champs, dans les taillis ou aux tas de bois qui se trouvaient sur le passage des écoliers. Les habitants criaient, le garde champêtre recevait l'ordre de veiller et le maître allongeait quelques oreilles, souvent pour la forme ; car il n'avait pas intérêt à sévir contre ce procédé qui lui permettait pour la plupart du temps de se chauffer lui-même à bon compte.

La bûche était appelée *chauffe-dets* (chauffe-doigts) par opposition à la chaufferette ou chauffe-pieds. Dans beaucoup d'écoles, on s'approchait à tour de rôle de la cheminée ; aux yeux des élèves, le droit au chauffage était en raison de la quantité de bois apporté (1).

Au système des grandes cheminées succéda l'usage des poêles en fonte. On adopta en plusieurs endroits le poêle à cloche, dont le dessus a la forme d'une grande cloche d'une hauteur à peu près égale à celle du foyer proprement dit ; nous en avons trouvé encore quelques échantillons dans les écoles d'aujourd'hui. Le bois apporté était souvent scié par les grands élèves, soit pendant la classe même, soit en dehors des heures d'étude.

Pour éviter les déprédations commises par les grands élèves, l'instituteur, dans certaines communes, se chargeait du chauffage moyennant une rétribution mensuelle (2).

Dans les écoles de filles, les élèves apportaient une chaufferette qu'elles prenaient soin de garnir de braise à la maison matin et soir.

Les premières chaufferettes s'appelaient aussi des *marmottes*. (Voir ci-après n° 1.) Elles consistaient en

---

1. — A Teillé, vers 1830, le jour où le bois s'apportait, il y avait à l'arrivée un contrôleur chargé de s'assurer si tout le monde fournissait son contingent. Il ne fallait pas arriver les mains vides sous peine d'être relégué au deuxième ou au troisième rang autour du foyer.

2. — Nous citerons à ce propos la délibération du Conseil municipal de Surin, du 2 mai 1845.

« D'après l'usage établi dans nos campagnes que chaque écolier doit apporter son chauffe-doigts, d'où il résulte qu'assez souvent quelques écoliers demeurant à une assez grande distance du chef-lieu, négligent de prendre du bois chez eux et se permettent de dévaster les haies des clôtures qui se trouvent sur leur passage ;

« Voulant détruire ce mode vicieux et dévastateur pour les propriétés ;

« Le Conseil autorise l'instituteur à prélever, en sus de la rétribution mensuelle, pendant les mois d'hiver seulement (5 ou 6), la somme de 20 centimes. »

une espèce de vase en terre, de ventre arrondi de 0 m. 18 à 0 m. 20 de diamètre, d'ouverture plus étroite (0 m. 10 environ de diamètre), sans couverture, qu'on remplissait de braise et qui avait la propriété de brûler les bas. Pour l'apporter à l'école, on attachait aux deux anses une ficelle qu'on tenait à la main.

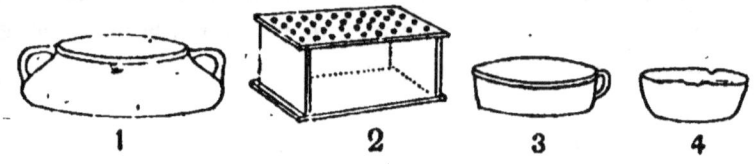

A cette chaufferette primitive succéda un *chauffe-pieds*, muni d'une *craule*, à peu près tel qu'on le voit aujourd'hui (n° 2). On appelait *craule* ou *carot* soit un vase cylindrique en terre, peu profond (n° 3), muni d'une seule anse, soit, par extension, le fond d'un vase quelconque brisé (n° 4).

Ce système de chauffage était encore employé dans un grand nombre d'écoles de filles des Deux-Sèvres, il y a quelques années. Les institutrices même donnaient l'exemple. Nous avons dû faire une campagne vigoureuse pour réagir contre cet abus, au nom de l'hygiène et de la santé des maîtresses. Il n'a pas fallu moins que deux accidents mortels survenus coup sur coup, en 1902, à des élèves qui se rendaient en classe avec leurs chaufferettes, pour ouvrir les yeux aux familles sur les dangers de cette pratique.

Voici, du reste, quelques renseignements particuliers et anecdotes qui nous ont été rapportés au sujet de l'ancien mode de chauffage.

A **Airvault**, dans les écoles de garçons, les salles de classe étaient de dimension si restreinte que la température s'élevait rapidement lorsque les élèves étaient entrés ; ce n'est que dans les froids les plus vifs que le maitre qui fournissait son bois se décidait à allumer un poêle-cloche.

Un vieillard qui fréquenta l'école de **Sainte-Gemme** en 1835, raconte que, de son temps, même par les froids les plus rigoureux, la salle de classe restait sans feu.

Par contre, à **Chizé**, au témoignage d'un ancien écolier de 1845, les grands élèves qui venaient de la forêt apportaient parfois des arbres entiers et il arrivait que, l'hiver terminé, l'instituteur avait du bois de reste pour une partie de l'année.

Aux **Alleuds**, de grands gaillards de 20 ans qui fréquentaient l'école apportaient parfois de grosses billes de bois ou de petits troncs d'arbre. Alors, le père Francet leur disait : « Ah ! brigands ! dépêchez-vous de les *bûcher*, si le propriétaire venait à reconnaitre son bois, il ne serait pas content. » On brûla ainsi notamment presque tout un tilleul qui était couché sur le communal de la Gaillochonnière, vers 1837 (1).

---

1. — Un jour, on avait fait venir un ramoneur pour nettoyer la cheminée de la classe. Lorsqu'il fut grimpé, un élève voyant qu'il y avait encore quelques braises incandescentes dans le foyer, courut vite à un fossé voisin et en rapporta une brassée de feuilles mouillées qu'il s'empressa de jeter sur le feu. Aussitôt une épaisse fumée monta dans la cheminée.

Le ramoneur jurant, toussant et crachant, se laissa dégringoler du haut

A la **Villedé** (1), sous M. Lagorre, qui fut instituteur privé de 1833 à 1857 avant de devenir instituteur public, on entassait tant de bois dans la large cheminée que la suie prenait feu et qu'il fallait l'éteindre en montant sur le toit. Dans cette même école de la Villedé on raconte qu'en 1853, ceux du Seuil (hameau d'Exoudun) se mirent à huit pour apporter une « talle » de chêne pesant bien « trois pochées de fromont » (250 kilos). Deux grands furent occupés tout le jour à la fendre avec une hache, un « mail » et des coins.

A **Secondigné**, à l'école de M. Marcadet, on activait le feu au moyen d'un bâton de sureau dont on avait retiré la moelle et qui servait parfois d'instrument de correction.

A **Azay-le-Brûlé**, vers 1831, on faisait la classe dans une salle sans cheminée qui existe encore ; la fumée s'échappait par un trou pratiqué dans le mur à une certaine hauteur.

IV

Cabinets d'aisance.

L'utilité de cette dépendance ne fut comprise que fort tard. Sans insister sur une lacune si grave, nous voulons cependant enregistrer les quelques témoignages suivants.

---

en bas, tout prêt à faire un mauvais parti à l'auteur de la farce si celui-ci ne s'était pas lestement esquivé. Les écoliers de cette génération aiment encore à raconter ce bon tour.

1. — Commune de La Mothe-Saint-Héray.

Comme cabinets d'aisance, chacun tâchait de disparaître derrière les buissons faisant clôture du pâtis qui servait de cour (**Aiffres**).

Dans l'école mixte de La **Chapelle-Gaudin**, en 1857, les cabinets d'aisance, les mêmes pour tous les élèves, étaient au fond d'une petite cour où la surveillance ne pouvait s'exercer. On se souvient encore de certaines petites scènes d'immoralité, pas très graves heureusement, qui se produisaient par suite de cet état de choses.

A la **Petite-Boissière,** jusqu'en 1876, l'école n'avait pas de cabinets ; il fallait faire au moins 200 mètres pour aller dans les champs les plus voisins ; aussi, c'était une véritable promenade et les élèves s'arrangeaient de façon à y aller par bandes, et à faire une bonne partie avant de rentrer ; ils s'offraient ainsi une récréation supplémentaire qui durait souvent une demi-heure.

A **Saint-Germier,** ce n'est qu'en 1860 qu'on songea à établir cette annexe indispensable de l'école ; un fossé assez large fut creusé derrière l'école, dans un recoin du jardin, entre deux vieux bâtiments. Au-dessus de ce fossé et dans le sens de la longueur, on jeta un madrier, sur lequel pouvaient prendre place quatre ou cinq enfants à la fois. Ces W.-C. rudimentaires ne pouvaient être surveillés de l'école.

V.

Age scolaire. — Fréquentation. — Ecoles mixtes.

Il nous suffira, pour donner une idée de la fréquentation scolaire en général, d'exposer ce qui se passait dans cinq ou six écoles anciennes, prises entre cent.

A **Adilly,** avant 1850, sur une population scolaire de 80 élèves, 10 seulement fréquentaient assez régulièrement. Beaucoup allaient deux mois en classe l'hiver et quittaient l'école sans être jamais sortis *des tableaux*, pour nous servir de l'expression des vieilles gens de qui nous tenons ce détail. D'après un extrait du registre matricule de l'école de cette même commune en 1860, sur 79 enfants des deux sexes d'âge scolaire, 20 seulement sont venus en classe cette année-là, 15 garçons et 5 filles (1).

Garçons et filles ne fréquentaient guère avant 10 ans; les filles quittaient définitivement vers 12 ans. Quant aux garçons, ils fréquentaient tous les hivers jusqu'au tirage au sort (**Aiffres**).

Les enfants commençaient à aller en classe à 6, 7 ou 8 ans; mais la plupart ne fréquentaient l'école que pendant la mauvaise saison. Certains élèves étaient très âgés; il y en avait de 17, 18 et même 20 ans (**Airvault**).

---

1. — Pendant la première partie du dernier siècle, on s'intéressait peu à l'instruction des filles; les paysans la jugeaient inutile : elles n'étaient pas soldats!

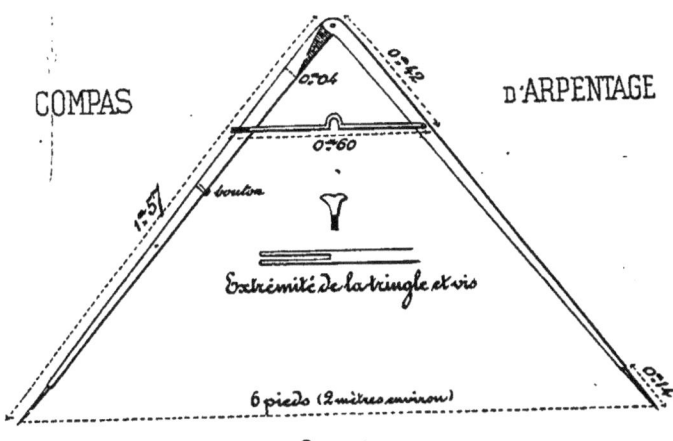

COMPAS D'ARPENTAGE

Ouvert

Fermé

A **Coulonges,** en 1832, 108 garçons fréquentaient en hiver contre 28 en été.

Voici quelle fut la fréquentation à l'école de **Juscorps** en 1860, d'après un registre conservé aux archives de l'école :

Enfants en âge de fréquenter l'école :

	Garçons	Filles	Total
De 3 à 7 ans	12	9	21
De 7 à 13 ans	16	16	32
De 13 à 17 ans	9	10	19
Totaux	37	35	72

Sur ce nombre de 72, le registre comporte 38 inscriptions se décomposant comme il suit :

	Garçons	Filles	Total	
De 3 à 7 ans	0	1	1	(6 ans)
De 7 à 13 ans	16	7	23	
De 13 à 17 ans	10	1	11	
Au-dessus de 17	3	0	3	(18 et 20 ans)
Totaux	29	9	38	

Sur ces 38, 4 sont venus 11 mois ; 1, 9 mois ; 1, 8 mois ; 1, 6 mois ; 2, 5 mois ; 4, 4 mois ; 5, 3 mois ; 7, 2 mois ; 13, 1 mois seulement.

Dans cette même commune, une ancienne élève se souvient d'avoir été seule à fréquenter pendant tout un été.

A **Magné,** comme en beaucoup d'autres endroits, il n'y avait pas de limite d'âge pour l'entrée à l'école : on voyait l'enfant de 7 à 8 ans coudoyer le conscrit qui venait passer la morte saison sur les bancs de l'école. La morale qui découlait de cette promiscuité de deux âges si différents, c'est que « les grands apprenaient *la malice* aux jeunes. »

A **Melle**, un avis du maire, en date du 19 novembre 1852, prévenait les familles « qu'en vertu d'une décision nouvelle de M. le Préfet des Deux-Sèvres, les enfants seraient admis par une autorisation municipale à fréquenter les écoles primaires communales jusqu'à l'âge de 16 ans. » En réalité, ils continuaient de fréquenter l'école jusqu'à l'âge du tirage au sort.

L'administration académique et l'autorité ecclésiastique veillaient à ce que les filles eussent leurs écoles spéciales ou qu'au moins, quand les deux sexes étaient réunis sous le même maitre, ils fussent séparés par une cloison.

Une lettre du Recteur de Poitiers, en date du 22 novembre 1817, prie le maire d'**Argenton-Château** « d'inviter formellement Mme Vve Lasne à renvoyer sur le champ les garçons qui fréquentent sa classe et à ne plus y admettre que les personnes de son sexe. »

Cette prescription s'expliquait surtout à une époque où jeunes gens et jeunes filles fréquentaient l'école jusqu'à l'âge adulte.

Au **Beugnon**, sous le *père* Gervais (1), qui exerça sans interruption dans la commune de 1821 à 1871, on vit des filles fréquenter jusqu'à 25 ans ; l'austère maitre d'école faillit se marier avec l'une d'elles. D'après les

---

1. — Dans ses rapports avec lui, les élèves l'appelaient toujours : *Bourgeois*.

dires d'un de ses anciens élèves, aujourd'hui octogénaire, la cloison d'un mètre 20 n'empêchait pas les grands d'échanger des *bouts de billet* par les trous pratiqués dans le « membru ».

Selon le témoignage d'un ancien écolier de 1835, à l'école mixte de **Sainte-Gemme,** les garçons et les filles de son temps fréquentaient l'école jusqu'à 20 ans et prenaient leurs ébats ensemble, et le vieillard raconte avoir ébauché son premier roman sous les ormeaux avec une étudiante, dont il parle encore avec émotion.

Malheureusement, quand les élèves des deux sexes étaient dans des compartiments séparés, il n'était pas facile de faire des exercices communs ; c'était comme s'il y avait eu deux classes distinctes. De là, plus de fatigue pour le maitre et moins de progrès pour les élèves. D'un autre côté, le système de la rétribution scolaire exigeait que le maitre, pour faire une recette suffisante, réunit un certain nombre d'élèves ; de là, de nombreuses écoles mixtes dans des communes où des écoles spéciales s'imposent aujourd'hui.

On voit, par les exemples qui précèdent, que les élèves étaient admis à tout âge. Il y avait pourtant, depuis 1834, des règlements qui limitaient l'âge de la fréquentation.

Le règlement de l'arrondissement de Niort débutait ainsi :

Nul élève ne sera admis dans une école primaire élémentaire s'il n'est âgé de 6 ans au moins et de 13 ans au plus.
Cependant, dans les communes où il n'y aura ni salle d'asile,

ni classes d'adultes, le comité local pourra autoriser l'admission d'enfants âgés de moins de 6 ans et de plus de 13.

Toutefois cette mesure ne sera applicable qu'aux élèves gratuits.

Le règlement scolaire de 1852 en fit une obligation stricte pour tous, mais beaucoup de communes résistèrent. Témoin la délibération suivante du Conseil municipal de Juscorps :

Aujourd'hui, 22 du mois de novembre 1852, plusieurs membres se plaignent d'une mesure adoptée par le Conseil académique des Deux-Sèvres dans l'article 6 de son règlement.

Cette mesure, qui interdit les écoles primaires aux enfants de plus de 13 ans, excite partout le plus vif mécontentement, les habitants voient un moyen d'empêcher à leurs enfants de s'instruire.

Le Conseil pense qu'il est évident que, dans cette circonstance, le Conseil académique a manqué son but et qu'il y a nécessité de reviser au plus tôt cet article du règlement.....

Le Conseil municipal, après mûre délibération, reconnaissant : 1° que les plaintes ci-dessus sont fondées ; 2° que l'établissement de classes d'adultes proposé comme moyen secondaire n'est pas admissible dans nos campagnes où les villages sont souvent très éloignés de la demeure de l'instituteur,

Est unanimement d'avis que l'article 6 du règlement du Conseil académique soit révisé et l'âge d'admission aux écoles primaires fixé pour tous les enfants à 16 ans *et* au plus.

Nous avons encore rencontré de grandes difficultés en 1902, quand nous avons voulu limiter à 15 ans l'admission des grands jeunes gens dans les écoles du jour. Dans un grand nombre de cantons, l'usage s'était perpétué d'admettre pendant les trois mois d'hiver les jeunes gens de 18, 19 et 20 ans. Tant que l'école était payante, que les instituteurs avaient besoin de grossir la rétribution scolaire pour augmenter un salaire toujours insuffisant, nous comprenons que l'administration n'ait pas tenu rigoureusement la main à l'application stricte des règlements. Mais il n'en est plus de même depuis que l'instruction est gratuite, et que les cours d'adultes ont été réorganisés. Nous avons eu beau faire valoir que des jeunes gens qui ne viennent en classe que pendant trois mois ne peuvent pas trouver un enseignement approprié à leurs besoins dans des classes où les matières de l'enseignement sont réparties sur une période de dix mois ; que les écoles construites pour la population scolaire de la commune ne se prêtent pas à cette invasion annuelle qui surcharge l'effectif normal ; qu'au point de vue de la saine éducation, il n'est pas bon de mettre en contact les grands garçons avec les jeunes enfants. Toutes ces raisons se heurtaient à une très vieille tradition et il nous a fallu une grande ténacité jointe à de grands ménagements pour amener graduellement les familles à renoncer à cette habitude séculaire.

VI

Année scolaire. — Congés.

Le temps des classes variait, au début, avec les maîtres et les traditions locales. A partir de 1834, des règlements particuliers furent rédigés par chacun des Comités des Deux-Sèvres et soumis à l'approbation du Conseil royal de l'instruction publique. Nous les avons eu tous sous les yeux, sauf celui de Melle.

Nous lisons dans celui de Niort :

Les classes auront lieu toute l'année, excepté les jours de congé et le temps des vacances.

Congés. — Les jours de congé seront les dimanches, les jeudis et les jours de fêtes conservées :
Le 1ᵉʳ jour de l'an ;
Les jours de fêtes nationales ;
Le jour de la *Fête du Roi* ;
Les jeudi, vendredi et samedi saints ;
Les lundis de Pâques et de la Pentecôte.
Lorsque dans la semaine il se rencontrera un jour férié, autre que le jeudi, le jeudi redeviendra un jour de travail ordinaire (1).

Vacances. — A l'époque des vendanges ou d'une autre récolte principale, il y aura six semaines de vacances. Ces vacances pourront être divisées en plusieurs parties, selon les principaux travaux de la campagne, mais sans que la totalité excède six semaines.

Dans le règlement de Parthenay, les vacances étaient fixées ainsi :

Dans les villes, depuis le 15 septembre jusqu'au 15 octobre ;
Dans les communes rurales, elles sont fixées par le Comité local et ne pourront excéder un mois.

Dans celui de Bressuire, les vacances, pour toutes les écoles sans distinction, étaient fixées par le Comité local.

Avant 1833, il existait un autre règlement que nous trouvons dans le « Guide des Ecoles primaires », à la date de 1829. Les congés étaient à peu près les mêmes ; il y avait, en plus, *le 21 janvier, jour de deuil ; le 25 août, jour de la Saint-Louis.* Les vacances duraient de 15 à 20 jours.

---

1. — Dans un certain nombre de communes de l'arrondissement de Parthenay, le jour de congé de la semaine, sur la demande du Comité local, était le mercredi au lieu du jeudi. Cet usage subsiste encore, à cause du marché-foire de Parthenay, qui a lieu tous les mercredis.

L'instituteur ne pouvait s'absenter les dimanches et les jours de fête, parce que, ces jours-là, il était obligé de conduire ses élèves aux offices religieux.

Mais on en prenait à son aise avec ces règlements.

A **Adilly,** jusqu'en 1850, il n'y eut pas de congés ; on faisait classe même le jeudi. Le régent, *selon ses besoins,* prenait 8 ou 15 jours.

A **La Petite-Boissière,** le mois de septembre était consacré aux grandes vacances ; mais les congés étaient assez nombreux dans le courant de l'année ; les matinées où la messe était à 10 heures, les élèves ne venaient pas en classe.

A **Teillé,** commune de Lezay, l'école était ouverte du 1ᵉʳ novembre à la fin d'avril, époque où le travail des champs et la garde des bestiaux réclamaient le concours des enfants.

Il en était de même dans un grand nombre de communes avant 1833.

A **L'Isle,** hameau d'Availles-sur-Chizé, la classe n'était ouverte que de la Toussaint à la Saint-Jean ; le reste du temps le maître se louait pour faire la moisson et les vendanges (1840).

Au **Vert,** le grand congé annuel était placé en septembre ou en octobre, selon la maturité de la vendange.

A partir de 1852, les grandes vacances furent fixées par le Conseil académique ; elles s'étendaient du 1ᵉʳ septembre au 4 octobre.

CHAPITRE IV

L'ancien Instituteur

CHAPITRE IV

L'ancien Instituteur

Maintenant que nous avons esquissé l'ancienne école poitevine, essayons de faire revivre l'ancien maître avec sa physionomie si variée et si personnelle. Il semble que l'instituteur contemporain, formé dans les écoles normales, d'après des méthodes officielles et partout les mêmes, se confond dans une sorte de type commun. Mais ceux qui l'ont précédé avaient plus d'originalité ; leur provenance était laissée à tous les hasards des circonstances qui déterminaient leur choix ; l'insuffisance de la rétribution scolaire les forçait à exercer, à côté de leur profession d'enseignement, les métiers les plus disparates et quelquefois contraires à leur dignité d'éducateur ; la plupart d'entre eux avaient conscience de leur mission et savaient imposer le respect à leurs élèves et aux habitants par une autorité légitimement acquise, mais un certain nombre, mal préparés à leurs délicates fonctions, oubliaient qu'ils avaient, en dehors de l'école, à donner l'exemple d'une vie privée irréprochable ; leurs méthodes d'enseignement étaient des plus variées et quelquefois des plus rudimentaires ; peu versés dans l'étude de la pédagogie et de la psychologie de l'enfant, ils croyaient trop souvent que pour faire régner l'ordre et obtenir le travail il était nécessaire de s'imposer par la crainte et de recourir à une discipline brutale ; considérés comme des agents dangereux d'émancipation intellectuelle et sociale, ils étaient soumis à la surveillance étroite et à la tutelle rigide du pouvoir monarchique et de l'autorité ecclésiastique, au point de souffrir dans leur liberté d'homme et de citoyen.

I

Nomination et recrutement.

Nous verrons ce tableau confirmé par les détails qui vont suivre. Mais rappelons d'abord les règlements successifs, résumés trop succinctement dans notre introduction, qui ont présidé au choix et à la nomination des instituteurs depuis la Révolution (1).

D'abord, ils furent choisis par les communes, sous réserve de l'approbation des préfets et des sous-préfets. Nous avons vu, dans les documents qui précèdent, que l'instituteur, jusqu'à la Restauration, fut recruté dans les conditions les plus diverses : c'est quelquefois un ancien prêtre, quelquefois un ancien soldat des guerres de l'Empire, souvent un simple artisan.

A dater du 1ᵉʳ janvier 1809, en vertu des décrets im-

---

1. — Nous ne nous arrêterons pas trop sur l'instituteur de la période révolutionnaire. L'administration départementale écrivait au ministère de l'intérieur, le 25 nivôse an VI : « Les écoles primaires ne sont point ou sont mal organisées ; les instituteurs sont presque tous ignorants ; la plupart sont les anciens curés des communes ; partout où ce ne sont pas les curés, ce sont des hommes que l'indigence force à ce métier et qui pour la plupart n'ont ni la méthode, ni les talents de l'enseignement. »

périaux des 17 mars et 17 septembre 1808, les instituteurs, comme tous les autres agents de l'instruction publique à tous les degrés, ne purent plus exercer qu'avec une autorisation spéciale du grand-maître de l'Université impériale (1).

L'ordonnance du 29 février 1816 exigea un certificat de capacité. Ce certificat, délivré par le recteur à la suite d'un examen et sur le vu d'un certificat de bonne conduite, signé du curé et du maire des communes qu'il avait habitées, était, selon l'étendue du savoir du candidat, dit du premier, du deuxième, ou du troisième degré (2). L'instituteur pourvu de ce brevet était nommé par le recteur, sur la présentation du curé et du maire, pour les écoles entretenues par les communes ; avec l'agrément du préfet et l'avis du comité cantonal, pour les écoles fondées par des particuliers ou des associations (3). Les Frères de la Doctrine chrétienne étaient dispensés de l'examen ; le brevet de capacité leur était délivré, sur le vu de la lettre d'obédience attestée par le supérieur-général.

1. — De nombreuses poursuites furent exercées à partir de la fondation de l'Université contre les instituteurs, les institutrices et même les desservants qui tenaient école sans autorisation. Ceux qui étaient en règle avaient intérêt à les dénoncer.

2. — Voir les modèles que nous donnons plus loin. Les candidats éprouvaient quelquefois des difficultés presque insurmontables pour obtenir les certificats du maire ou du curé. Nous avons vu dans les archives des cas d'opposition très curieux : à Cours, un maire, ancien émigré, s'opposait à la délivrance d'un certificat de moralité à un instituteur en lui faisant un grief de son attitude pendant la période révolutionnaire ; à Frontenay-Rohan-Rohan, en 1828, le curé refusait un certificat à une dame Gigault, faute d'un billet de confession.

3. — Une circulaire du 3 juin 1819 étendait aux institutrices la plupart des dispositions de l'ordonnance du 29 février 1816. On ne leur délivrait que des brevets du premier et du deuxième degré. Elles recevaient l'autorisation d'enseigner de l'autorité préfectorale.

Des sessions d'examens pour la délivrance des brevets de capacité se tenaient à Niort et à Parthenay devant des commissions spéciales nommées par le recteur.

L'ordonnance de 1824, tout en laissant au recteur la délivrance des brevets de capacité aux laïques, lui retire la faculté de donner l'autorisation spéciale d'enseigner. Cette autorisation est accordée, à l'avenir, par l'évêque diocésain pour les écoles libres, et pour les écoles communales ou établissements analogues par un comité spécial, dont l'évêque est président, et dans lequel entrent 5 autres membres, comprenant deux ecclésiastiques, nommés par lui. Quant aux instituteurs protestants, ils continuaient de recevoir du recteur l'autorisation nécessaire d'enseigner sur la présentation du comité cantonal protestant, pour une commune déterminée, et cette autorisation n'était valable que lorsqu'elle avait été agréée par le préfet.

La loi du 28 juin 1833 confia la nomination des instituteurs à un comité d'arrondissement, présidé par le sous-préfet, et composé du maire du chef-lieu, d'un juge de paix, d'un curé, d'un ministre de chacun des autres cultes, etc. Ce comité ne nommait qu'après avoir pris l'avis du comité communal, institué auprès de chaque école, et composé du maire, du curé, et d'un ou plusieurs notables. Quand un instituteur avait été nommé par le comité d'arrondissement, ce dernier en informait le recteur, qui demandait pour lui l'institution ministérielle (1).

---

1. — Malgré toutes ces garanties, on rencontrait des maîtres et maîtresses qui ne possédaient qu'une instruction tout à fait rudimentaire. D'une lettre du maire de Sainte-Blandine, du 1ᵉʳ février 1833, il ressort

A partir de ce moment, les instituteurs congréganistes eux-mêmes durent posséder un brevet de capacité ; mais les institutrices congréganistes continuèrent d'exercer avec une simple lettre d'obédience, délivrée par la supérieure générale de la congrégation.

Dans les écoles congréganistes ou laïques à plusieurs classes, il suffisait qu'un seul maître possédât le brevet ; tous ses collaborateurs étaient considérés comme des adjoints et dispensés du titre de capacité.

La loi du 15 mars 1850 avait attribué la nomination des instituteurs au recteur ; la loi des 14 et 20 juin 1854 (art. 8) conféra ces attributions au préfet, établissant une confusion regrettable entre l'intérêt scolaire et l'intérêt politique.

La loi du 30 octobre 1886 a atténué, autant qu'il était possible, l'inconvénient de ce système, en attribuant aux inspecteurs d'académie la délégation des stagiaires et en leur réservant la proposition des titulaires.

Nous reproduisons ici quelques formules d'arrêtés de nomination, d'autorisation, d'institution, de diplômes en usage à ces différentes époques et que nous avons pu nous procurer dans les familles d'anciens instituteurs..

---

qu'une dame Lévêque était depuis trente ans institutrice dans la commune sans savoir *ni écrire*, ni chiffrer.

Le curé d'Argenton-Château écrivait le 23 septembre 1820 au sous-préfet de Bressuire :

« J'ai examiné aujourd'hui Mlle Jeanneteau, novice, de Saint-Maurice. Elle m'a paru digne d'un brevet de capacité de premier degré et d'une autorisation spéciale pour tenir école dans une campagne ; elle lit assez bien, *n'écrit pas de même* ; elle connaît passablement l'orthographe et sait un peu le calcul. »

Modèle N°

CHOIX DE L'INSTITUTEUR
PAR UN CONSEIL MUNICIPAL

Aujourd'hui, quinze pluviose, an treize, le conseil municipal de la commune de la Chapelle-St-Laurent, arrondissement communal de Parthenay, département des Deux-Sèvres, préalablement rassemblé conformément à la loi, aux fins de délibérer sur les objets importants et cas d'urgence proposés par les membres dudit conseil.

C'est à l'instant présenté le sieur Pierre Alexandre Robert Dumas, instituteur ; lequel a été introduit dans la séance, à dit qu'il était sans emploi, et qu'il a l'intention de ce fixer dans notre C^{ne} en cete q'alité ; après avoir scrupuleusement examiné ses tallens, et les divers certificats, papiers et autres pièces relative à la probité, génie et capacité du dit sieur Pierre Alexandre Robert Dumas, délivrés par les authorités constituées (1) ou il a géré son emploi,

En conséquence, l'avons reconnu capable, et l'avons reçu sauf l'approbation de Monsieur le sous-Préfet de l'arrondissement de Parthenay, en qualité d'instituteur et de secrétaire de la Mairie.

---

1. — Voici le texte d'un certificat de bonne vie et mœurs, délivré en 1809 à Mlle Chuche, Marie, qui demandait l'autorisation d'enseigner à Saint-Jouin-de-Marne :
« Je soussigné, maire de la ville de Saumur, certifie à tous qu'il appartiendra que Mlle Marie Chuche, dite Verné, âgée de 48 ans, domiciliée de cette ville est de bonne vie et mœurs et qu'on peut avec assurance lui confier de jeunes personnes, pour leur donner les principes de lecture et d'écriture et leur apprendre à tricoter, coudre et broder. En foi de quoi j'ai délivré le présent à la mairie de Saumur, le trente septembre mil huit cent neuf ».

Modèle n° II

Université Royale

ACADÉMIE DE POITIERS

DÉPARTEMENT DES DEUX-SÈVRES
Arrondissement de Parthenay

ÉCOLES PRIMAIRES

Autorisation provisoire

D'après les renseignements fournis par les autorités administratives locales et par MM. les Inspecteurs de l'Académie sur le compte du sieur *Damblemont Alexis*, le Recteur autorise provisoirement le dit sieur *Damblemont* à tenir une école primaire dans la commune de la *Chapelle-Seguin* (à l'Absie), arrondissement de *Parthenay*, département des *Deux-Sèvres*, à la charge par lui et sous peine de révocation de la présente, de se conformer à tous les statuts et règlements de l'Université royale.

La dite autorisation provisoire, qu'il devra faire enregistrer sans délai à la Mairie de la commune où son école est située, lui servira jusqu'à ce qu'il reçoive un diplôme définitif.

Fait à Poitiers, au chef-lieu de l'Académie, le 4 *octobre* 1815.

Le Recteur de l'Académie,
B. de la LIBORLIÈRE.

NOTA. — Le porteur de la présente autorisation ne peut avoir ni pensionnaires ni demi-pensionnaires.

Modèle N° III

ACADÉMIE DE POITIERS

INSTRUCTION PRIMAIRE

AUTORISATION SPÉCIALE pour la commune de *Vitré*, arrond^t. de *Melle*, Départ^t. des *Deux-Sèvres*.

Nous, RECTEUR DE L'ACADÉMIE DE POITIERS, vu le Brevet de capacité du *Troisième* degré, accordé par *Nous*, le 20 *février* 1817, au sieur *Marché (Louis)*, né à *Vitré*, département des *Deux-Sèvres*, le 28 9bre an 3,

D'après la présentation qui nous a été faite par le Comité cantonal protestant *de Celles*, arrondissement *de Melle*, département *des Deux-Sèvres*, accordons audit sieur *Marché*, en vertu des dispositions de l'art. 13 de l'ordonnance royale du 29 février 1816, l'Autorisation spéciale qui lui est nécessaire pour exercer les fonctions d'Instituteur primaire dans la commune de *Vitré*, située dans le ressort dudit Comité.

Fait au chef-lieu de l'Académie, le 18 *mars* 1817.

Pour Le Recteur de l'Académie *absent*,
L'Inspecteur de La dite académie,

GAMEREAU.

N. B. La présente Autorisation ne peut servir que pour la commune qui y est désignée ; l'Instituteur est obligé, sous peine de nullité, de la soumettre à l'agrément de M. le Préfet du département, et de la faire enregistrer à la Mairie de la commune où elle lui donne le droit d'enseigner.

Enregistré à la Mairie de Vitré Le vingt cinq mars mil huit cent dix-sept, par nous Maire soussigné.

DUBREUIL.

Vu et approuvé par le Préfet du département des Deux Sèvres.
A *Niort*, le 8 *avril* 1817.

De CURZAY.

Au verso de ces autorisations étaient imprimées des instructions que nous reproduisons ci-après :

INSTRUCTIONS

POUR LES ÉCOLES PRIMAIRES

Si un Instituteur autorisé dans une commune est informé que quelque individu se permet d'enseigner sans autorisation, il est obligé d'en instruire sur-le-champ le comité de surveillance.

Si un Instituteur autorisé pour une commune veut passer dans une autre, il lui faudra une nouvelle autorisation de ma part, qu'il n'obtiendra que sur l'exéat délivré par le comité dont il dépendait d'abord, et la présentation de celui dans l'arrondissement duquel il demandera à s'établir. L'ancienne autorisation devra être jointe à toutes les demandes d'autorisation nouvelle. Dans les villes au-dessus de dix mille âmes, lorsqu'un Instituteur voudra changer de demeure, il devra de même obtenir mon autorisation à cet égard, par l'intermédiaire du comité.

Les comités doivent veiller au maintien de l'ordre, des mœurs et de l'enseignement religieux, à l'observation des règlements et à la réforme des abus dans toutes les écoles de leur ressort. Outre les Inspecteurs nommés par le comité, chaque école a pour surveillants spéciaux le Curé ou Desservant de la paroisse et le Maire de la commune où elle est située.

Sur l'avis du comité, l'autorisation donnée à un instituteur peut être révoquée par moi ; s'il y a urgence, et dans le cas de scandale, le comité a le droit de suspension.

Les garçons et les filles ne pourront jamais être réunis pour recevoir l'enseignement, sous quelque prétexte que ce puisse être. Toutes les fois qu'il y aura dans une commune un instituteur et une institutrice, ils enseigneront chacun exclusivement les enfants de leur sexe. S'il n'y a pas d'institutrice, le maître d'école ne pourra donner de leçons aux filles qu'à des heures absolument différentes ; en conséquence, ou les garçons iront en classe le matin et les filles le soir, ou bien les jours seront alternativement consacrés en entier à l'enseignement des uns ou des autres. La distribution du temps sera fixée à cet égard par les comités. Toute école où l'on ne se conformerait pas à ce qui vient d'être prescrit, avec le plus grand scrupule, serait fermée sur-le-champ.

Les Instituteurs ne pourront admettre des élèves de différentes religions, sans en avoir obtenu la permission du Conseil royal de l'instruction publique. Il sera nécessaire qu'ils aient une autorisation du même Conseil, pour jouir de la faculté de prendre des pensionnaires.

Sous aucun prétexte, les Instituteurs primaires ne peuvent enseigner à leurs élèves les plus faibles éléments de la langue latine. Outre que ceux qui excéderaient à cet égard leurs attributions feraient un vol véritable aux maîtres astreints à payer des droits pour se livrer à cet enseignement, ils s'exposeraient à des peines graves que je solliciterai toujours contre eux sans aucune indulgence (1).

Tous les élèves quelconques des écoles primaires sont exempts, ainsi que les Instituteurs, de tous droits et contributions envers l'administration de l'instruction publique ; bien entendu, comme il a été dit plus haut, qu'ils se renfermeront, avec une ponctuelle exactitude, dans les bornes de l'enseignement qui leur est attribué.

Les instituteurs du troisième degré peuvent enseigner la lecture, l'écriture et les premiers éléments du calcul.

---

1. — Ces instructions étaient imprimées au verso d'une autorisation rectorale de 1815. Sur une autre de 1817, on ajoute à cet endroit le paragraphe suivant :

« Il est ordonné à tous les instituteurs de faire faire chaque jour les prières à leurs élèves, et de leur enseigner le catéchisme du diocèse : ils ne leur mettront entre les mains que de bons livres, et proscriront rigoureusement de leur école tous romans et autres ouvrages de ce genre ; la moindre négligence sur ce point, dont la surveillance est recommandée aux comités cantonaux d'une manière particulière, serait sévèrement punie. »

Ceux du second peuvent enseigner la lecture, l'écriture, les principes de l'orthographe et l'arithmétique raisonnée.

Ceux du premier peuvent enseigner la lecture, l'écriture, les principes de la grammaire française et de la géographie, l'arithmétique et les éléments de l'arpentage, l'histoire de l'ancien et du nouveau Testament.

Lorsque les instituteurs auront à m'écrire, ils devront mettre leurs lettres sous bande, signées de leur nom et de leur qualité, ou les affranchir, s'ils veulent les fermer comme des lettres particulières ; celles qui me seraient adressées sans une de ces deux précautions, resteraient à la poste.

Toute demande qui me parviendra sans la participation du comité cantonal ou sans être revêtue de son avis, lui sera renvoyée, afin qu'il l'examine et me fasse son rapport. Les instituteurs retarderaient donc la réponse en s'adressant directement à moi, de quelque recommandation étrangère qu'ils se fissent appuyer.

Modèle N° IV

ÉVÊCHÉ DE POITIERS

INSTRUCTION PRIMAIRE

AUTORISATION SPÉCIALE pour la commune de *La Chapelle-Seguin*, arrondissement de *Parthenay*, département des *Deux-Sèvres*.

Nous, *Jean-Baptiste de Bouillé*, par la grâce de Dieu et l'autorité du St-Siège apostolique, évêque de Poitiers,

Vu le brevet de capacité *du 3ᵉ degré* accordé par le Recteur de l'Académie de Poitiers *le 21 juillet* 1824 au sieur *Héry Séraphin*, né *aux Moutiers*, département *des Deux-Sèvres*, le 10 mars 1801 ;

Vu le certificat de bonne conduite délivré par M. *Boilau*, desservant de *La Chapelle-Seguin*, accordons au sieur *Héry*, en vertu des dispositions de l'art. 11 de l'ordonnance royale du 8 avril 1824, l'autorisation spéciale qui lui est nécessaire pour exercer les fonctions d'instituteur primaire dans la dite commune de *La Chapelle-Seguin*.

A Poitiers, le 17 *juin* 1826.

† J.-B. de BOUILLÉ

MINISTÈRE
de
L'INSTRUCTION PUBLIQUE

UNIVERSITÉ ROYALE
DE FRANCE

AUTORISATION
Pour l'enseignement Primaire

Modèle N° V

ACADÉMIE
DE POITIERS

INSTRUCTION PRIMAIRE

Nous, Recteur de l'Académie de Poitiers, Chevalier de l'Ordre royal de la Légion d'honneur,
En exécution de l'article 11 de l'Ordonnance royale du 24 avril 1828, concernant l'Instruction primaire ;
Sur la demande présentée par le S*r* *Jutard (Louis)*, né à *Ardilleux*, département des *Deux-Sèvres*, le 6 *mai* 1811,
A l'effet d'être admis à exercer les fonctions d'instituteur dans la commune d'*Ardilleux*, département des *Deux-Sèvres* ;
Vu le brevet de capacité du second degré délivré par nous audit S*r* *Jutard* sous la date du 6 *mars* 1830 ;
Vu l'avis motivé du Comité de surveillance de l'Instruction primaire séant à *Chef-Boutonne* en faveur de la demande dont il s'agit,
Avons accordé audit S*r* *Jutard*, l'Autorisation d'exercer les fonctions d'instituteur primaire dans la sus dite commune.
Délivré à Poitiers le 26 *mars* 1830.   *Le Recteur de l'Académie de Poitiers*,
                                                                        DELALIBORLIÈRE.
     Par M. le Recteur : *Le secrétaire de l'Académie*,
                                BOISSEAU.
                       Pour copie conforme : *Le Maire d'Ardilleux :*
                                                  (Illisible.)

PRÉFECTURE des Deux-Sèvres	**INSTRUCTION PRIMAIRE DE FILLES**	Modèle n° VI COMMUNE de *Brioux*
ARRONDISSEMENT de *Melle*	*Autorisation d'institutrice*	N° 101

NOUS *Léonard-Félix marquis de Roussy*, PRÉFET du département des Deux-Sèvres, en exécution des dispositions de la circulaire Ministérielle du 3 juin 1819 ;

Vu la proposition à nous faite par M. *le Maire et par* M. *le Curé de Brioux* ;

Vu le Brevet de capacité que nous avons délivré *le 9 de ce mois*, sous le n° 120, à la dame *Chevalleau de Boisragon, veuve de Saivre (Agnès-Adélaïde-Pauline)*, âgée de 42 ans,

AUTORISONS ladite *dame veuve de Saivre*, à exercer la profession d'Institutrice primaire du *Deuxième degré* dans la commune de *Brioux, arrondissement de Melle.*

Délivré à Niort, en l'Hôtel de la Préfecture, le 18 octobre 1826.

Pour M. le Préfet en congé :

Le Secrétaire général délégué,
DE BEAUCORPS.

MINISTÈRE
DE
l'Instruction publique

UNIVERSITÉ ROYALE
de France

Académie de Poitiers

INSTRUCTION PRIMAIRE

Modèle n° VII

ÉCOLES PRIMAIRES DE FILLES

Autorisation d'institutrice

NOUS,

Recteur de l'Académie de Poitiers, en exécution de l'article 21 de l'Ordonnance royale du 21 avril 1828, concernant l'Instruction primaire ;

Sur la demande présentée par la *demoiselle Rogé* (*Adèle*), née à *Cholet*, département de *Maine-et-Loire*, le 28 *mai* 1808,

A l'effet d'être autorisée à tenir une Ecole primaire dans la commune de *Moulins*, département des *Deux-Sèvres* ;

Vu le Brevet de capacité de *second* degré délivré par *nous* à la dite *Rogé*, sous la date du 25 *octobre* 1833 ;

Vu l'avis motivé du Comité de surveillance de l'instruction primaire séant à *Bressuire* en faveur de la demande dont il s'agit,

Avons accordé à ladite *Rogé* l'autorisation d'exercer les fonctions d'Institutrice primaire du *second* degré dans la susdite commune.

Délivré à Poitiers, le 25 *janvier* 1834.

NOTA. — S'il s'agit d'une ville, le quartier, la rue et le numéro de la maison doivent être indiqués.

Le Recteur de l'Académie de Poitiers,
Ranc.

Par M. le Recteur :

Signature de l'institutrice :
Adelle Rogé.

Le Secrétaire de l'Académie,
(Illisible.)

PRÉFECTURE
DES DEUX-SÈVRES

INSTRUCTION PRIMAIRE DE FILLES

Modèle N° VIII

COMMUNE
de Saint-Maixent

ARRONDISSEMENT
de *Niort*

AUTORISATION D'INSTITUTRICE PRIMAIRE TENANT PENSIONNAT

N°

Nous, *Léon Thiessé*, Préfet du département des Deux-Sèvres,
En exécution de *l'ordonnance Royale du 21 avril 1828*, art. 21 ;
Vu la *demande* à nous faite par *Dame Angélique Philaire, née Girod* ;
Vu le Brevet de capacité *du 2° degré*, délivré *par M. le Recteur de l'Académie de Poitiers* à la *dite dame*, née à *Strilberg (Hollande)*, le 30 *novembre* 1803,
Autorisons ladite *dame Philaire* à exercer la profession d'Institutrice primaire du 2° degré dans la commune *de St-Maixent, et à recevoir des pensionnaires*.
Délivré à Niort, en l'Hôtel de la Préfecture, le 4 *septembre* 1835.

Le Préfet, Officier de la Légion d'honneur,
Léon Thiessé.

UNIVERSITÉ DE FRANCE

Au nom et sous l'autorité du Ministre de l'Instruction publique

GRAND MAITRE DE L'UNIVERSITÉ

Modèle n° IX
SALLES D'ASILE

Nous   Recteur de l'Académie de
Vu les articles 5 et suivants de l'ordonnance du 22 décembre 1837, sur les salles d'asile ; l'article 5 de la loi du 28 juin 1833 sur l'instruction primaire ; les articles 6, 7 et 11 de l'ordonnance du 23 Juin 1836, sur les institutrices primaires ;
Vu la demande à nous adressée le   par M
à l'effet d'obtenir l'autorisation de diriger une salle d'asile située à
arrondissement d   département d
Vu l'acte de naissance en date du   constatant que M   est âgée de 24 ans accomplis ; le certificat d'aptitude délivré le   par la commission de mères de famille établie à   le certificat de moralité délivré le
à   et le   à   dernière résidence de l'impétrant ;
Après avoir pris l'avis du comité local d   et du comité d'arrondissement d
Avons autorisé et autorisons par ces présentes M   âgée de
à diriger la salle d'asile établie à   en qualité de surveillante aux charges et conditions déterminées par les lois, statuts et règlements.
Fait au chef-lieu de l'académie, à
Le

Signature de l'Impétrante :   *Signature du Recteur :*

AUTORISATION DE DIRIGER UNE SALLE D'ASILE

ACADÉMIE
DE POITIERS

Modèle n° X

Brevet de Capacité pour l'Enseignement primaire

Signature de l'instituteur :
PAPOT Jean.

TROISIÈME DEGRÉ

Nous Recteur de l'Académie de Poitiers, Chevalier de l'Ordre royal de la Légion d'honneur, sur le rapport qui nous a été fait par *M. le Principal du Collège de Saint-Maixent*, portant que le sieur *Papot (Jean)*, né à *Sainte-Néomaye*, département des *Deux-Sèvres*, le 25 mai 1784, a été examiné sur les connoissances requises pour devenir Instituteur primaire du *troisième degré*, et qu'il a fait preuve de la capacité nécessaire, ainsi que d'une instruction suffisante relativement aux principes et aux dogmes de la Religion ;

Vu les certificats de vie et de mœurs produits par ledit sieur *Papot* lui avons accordé le présent Brevet, sans lequel il ne peut être appelé aux fonctions d'instituteur, aux termes de l'article 11 de l'Ordonnance du Roi du 29 février 1816.

Délivré à Poitiers, le 23 *novembre* 1822.

Le Recteur de l'Académie, Chevalier de l'Ordre royal de la Légion d'honneur,
DE LA LIBORLIÈRE.

N. B. — Le présent Brevet ne donne point à celui qui en est muni le droit d'ouvrir ou de continuer à tenir une Ecole primaire ; il le rend seulement apte à être présenté par un Comité cantonal, pour obtenir l'autorisation spéciale d'enseigner dans une commune déterminée. Le Brevet de capacité seroit enlevé aux Instituteurs qui se permettroient d'exercer leur état sans cette autorisation spéciale. Les anciennes permissions, de quelque part qu'elles viennent, sont annulées. Toute demande, pour en obtenir de nouvelles, doit être adressée aux Comités cantonnaux aussitôt la réception du présent Brevet.

Instruction publique	**BREVET DE CAPACITÉ**	Modèle N° XI
ACADÉMIE DE POITIERS	*Pour l'Enseignement primaire* DEUXIÈME DEGRÉ	INSTRUCTION PRIMAIRE

Nous, Recteur de l'Académie de Poitiers, chevalier de l'Ordre royal de la Légion d'honneur ;

Vu les certificats de bonne vie et mœurs produits par le sieur *Jutard Louis* ;

Vu le certificat d'instruction religieuse à lui délivré le *26 janvier 1830* par M. le Curé de *Chef-Boutonne*, délégué de Mgr l'Évêque de Poitiers.

Sur le rapport qui nous a été fait par M. le Principal du collège de *Melle*, chargé de l'examen des personnes qui se destinent à l'Enseignement primaire, portant que le sieur *Jutard Louis*, né à *Ardilleux*, département des *Deux-Sèvres*, le *6 mai 1811*, a été examiné sur les connaissances requises pour exercer les fonctions d'instituteur du second degré et qu'il a fait preuve de la capacité nécessaire,

Lui avons accordé le présent brevet pour pouvoir être appelé aux dites fonctions, aux termes des articles 10 de l'Ordonnance du roi du 29 février 1816, et 9 de l'Ordonnance du 21 avril 1828.

Délivré à Poitiers, le *6 mars 1830*.

| Sceau
du Recteur
de l'Académie
de Poitiers | *Le Recteur de l'Académie de Poitiers,*
chevalier de l'Ordre Royal de la Légion d'honneur,
DELALIBORLIÈRE. | Par le Recteur :
Le Secrétaire de l'Académie,
BOISSEAU. |

Signature de l'Impétrant :
JUTARD.

Académie de Poitiers

BREVET DE CAPACITÉ
POUR
l'Enseignement primaire

Modèle n° XII

Instruction Primaire

Premier degré

Nous, Recteur de l'Académie de Poitiers,

Sur le rapport qui nous a été fait par M. le principal du Collège de............ chargé de l'examen des individus qui se destinent à l'enseignement primaire, portant que le sieur .... né à.................... le.................... a été examiné sur la lecture, la calligraphie, l'orthographe, les principes de la grammaire française, les élémens de la géographie de l'arithmétique et de l'arpentage, ainsi que sur leur enseignement, et qu'il a fait preuve de la capacité requise pour exercer les fonctions d'instituteur primaire du Premier degré ;

Après nous être assuré également qu'il possède une connaissance suffisante des préceptes et des dogmes de la Religion ;

Vu les certificats de bonne vie et mœurs produits par ledit sieur........................

Lui avons accordé le présent Brevet, qui lui est nécessaire pour pouvoir être appelé auxdites fonctions, aux termes de l'article XI de l'ordonnance du Roi du 29 février 1816.

Délivré, à...................... le 10 octobre 1820.

Signé : .... (1)

(1) N'ayant pas trouvé de modèle du *premier degré* dans l'Académie de Poitiers, nous avons emprunté celui que nous donnons ici à l'Académie de Paris. Nous l'avons pris dans le tome Ier du grand ouvrage de M. Gréard, « La législation de l'Instruction primaire en France », publié chez Delalain.

PRÉFECTURE
DES DEUX-SÈVRES

INSTRUCTION
PRIMAIRE
DES FILLES

Nº

Modèle Nº XIII

BREVET DE CAPACITÉ
Pour l'Enseignement primaire des Filles

Nous, *Marquis De Roussy, Chevalier de la Légion d'honneur*, Préfet du département des Deux-Sèvres ;

Sur le Certificat d'examen délivré à la *dame Lamargot, née Piet-Chambelle, Marie-Chérie, Aglaé*, par le Jury de l'arrondissement *de Niort*, constatant qu'elle a répondu *d'une manière satisfaisante* aux questions qui lui ont été adressées sur *la Religion, la Lecture, l'Ecriture et la Numération*, qu'elle est en outre en état d'enseigner, qu'elle a fait preuve de la capacité nécessaire pour exercer les fonctions d'Institutrice primaire du 2ᵉ degré, qu'elle a justifié par des Certificats authentiques de sa bonne conduite et de ses bonnes mœurs.

Avons accordé à ladite *Dame Lamargot*, âgée de 29 ans, demeurant à *Niort*, le présent Brevet qui lui est indispensable pour obtenir l'autorisation spéciale d'exercer les fonctions d'Institutrice primaire du 2ᵉ degré, dans l'une des communes de ce département, conformément à l'article 12 de notre Arrêté du 25 Juillet 1818.

Délivré à Niort, en l'Hôtel de la Préfecture, le   *Juillet* 1823.

UNIVERSITÉ DE FRANCE	MINISTÈRE DE L'INSTRUCTION PUBLIQUE **ARRÊTÉ D'INSTITUTION**	Modèle n° XIV INSTRUCTION PRIMAIRE

AU NOM DU ROI

Nous, baron PELET (de la Lozère), Ministre Secrétaire d'état au département de l'Instruction publique, Grand-Maître de l'Université ;

Vu l'article 22 de la loi du 28 juin 1833, concernant l'instruction primaire, et l'article 28 de l'ordonnance du 16 juillet de la même année;

Vu l'arrêté par lequel le comité d'arrondissement de *Melle*, département des *Deux-Sèvres*, a nommé le sieur *Beaubeau* (*Léon*), instituteur primaire de la commune de *Brioux*, canton de *Brioux* ;

Considérant que toutes les formalités prescrites par la loi et les règlements sur l'instruction primaire ont été remplies,

AVONS INSTITUÉ, conformément à la loi, le sieur *Beaubeau* instituteur de ladite commune, pour y tenir une école primaire élémentaire.

Il sera procédé publiquement, par un membre du comité d'arrondissement ou par un délégué de ce comité, à l'installation dudit instituteur et à la réception du serment qu'il doit prêter aux termes des lois du 31 août 1830 et du 28 juin 1833.

Mention de la prestation du serment sera faite au procès-verbal des séances du comité en présence duquel elle aura eu lieu, ainsi qu'à la suite du présent arrêté d'institution.

M. le Recteur de l'Académie de *Poitiers* est chargé de l'exécution du présent arrêté.

Fait au chef-lieu et sous le sceau de l'Université.
A Paris, le 30 Mai 1836.

Le Ministre Secrétaire d'état au département de l'Instruction publique, Grand Maître de l'Université,
PELET

Le Conseiller au Conseil royal de l'Instruction publique exerçant les fonctions de Chancelier.
RENDU

Par le Ministre :
Le conseiller secrétaire du Conseil royal de l'Instruction publique,
V. COUSIN

Les programmes d'examen des brevets primaires ont été modifiés à différentes époques, toujours dans le sens d'une aggravation dans le nombre et la difficulté des épreuves ; mais il semble qu'au début les Commissions ne se montrèrent pas féroces.

M. Jacques Texier, qui fut instituteur libre à Teillé jusqu'en 1875, raconte comment il passa son examen du brevet à Niort, en 1850 : « Ses épreuves se bornèrent, dit-il, à une petite dictée, deux problèmes simples, une analyse grammaticale sans difficulté, quelques questions de grammaire, d'histoire sainte et d'arithmétique. » C'est-à-dire ce que nous demanderions aujourd'hui pour le certificat d'études.

Nous avons dépouillé d'ailleurs un grand nombre de procès-verbaux des Commissions d'examen des jurys de Parthenay et de Niort, nous n'y avons pas trouvé les notes d'examen, ni la nature des questions, mais des formules vagues attestant la capacité et les qualités morales du candidat.

Il n'y avait pas, au début, de limite d'âge pour l'exercice de l'enseignement ; il n'y avait que la limite des forces physiques. Nous trouvons, dans une délibération du Conseil municipal de Deyrançon, d'une orthographe fantastique, du 25 mars 1835, la nomination dans cette commune de l'instituteur Benétaud, ancien négociant à Mauzé, qui était dans sa soixante-dix-huitième année ! Cet instituteur exerçait encore vingt ans plus tard, comme le prouve la délibération suivante du 3 mai 1855 :

Une question se soulève relativement à l'instituteur de la commune de Deyrançon. Les membres reconnaissent que ce fonctionnaire est hors d'état de remplir ses fonctions, vu son âge avancé qui arrive à 98 ans. Ils prient M. le Préfet de vouloir bien faire mettre à la retraite ce vieillard presque centenaire et le faire remplacer par un instituteur capable d'instruire la jeunesse, qui, depuis bien des années, reste en souffrance dans notre commune (1).

II
Ecoles normales.

Au mode de recrutement et de nomination des instituteurs se rattache étroitement l'histoire des deux écoles normales. L'article 108 du décret du 17 mars 1808 établissait des classes normales, destinées à former des maîtres primaires ; l'ordonnance du 21 avril 1828 et les circulaires des 19 août 1828 et 24 mars 1829 décidaient l'organisation de ces classes normales dans chaque département. Mais c'est la loi du 28 juin 1833 qui fit des écoles normales des établissements spéciaux, indépendants. L'école normale d'instituteurs dans les Deux-Sèvres date de 1835 ; celle des institutrices, de 1882. Nous donnons ci-après une notice historique sur chacune d'elles.

I. ÉCOLE NORMALE D'INSTITUTEURS

L'histoire de l'école normale de Parthenay pourrait se diviser en trois périodes : la première allant des origines à 1850 ; la seconde de 1850 à 1879 et la troisième de 1879 à nos jours (2).

---

1. — M. Benétaud est décédé en 1858, âgé de cent ans moins quelques mois.

2. — Nous empruntons une bonne partie de ces renseignements à la monographie de l'école rédigée par M. Séjourné, directeur actuel, en vue de l'Exposition universelle de 1900.

De 1835 à 1850. — A en juger par le rapport du Préfet, lu en séance publique du Conseil général, la situation de l'enseignement primaire en 1832 était peu brillante.

Les instituteurs, y disait-on, sont généralement d'honnêtes gens, simples et dignes dans leur vie ; ils savent écrire et calculer, mais il en est beaucoup qui lisent mal. La plupart suivent encore les traditions du moyen âge le plus lointain. Ils ne parlent pas en lisant, ils chantent. Ils ne peuvent faire comprendre ce qu'ils lisent.

Passant à l'examen des méthodes et des procédés généraux d'enseignement, il reprochait aux maîtres de se servir à peu près exclusivement de la méthode individuelle au lieu d'adopter la méthode simultanée et la méthode mutuelle. Enfin, il concluait en demandant à l'assemblée de voter les fonds nécessaires à la création d'une école normale à Parthenay. Un premier crédit de 14.500 fr. fut effectivement accordé pour cet objet.

Mais, dans la pensée du Conseil général, cette création ne devait avoir qu'un caractère temporaire.

Le futur établissement est seulement destiné à recevoir, à quelques époques de l'année, les instituteurs qui voudront fortifier leurs études et s'instruire dans l'exercice des méthodes perfectionnées.

Sur ces entrefaites, la loi du 28 juin 1833 (art. 11) vint rendre obligatoire pour chaque département « l'entretien d'une école normale primaire, soit par lui-même, soit en se réunissant à un ou plusieurs départements voisins. » Il fallait donc donner à l'établissement déjà projeté le caractère d'une création permanente, durable.

Former des élèves-maîtres, multiplier les instituteurs : c'est là le principal, disait le Préfet au Conseil général, dans la séance du 23 juillet 1831. Le perfectionnement des instituteurs actuels n'est que l'accessoire.

Et il demandait à l'assemblée d'examiner les voies et moyens les plus propres à assurer dans le département des Deux-Sèvres une prompte application de la loi nouvelle.

Il rendait compte, en même temps, des négociations longues et laborieuses qu'il avait entamées avec quelques-unes des localités du département qui lui paraissaient le plus convenablement placées pour devenir le siège de la future école.

J'ai consulté Niort : le Conseil municipal a répondu qu'il regrette vivement que l'état de ses finances ne lui permette pas de satisfaire aux conditions exigées. Saint-Maixent ne peut s'engager à fournir le local que s'il reçoit du département une subvention de 20,000 francs ; c'est un refus déguisé. Ni Melle, ni Bressuire, ni Airvault ne peuvent convenir. Thouars a acquis récemment le magnifique château des princes de La Trémouille ; rien ne serait plus convenable que le choix de ce vaste édifice, dont la situation et les dépendances donneraient à l'école normale des Deux-Sèvres l'aspect des plus beaux établissements de ce genre.

Mais le Préfet avait rencontré de sérieux empêchements : la ville de Thouars venait de s'imposer de très lourds sacrifices pour cette acquisition ; elle hésitait à s'engager dans de nouvelles dépenses pour l'approprier à la destination proposée. Et puis cette localité était à l'une des extrémités du département. Il y avait bien la proposition du Recteur suggérant la fusion avec Poitiers : le Préfet ne croyait pas pouvoir recommander cette solution ; ce n'était pas au Conseil général des Deux-

Sèvres « à exporter ainsi le budget, à contribuer à la prospérité d'un département voisin. Et puis déciderait-on les instituteurs en exercice à aller à Poitiers s'y perfectionner ? Les indemnités accordées seraient-elles suffisantes pour couvrir les frais de voyages ? » Finalement, il proposait d'adopter Parthenay dont le Conseil municipal, après plusieurs votes contradictoires, avait cependant promis de fournir un local et de l'approprier. Le régime qu'il lui paraissait convenable d'adopter était l'internat. Les élèves-maîtres poursuivraient leurs études pendant deux années.

Le Conseil général décida que l'école serait établie à Parthenay, mais il se refusa d'abord à créer un établissement où les études dureraient deux ans. Le rapporteur faisait remarquer qu'on avait immédiatement besoin de 350 bons instituteurs pour les écoles de campagne. Avec le système de deux ans, l'école normale ne fournirait que 10 à 20 maîtres chaque année : il faudrait donc un temps infini pour opérer la transformation complète du personnel. N'aurait-on pas également à craindre de voir les jeunes gens, au lieu de consentir à aller dans un village perdu gagner 200 fr. par an, chercher à utiliser dans une situation plus lucrative l'instruction qu'ils auraient acquise au cours de leurs deux années d'études ? L'internat trouva également de l'opposition : le rapporteur le trouvait trop dispendieux : « L'expérience prouve, ajoutait-il, que l'argent du public n'est jamais bien économisé. » En résumé, on s'arrêta aux résolutions suivantes :

L'école sera à Parthenay ; elle devra être prête pour le 1er avril 1835.

L'externat sera le régime suivi ; les inconvénients en seront nuls dans le cas présent : les élèves-maîtres appelés ne seront pas des enfants.

On y recevra deux catégories d'élèves : des instituteurs en exercice et des élèves « d'un degré supérieur » ou élèves-maîtres qui remplaceront les instituteurs décédés ou incapables.

Des instituteurs privés et des jeunes gens se destinant à la carrière de l'enseignement seront autorisés à suivre les cours gratuitement.

La durée des études pour les instituteurs ne dépassera pas trois mois, temps suffisant pour apprendre la lecture et l'usage des méthodes simultanée et mutuelle.

Une somme de 14.500 francs est votée et sera répartie comme il suit :

12 bourses de 300 fr. chacune pour pareil nombre d'élèves-maîtres..	3.600
48 quarts de bourse de 75 fr. chacun pour autant d'instituteurs communaux...	3.600
Traitement du directeur..	1.500
— du professeur..	1.200
Chauffage, éclairage et menus frais............................	500
Portier...	200
Mobilier classique (les élèves seront tenus de se fournir de papier, encre, plumes, canif, etc.)............	200
Subvention à la ville où sera fondée l'école pour l'appropriation du local..	1.500
Imprévu..	400
Total égal...	14.500

Le Conseil terminait en exprimant le vœu que le directeur fût autorisé à délivrer un diplôme de capacité après examen et que « celui qui ne serait pas encore capable pût recevoir un quart de bourse nouveau pour l'année d'après. » L'école normale des Deux-Sèvres était fondée.

On pouvait seulement trouver bien étroites les bases sur lesquelles elle était établie. Malgré cela, l'État, pour marquer l'intérêt qu'il portait à ces premiers essais, et à titre d'encouragement, allouait 600 francs pour entretenir deux boursiers de plus et 750 francs pour assurer au directeur un traitement convenable. Les locaux furent prêts dès les premiers jours d'avril 1835, mais les cours ne s'ouvriront que le 6 juin. Les 48 instituteurs avaient été choisis par les comités d'arrondissements parmi les maîtres les moins expérimentés, les plus jeunes, les mieux doués et de moralité irréprochable. Les 14 élèves-maîtres avaient été recrutés au concours. Le Préfet et le Recteur vinrent à Parthenay procéder à l'installation du directeur et inaugurer en quelque sorte le nouvel établissement.

Nous avons sous les yeux le règlement particulier de l'école proposé par le conseil de surveillance et ratifié par le Conseil royal de l'instruction publique. Les matières enseignées étaient la lecture courante, l'écriture, la grammaire française, l'histoire de France et la géographie, la chronologie, l'histoire sainte avec des notions d'histoire ancienne et moderne, l'arithmétique et le système légal des poids et mesures, la géométrie, l'arpentage, le dessin linéaire, les méthodes d'enseignement, quelques exercices sur le chant grégorien ; une fois par semaine une leçon morale et religieuse de l'aumônier.

« Les élèves entrent en classe à 7 heures en hiver, à 6 heures en été ; ils en sortent à 4 heures en hiver, à 5 heures en été (art. 1, 2, 3, 4, 5).

« Ils commencent et finissent la journée par une prière en commun. Ils assistent aux offices de paroisse les dimanches et jours de fête, sous la conduite du directeur ou de l'adjoint ; une place leur est réservée dans l'église (art. 6 et 7) ».

« Les cafés, cabarets et autres lieux publics sont formellement interdits aux élèves ; ils doivent être rentrés dans leur pension à huit heures du soir en hiver, à 9 heures pendant les mois d'avril, mai, juin, juillet et août (art. 11 et 12). »

La création de l'école normale avait été accueillie par le personnel enseignant avec un véritable enthousiasme. Sans l'éteindre absolument, les défectuosités de son organisation causèrent quelque déception aux maîtres qui avaient espéré trouver dans un séjour de quelques mois au nouvel établissement les moyens de réussir dans une carrière où ils venaient d'entrer et qu'ils aimaient véritablement. Les plus optimistes durent avouer qu'une transformation profonde s'imposait, et le Préfet, à la session de septembre, se fit, dans son rapport, l'écho de toutes les plaintes : plaintes du directeur, de la commission de surveillance et des inspecteurs généraux, qui avaient demandé que l'école fût constituée sur de nouvelles bases et transformée en internat.

Le Préfet commença par déclarer qu'une allocation mensuelle de 25 francs seulement pour acquitter les dépenses de logement, de nourriture, de blanchissage et autres frais était absolument insuffisante pour des hommes. Sans doute, les instituteurs avaient continué à jouir de leur traitement, mais, la plupart étant mariés, ce traitement avait été laissé à la femme et aux enfants restés au village. « Ils ont vécu misérablement, disait le Préfet, et la plupart se sont endettés. » Il s'élevait contre le régime de l'externat dans l'intérêt de la bonne marche des études et pour des raisons de convenance et de moralité.

Au reste, le Ministre n'avait autorisé l'externat que pour l'année 1835. Et il citait les termes sévères dans lesquels M. Guizot le condamnait :

> Le système de l'internat est le seul qui puisse procurer aux élèves-maîtres, outre l'instruction nécessaire à l'exercice de la profession qu'ils doivent embrasser, l'éducation morale sans laquelle on ne saurait former de bons instituteurs. Il y a d'ailleurs de grands inconvénients à laisser livrés à eux-mêmes, en quelque sorte, en dehors de leurs heures d'études, au milieu de la dissipation d'une ville, des jeunes gens qui sont destinés la plupart à exercer dans des communes rurales les fonctions graves et modestes de l'enseignement primaire. Ces inconvénients sont inhérents aux externats et je ne doute nullement que vous ne vous occupiez des moyens d'en garantir bientôt les élèves-maîtres de votre département.

Il était également nécessaire d'accroître la durée des études :

> Trois mois sont absolument insuffisants pour apprendre les principes de calligraphie, de lecture et de calcul.

Enfin, on ne pouvait pas se contenter du local actuel : la ville de Parthenay s'était montrée d'une parcimonie extrême. Elle n'avait livré que deux pièces, d'un accès difficile, peu spacieuses, à peine suffisantes pour contenir les 14 élèves-maîtres et les 48 instituteurs. Il en était résulté que les externes libres n'avaient pu suivre les cours qu'en fort petit nombre. Elle n'avait même pas prévu de logement pour le Directeur.

Le Conseil général se rendit aux instances du Préfet. Il adopta les résolutions suivantes :

1° Les bourses entières seront portées à 450 fr. et les quarts de bourse à 100 fr. ;

2° L'internat sera substitué à l'externat ;

3° Une durée de deux ans sera assignée aux études ;

4° La ville de Parthenay devra aménager un local capable de contenir 40 élèves-maîtres et 100 externes.

Les mesures financières résultant de ces transformations se traduisaient par l'inscription au budget de 1836 d'une somme de 53.000 fr., sur laquelle le département paierait 34.000 fr. L'Etat ferait le reste et une allocation de 8.000 fr. serait accordée à la ville de Parthenay pour mettre les locaux dans un état convenable.

Ces diverses transformations devaient s'accomplir pour la rentrée des classes de 1836. Mais ce n'est qu'au début de l'année scolaire 1844-45 que l'établissement posséda une organisation que rappelle — dans ses grandes lignes — l'école actuelle.

Il est vrai que chaque année de cette période 1836-1845 est marquée par une amélioration importante. En 1836, la ville de Parthenay fait l'acquisition d'immeubles et les aménage. L'internat est définitivement organisé à la rentrée d'octobre 1838. Le programme s'étend : en cette même année 1838-39 l'enseignement agricole est créé. La rentrée des classes 1842-43 est marquée par l'inauguration d'un cours d'état-civil, que le Procureur du roi consent à faire gratuitement. La construction d'un gymnase est également décidée. Dans le même temps la durée des études est accrue dans une proportion considérable : à partir d'octobre 1840 le système des 3 années est mis en vigueur, malgré les appréhensions du préfet d'alors qui craignait que l'étendue et la variété de leurs connaissances ne portassent les instituteurs à rechercher à leur sortie une carrière plus lucrative. La composition du personnel admis à suivre les cours se modifiait également d'une manière profonde. Le chiffre total de 18 à 20 élèves-maitres pour les 3 promotions devenait le chiffre normal ; le nombre des instituteurs en exercice jouissant de quarts de bourse et autorisés à venir se perfectionner à l'école était réduit chaque année ; quant aux externes, maintenus jusqu'en 1839 sur les instances du Conseil général qui arguait « du nombre minime des internes et du peu de lumières répandu dans le bocage vendéen, voisin de Parthenay », ils sont supprimés par le ministre, qui redoute de les voir exercer sur les internes « une influence fâcheuse au point de vue de la discipline. » Enfin, en 1846, un costume uniforme est adopté pour les élèves-maitres.

... Il importe, disait le préfet, d'éviter que ces jeunes gens ne prennent des habitudes coûteuses qu'ils ne sont nullement en état de satisfaire et qui seraient peu en rapport avec le rang qu'ils occuperont plus tard.

Cet uniforme se composait d'une tunique de drap bleu à collet droit, d'un pantalon d'hiver de même nuance, d'un pantalon gris pour l'été, d'une cravate noire et d'un chapeau ordinaire.

Jusqu'en 1850, l'histoire de l'école normale de Parthenay est sans intérêt. Le rapport de chaque année au Conseil général constate que les études y sont excellentes, la discipline libérale et paternelle et que l'établissement justifie de plus en plus par là et en raison des services qu'il rend la constante sollicitude de l'administration supérieure et des autorités départementales (1).

*
* *

De 1850 à 1879. — Le régime de suspicion inauguré par la loi du 15 mars 1850 et le décret organique de 1851, se fit sentir à Parthenay d'une manière d'autant plus dure qu'une certaine effervescence s'était produite chez les maîtres et les élèves lors des événements de 1848. Quelques faits suffiront pour caractériser l'esprit des transformations qu'on s'efforça d'opérer et l'objet des principales préoccupations de l'autorité d'alors.

Au lendemain de la loi du 15 mars on s'alarme de ce que les élèves-maîtres de l'école normale de Parthenay récitent pour toute prière, et encore parce qu'on les y a contraints, le *Pater* seulement. Ne conviendrait-il pas d'y ajouter avec l'*Ave*, le *Credo* et le *Confiteor*, le *Benedicite* et les *Grâces* ? Le 30 septembre, on écrit au Directeur de « ne pas différer davantage de faire placer un crucifix au dortoir, au réfectoire et dans la classe principale. » A la rentrée d'octobre 1851, l'un des maîtres-adjoints était arrivé trop tard pour assister à une messe du Saint-Esprit célébrée à l'intention de l'école normale : un blâme rigoureux lui est infligé. Enfin, dans une délibération du 13 août 1855, la commission de surveillance déclare :

---

1. — Le cours de perfectionnement, ouvert chaque année du 1ᵉʳ juin au 1ᵉʳ août, en faveur des instituteurs communaux désignés par les comités d'arrondissement, pour compléter leurs connaissances et améliorer leurs méthodes, fut supprimé en 1849.

Qu'elle verrait avec plaisir, dans l'intérêt de la discipline religieuse de l'établissement, qu'il fût possible à M. le préfet de placer le jeune Belin, candidat du culte réformé, de préférence soit dans une école normale protestante, soit comme élève-maître stagiaire auprès d'un instituteur de sa religion.

Ce vœu est renouvelé « avec énergie » le 7 septembre 1856 à l'occasion de l'inscription sur la liste des aspirants à l'école normale de deux autres jeunes gens appartenant à la religion protestante. Le préfet, cette fois, « exauça » les désirs de la commission et on se le tint pour dit parmi les candidats protestants : plus un seul ne se présenta pour Parthenay jusqu'en 1879 (1).

On s'applique dès lors à développer « chez les maîtres de l'enfance l'amour des institutions et l'affection pour la dynastie » avec un soin égal à celui que l'on met à leur inspirer « un zèle constant pour les pratiques de la religion et une respectueuse déférence à l'endroit de ses ministres. » Le prince-président, parcourant les diverses régions de la France, devait être à Niort le 14 octobre 1852. Un ordre de l'administration supérieure invite l'école normale, maîtres et élèves, à se trouver à Niort, ce jour-là, à 7 heures du matin, avec la bannière de l'établissement, pour y être présentée au chef de l'État. Or, à cette époque, ce n'était pas précisément

---

1. — A partir de 1858, le département entretint trois élèves-maîtres protestants à l'école modèle de Dieu-le-Fit (Drôme). En 1862, le Conseil général, sur la demande du Consistoire de Niort et l'avis favorable du Conseil départemental, décida que les élèves-maîtres seraient transférés dans l'école communale protestante de M. Coustells, à Niort. Ce dernier, après s'être chargé d'abord lui-même de les préparer, s'entendit avec le proviseur du lycée pour leur faire suivre les cours de l'enseignement spécial. A partir de 1879, les élèves des deux cultes furent fusionnés et entretenus au même titre à l'école de Parthenay.

une promenade qu'un voyage de Parthenay à Niort ; le prix en était assez élevé. On trouva cependant un voiturier qui consentit à conduire le personnel de l'école moyennant 10 francs par voyageur. Afin de ménager les ressources du budget on emporta à Niort les vivres nécessaires.

Une cérémonie solennelle eut lieu également à l'école à l'occasion de la remise officielle « des portraits de LL. MM. l'Empereur et l'Impératrice. » Le sous-préfet en profita pour faire comprendre aux élèves-maîtres « le prix que doit avoir pour eux le don du souverain, la marque de haute sympathie dont il est l'expression. » Il les exhorte à s'acquitter avec empressement des obligations multiples qu'ils ont contractées vis-à-vis de l'Empereur et de sa famille.

D'ailleurs les études, la discipline intérieure, l'organisation pédagogique, le régime économique lui-même, tout porte la marque de cet esprit de malveillance — on pourrait dire d'hostilité — qui ne fit grâce de la vie aux écoles normales qu'au prix d'une soumission et d'une humilité sans bornes.

Pour entrer dans la pensée des auteurs de la nouvelle loi, la commission de surveillance (1) fait dresser par les soins du directeur et de l'aumônier la liste des ouvrages de la bibliothèque qui renferment les notions « d'une science trop avancée pour les élèves-maîtres ou des principes de morale sociale et de politique auxquels il

---

1. — La commission de surveillance avait été épurée. Le sous-préfet de Parthenay, appelé à faire des propositions pour le renouvellement partiel de cette commission, écrivait au préfet le 18 juillet 1855 : « Je me suis attaché à prendre les candidats parmi les personnes les plus connues par leurs opinions religieuses. »

est bon qu'ils demeurent étrangers. » On est vraiment stupéfait de voir figurer au nombre de ces livres réputés suspects ou dangereux l'Histoire ancienne et l'Histoire romaine de Rollin, l'Histoire des empereurs de Crevier, l'Histoire de France d'Anquetil. Qu'ils fussent « tout à fait en dehors des limites assignées à l'enseignement des écoles normales par la loi organique », la chose n'était que trop évidente. Mais il n'était certainement venu jusque-là à la pensée de personne de regarder le bon Rollin, l'inoffensif Anquetil comme des agents de rébellion et des propagateurs d'idées politiques subversives. Et cependant la commission de surveillance déclare que « la lecture de Rollin a toujours eu et aura toujours pour résultat de favoriser la formation et la propagation d'idées républicaines absolument fausses, de faire toujours et en tout temps considérer le pouvoir comme un ennemi », et à l'appui de ces affirmations son rapporteur cite des passages empruntés au chapitre « de l'ostracisme. » Il reproduit également une phrase mise, paraît-il, dans la bouche d'un roi de France par Anquetil : « Je donne ma superbe aux Templiers, mon avarice aux moines et ma paillardise aux prélats. »

L'administration supérieure, toutefois, ne partagea pas entièrement les craintes de la commission de surveillance : les livres de Rollin continuèrent à figurer à la bibliothèque de l'école. Elle rappela également à la commission qu'il ne faut jamais être « plus royaliste que le roi », en rejetant la presque totalité des nouveaux ouvrages par lesquels elle avait proposé de remplacer les anciens. Une seconde liste fut présentée « où M. l'aumônier s'était efforcé de rassembler tous les livres moraux, instructifs et amusants les plus capables de former l'esprit et le cœur des élèves-maîtres » : elle fut adoptée. On y trouve quelques bons ouvrages classiques ; un plus grand nombre dans le goût littéraire faussement élégant du xviiie siècle : le *Bélisaire* de Marmontel, les œuvres de l'abbé Delille, le poème de *Joseph* de Bitaubé ; d'autres d'un caractère scientifique absolument puéril ; enfin plusieurs qu'on eût trouvé tout naturel de voir figurer sur les rayons de la bibliothèque d'un séminaire ou d'un couvent, mais qu'on n'eût jamais songé à aller chercher dans une école normale. On se demande, en effet, de quelle utilité peut être pour de futurs instituteurs la lecture d'ouvrages tels que les *Vies choisies des Pères du désert*, la *Vierge (histoire de la mère de Dieu)*, la *Vie de sainte Radegonde* (1).

La discipline revêtit un caractère d'austérité extrême. Certains articles du règlement intérieur sont d'une rigueur dont les jeunes normaliens d'à présent se feraient difficilement une idée. Il n'y avait nulles sorties en dehors des promenades surveillées ; les parents eux-mêmes ne pouvaient voir leurs enfants que dans l'intérieur de l'établissement, au parloir ; pour rien au monde on ne leur eût accordé l'autorisation de les emmener au dehors. Ce qui concernait la correspondance était l'objet de prescriptions d'une sévérité draconienne ; le fait suivant constitue à cet égard le plus éloquent des

---

1. — Ces préoccupations monacales se font sentir jusque dans les modèles d'écriture. Nous avons eu sous les yeux la page d'écriture d'un aspirant à l'école normale, aujourd'hui instituteur encore en exercice, portant la date du mois d'août 1863. Le modèle donné était : *Je vous salue, Marie, pleine de grâces*, etc.

commentaires. Au cours d'une promenade un élève-maître avait demandé et obtenu la permission d'aller jeter une lettre à la boite d'une localité voisine de Parthenay : le professeur fut blâmé pour avoir accordé l'autorisation et l'élève exclu pour avoir oublié qu'aucune lettre ne devait sortir de l'école normale ni y entrer sans avoir préalablement passé sous les yeux du chef de l'établissement.

C'est parce que l'on voyait d'un mauvais œil les sorties journalières auxquelles leur passage à l'école d'application assujettissait les élèves-maîtres que la création d'une école annexe fut décidée (28 décembre 1852). La mesure n'eut d'ailleurs aucun effet fâcheux au point de vue de leur éducation professionnelle : le nouvel établissement réunit promptement un effectif assez nombreux pour permettre aux jeunes maîtres de s'y trouver dans des conditions aussi favorables qu'à l'école d'application. Au reste, l'école annexe agrandie devint, en 1855, l'école communale ; on y organisa des cours du soir en faveur des ouvriers et des apprentis, et les élèves-maîtres y rendirent les mêmes services qu'aux cours d'adultes actuels.

Le régime économique lui-même n'échappa point à l'universelle métamorphose. Pour employer l'euphémisme du secrétaire de la commission de surveillance on « le simplifia ». A partir de 1853 il ne fut plus servi aux élèves-maîtres qu'un plat de viande par jour au repas de midi. Le soir, ils eurent seulement un plat de légumes avec de la salade ou du fromage. « En modifiant ainsi le régime alimentaire, était-il dit dans la délibération, la commission de surveillance ne s'est point proposé de le réduire, mais de le rendre plus semblable au régime qu'ont suivi les élèves avant leur entrée à l'école et à celui qu'ils sont appelés à suivre quand ils la quitteront. » Ce sont les mêmes raisons qui, en 1854, motivent la suppression du vin. Il est vrai que l'apparition de l'oïdium et l'ignorance où l'on se trouvait encore des moyens d'en combattre les ravages avaient fait monter le vin à un prix extraordinaire : 150 francs la barrique au lieu de 40. Le président de la commission de surveillance n'avait pas tort de dire que, dans ces conditions, aucun instituteur n'était en mesure de faire figurer du vin sur sa table.

Quoi qu'il en soit, tout cet ensemble de réformes : pratiques religieuses excessives, abaissement du niveau des études, rigueur de la discipline, etc., avait abouti à créer chez les élèves-maîtres, particulièrement chez ceux qui avaient connu le régime d'avant 1850, un état d'esprit des moins favorables au travail et au progrès. Il semblait qu'un vent d'insubordination eût soufflé sur l'école. On critiquait tout, on protestait sans cesse. A peu d'intervalle, trois élèves-maîtres donnèrent leur démission pour entrer dans l'armée. Il en fallut exclure deux autres et réprimander un troisième qui s'étaient plaints hautement de l'insuffisance des nouveaux programmes et de l'esprit du régime intérieur.

Cet état de choses, heureusement, ne se prolongea pas au delà de 1856. A Parthenay, comme partout, on ressentit les effets de l'administration bienveillante de Rouland et de l'action réparatrice de Duruy. Puis la nécessité qui se révéla, après les malheurs de 1870, de rendre la nation capable désormais de se gouverner sagement elle-même accentua les réformes libérales entreprises à la fin de l'Empire. Ni la commission de surveillance, ni le Conseil général ne lésinèrent sur les moyens financiers les plus propres à assurer la réalisation des vues de l'administration supérieure. Jusqu'en 1879 se déroule, dans l'ordre pédagogique aussi bien que dans l'ordre économique, une série de mesures des plus heureuses. Les années 1865-66 et 67 marquent un élargissement des programmes et un relèvement dans le niveau des études. En 1868, on achète un vaste terrain pour servir de champ d'expériences agricoles ; en 1871, on reconstruit le gymnase ; l'année suivante, on assure l'efficacité des leçons de musique instrumentale par l'acquisition de cinq harmoniums ; en 1877, un crédit de 2.500 fr. est consacré à l'achat d'appareils pour l'enseignement scientifique. On sent l'approche de ce qu'on pourrait appeler l'âge d'or de l'enseignement primaire et des écoles normales en particulier.

De 1879 à nos jours. — Faire l'historique de l'école normale de Parthenay pendant ces 20 dernières années serait entreprendre de tracer le tableau des réformes de toute nature qui ont si profondément et si heureusement changé la physionomie de tous les établissements similaires. Agrandissement des locaux, amélioration de la condition matérielle, régime intérieur familial respectant la liberté et la dignité des jeunes maîtres, relèvement de leur niveau intellectuel, extension des programmes, etc. Ces multiples progrès sont communs à toutes les écoles normales de France.

L'installation actuelle remonte à 1887, après des modifications de toute sorte aux plans primitifs de l'architecte et des atermoiements incessants dans la réception des travaux. L'école est située dans l'un des faubourgs de la ville, sur un plateau granitique un peu froid et humide, mais très sain. Le jardin et un vaste champ d'expériences agricoles la prolongent en pleine campagne et permettent aux élèves-maîtres de respirer un air toujours pur. Ils s'y promènent et y prennent de l'exercice aussi aisément que s'ils ne se trouvaient pas dans un internat.

La question s'est posée en 1901 de fusionner l'école de Parthenay avec celle de La Rochelle, mais le projet paraît abandonné.

Voici, pour terminer, la liste des directeurs, tous excellents, qui se sont succédé depuis la création de l'école normale :

MM. Quillet....................	1835-1850
Le Monnier.................	1850-1851
Méjan......................	1851-1855
Charbonneau	1855-1865
Petit......................	1865-1872
Bernard	1872-1876
Breult.....................	1876-1878
Brothier...................	1878-1882
Richard....................	1882-1883
François...................	1883-1885
Fortrat....................	1885-1891
Rhodes....................	1891-1896
Séjourné...................	1896-....

II. ÉCOLE NORMALE D'INSTITUTRICES

Cours normal de Saint-Maixent. — Avant l'établissement d'une école normale d'institutrices à Niort, il existait à Saint-Maixent (1) un cours normal fondé en 1861. D'après l'arrêté préfectoral du 2 juin de la même année, « les jeunes personnes qui se préparaient aux fonctions d'institutrices pouvaient, après concours, obtenir sur les fonds départementaux une bourse ou fraction de bourse dans le pensionnat primaire de Mlle Gobeil, à Saint-Maixent (art. 1). La bourse ou fraction de bourse était concédée pour trois années ; mais à la fin de la deuxième année, les élèves-maîtresses paraissant suffisamment préparées pouvaient être autorisées par l'inspecteur de l'académie à subir l'examen du brevet de capacité, et, en cas d'insuccès, elles conservaient la jouissance de leur bourse ou fraction de bourse (art. 2). Les élèves-maîtresses devaient s'engager à servir pendant dix ans au moins, sous peine de remboursement de la bourse, en qualité d'institutrices communales dans le département des Deux-Sèvres (art. 3 et 4). »

Les bourses furent d'abord au nombre de quatre, dont deux pour chaque culte ; elles furent portées à dix en 1868 ; les boursières protestantes étaient envoyées à l'école de Boissy-Saint-Léger (Seine-et-Oise) (2).

---

1. — Ce cours avait été établi à Saint-Maixent parce que l'institutrice de Niort avait refusé de s'en charger et que les demoiselles Gobeil, directrices d'un pensionnat privé à Saint-Maixent, étaient signalées comme ayant déjà préparé avec succès plusieurs jeunes filles au brevet de capacité.

2. — Cette mesure fut prise à la suite d'une protestation du Consistoire départemental, dans sa séance du 27 juillet 1866, dont suit le procès-verbal :

« Le président du Consistoire de Niort signale une situation qui lui paraît contraire aux intérêts du culte auquel il appartient. Les élèves-maîtresses coreligionaires ont été placées dans un pensionnat primaire laïque dont la directrice est catholique. Un pasteur protestant leur fait, il est vrai, une instruction spéciale tous les jeudis, mais il ne lui paraît pas que ce soit là un enseignement religieux suffisant pour de futures institutrices. Ces jeunes filles ne peuvent d'ailleurs se soustraire tous les autres jours à l'influence de l'esprit qui anime nécessairement les leçons d'une directrice

A partir de 1879, le cours normal passa sous la direction de Mlle M..., directrice actuelle de l'école primaire supérieure de Saint-Maixent ; il comptait à cette époque 12 élèves-maîtresses, soit quatre par année ; il recevait aussi un certain nombre d'élèves libres. Il n'y avait point de maîtresses-adjointes : deux professeurs du collège de garçons, un pour les sciences et un pour les lettres, prêtaient leur concours à la directrice.

École normale d'institutrices de Niort. — En 1878, le Conseil général des Deux-Sèvres vota la construction d'une école normale d'institutrices à Niort (1). Des pourparlers furent engagés avec le propriétaire d'un vaste enclos de 150 ares, au nord de la ville, connu sous le nom de *Dauphiné*. Cette propriété fut acquise au prix de 40.000 fr. et donnée généreusement par la ville au département des Deux-Sèvres pour la construction projetée.

L'emplacement était fort heureusement choisi, tant pour sa situation sur le point culminant de la ville, que par l'étendue et la disposition du terrain.

La première pierre fut posée solennellement le

---

catholique. Il demande que ces élèves-maîtresses soient placées dès la rentrée prochaine chez une institutrice protestante à Niort, s'il est possible, chez Mme C..., institutrice communale, ou, au cas contraire, à l'école normale de Boissy-Saint-Léger.

« Le Conseil émet le vœu que les jeunes filles protestantes entretenues à Saint-Maixent soient placées à la rentrée prochaine à l'école maternelle de Niort, s'il est possible d'exécuter à temps les travaux d'appropriation, ou, au cas contraire, à l'école normale de Boissy-Saint-Léger. »

1. — Auparavant, le recteur de Poitiers, avec l'assentiment du ministre, avait proposé au département des Deux-Sèvres de contribuer à l'établissement, à Poitiers, d'une école normale d'institutrices commune à tous les départements du ressort. Le Conseil général n'approuva pas cette combinaison.

3 octobre 1880, en présence de M. Chaignet, recteur de l'académie de Poitiers.

Le 29 septembre 1882, Mlle Lusier, directrice de l'école normale de Tours, fut chargée d'organiser la nouvelle école au point de vue matériel et pédagogique. Une somme de 25.000 fr., distincte des crédits prévus ou alloués, fut mandatée au profit du département des Deux-Sèvres, et mise à la disposition de la nouvelle directrice pour toutes les dépenses dont elle signalerait et justifierait l'urgence.

L'école était aménagée pour recevoir 40 élèves-maitresses.

La première année fut particulièrement laborieuse. Il fallait organiser des cours avec de jeunes maitresses débutantes et inexpérimentées, dans un local inachevé et insuffisamment meublé. Mais les succès ne tardèrent pas à récompenser les efforts persévérants de la directrice et le dévouement des maitresses.

Depuis l'origine de l'école normale, il n'est plus fait aucune différence, dans les concours d'admission, entre les élèves protestantes et les élèves catholiques ; l'école étant devenue neutre, cette distinction n'a plus aucune raison d'être ; toutes s'efforcent de se distinguer par leur zèle, leur savoir, leur aptitude professionnelle, leur bonne tenue et leur haute moralité (1).

---

1. — C'est toujours Mlle Lusier qui est à la tête de l'établissement : nous rendons ici un hommage mérité à son intelligence, à sa grande autorité morale, à l'excellente discipline qu'elle a su établir dans la maison et qui lui survivra.

III

Conférences cantonales.

Parallèlement à l'action des écoles normales, la loi du 28 juin 1833 avait institué des conférences cantonales d'instituteurs pour contribuer à l'éducation pédagogique des anciens maîtres et les préparer à l'application des nouvelles méthodes. C'est l'origine de nos conférences pédagogiques encore en vigueur. Nous donnons, à titre de spécimen, le règlement de l'association cantonale de Saint-Maixent, en 1837 :

ASSOCIATION

Entre les instituteurs communaux et privés de la ville de Saint-Maixent et de la Banlieu.

RÈGLEMENT

ARTICLE PREMIER

L'association a sa base dans les intérêts intellectuels et moraux des instituteurs qui la composent. Elle est instituée pour améliorer, pour presser le développement de l'instruction primaire. Elle a pour but de tenir les instituteurs au courant des progrès de l'enseignement élémentaire, d'établir un lien d'amitié entre eux ; de donner des conférences à des époques fixes, où seront traitées des questions intéressant les écoles ; où seront développées les meilleures méthodes de lecture, d'écriture, d'arithmétique, y compris le système légal des poids et mesures, de grammaire, de dessin linéaire, d'arpentage, de géographie, etc. ; dans lesquelles les instituteurs s'instruiront, s'éclaireront en commun par les divers perfectionnements qu'ils peuvent introduire dans leurs écoles, afin que nul ne soit jamais exposé à des tentatives infructueuses qui le feraient renoncer aux progrès pour rentrer de nouveau dans la routine.

ARTICLE DEUXIÈME

L'association est formée de tous les instituteurs de la ville de Saint-Maixent et de la Banlieu qui veulent coopérer à cette œuvre. Le titre de membre oblige celui qui l'accepte :

A se conformer au règlement ;

A transmettre à l'association tous les renseignements qu'il juge utiles ;

A offrir l'exemple d'une généreuse émulation.

A ne négliger aucun soin, aucun travail, afin que l'association devienne une source de progrès social et la cause du bien-être de tous ses membres ;

ARTICLE TROISIÈME

Les membres de l'association se réunissent le deuxième jeudi de chaque mois, à dix heures du matin, à Saint-Maixent, chef-lieu des assemblées.

ARTICLE QUATRIÈME

Le Bureau se compose de cinq membres, savoir : un président, deux vice-présidents, un secrétaire, un bibliothécaire qui remplira les fonctions de trésorier.

ARTICLE CINQUIÈME

L'élection du président aura lieu au scrutin individuel, à la majorité absolue des suffrages, les vice-présidents et les autres membres du Bureau seront nommés à un second scrutin à la majorité relative.

ARTICLE SIXIÈME

Les membres du Bureau sont élus pour un an et toujours rééligibles.

ARTICLE SEPTIÈME

Le président et les vice-présidents pourront être choisis en dehors du corps des instituteurs, pourvu cependant qu'ils soient déjà membres d'un comité, ou d'une commission d'examen d'instruction primaire, ou bien encore qu'ils soient membres de l'université, ou ministres d'un culte légal.

Le secrétaire et le bibliothécaire-trésorier seront nécessairement pris parmi les instituteurs membres de l'association.

ARTICLE HUITIÈME

Si entre deux élections, l'emploi d'un des membres du Bureau devient vacant, il sera pourvu dans le plus bref délai au remplacement suivant les formes établies par le présent règlement.

ARTICLE NEUVIÈME

Les conférences seront dirigées par le président ; en cas d'absence ou d'empêchement, un des vice-présidents le supplée.

ARTICLE DIXIÈME

Le président d'assemblée a seul la police ; il indique à la fin de chaque séance la nature des questions qui seront discutées dans la séance suivante ; à l'ouverture de cette séance, il donne lecture : 1° Du procès-verbal de la dernière séance ; 2° De la correspondance ; 3° Du résumé sur les méthodes à suivre dans les différentes branches d'enseignement et sur les principaux ouvrages spéciaux ; 4° Du rapport sur les questions à l'ordre du jour.

ARTICLE ONZIÈME

Lorsqu'une question est suffisamment éclairée, le président, de l'avis du Bureau qui en connaît, ferme la discussion, pose les questions et les met aux voix.

ARTICLE DOUZIÈME

Le procès-verbal est rédigé par le secrétaire. Il doit contenir sommairement tout ce qui aura été traité dans une séance.

ARTICLE TREIZIÈME

Le président correspondra au nom de l'association, avec le recteur de l'académie, avec le président et avec l'inspecteur de l'instruction primaire du département.

ARTICLE QUATORZIÈME

Tout ce qui émane du secrétariat doit être signé par le président et par le secrétaire.

ARTICLE QUINZIÈME

Le résultat de chaque séance sera envoyé au recteur, au président et à l'inspecteur des écoles et soumis à leurs observations.

ARTICLE SEIZIÈME

Toute lecture d'écrit politique, tout discours et toute discussion de ce genre sont formellement interdits dans le lieu des séances.

ARTICLE DIX-SEPTIÈME

Tout instituteur de Saint-Maixent ou de la Banlieu qui désirera faire partie de l'association versera entre les mains du trésorier la somme de trois francs par an. L'argent provenant de cette souscription sera employé à former une bibliothèque des meilleurs ouvrages sur l'instruction et à l'abonnement des meilleurs journaux qui s'occupent spécialement d'instruction, le tout d'après l'avis du Bureau.

ARTICLE DIX-HUITIÈME

La bibliothèque sera placée à Saint-Maixent, chef-lieu de l'association, et mise sous la responsabilité du bibliothécaire-trésorier.

ARTICLE DIX-NEUVIÈME

Chaque membre peut emporter chez soi, sur son récépissé, un livre ou ouvrage appartenant à la bibliothèque de l'association ; il ne peut le garder plus d'un mois.

ARTICLE VINGTIÈME

L'association peut exclure de son sein l'un de ses membres, mais pour cela il faudra qu'il y ait contre lui les deux tiers des votes ; cette opération sera faite au bulletin secret.

ARTICLE VINGT-ET-UNIÈME

Tout instituteur qui abandonnera l'association, soit par démission, changement, renvoi, mort ou par tout autre cause, perdra tous ses droits à la bibliothèque comme à tous autres objets appartenant à la société.

ARTICLE VINGT-DEUXIÈME

Dans le cas de dissolution de la société qui ne peut être proposée par les membres avant trois ans et que les deux tiers des membres inscrits pourront seuls ordonner, la bibliothèque et les objets appartenant à la société seront partagés par égale part entre tous les membres inscrits

ARTICLE VINGT-TROISIÈME

Si la dissolution est ordonnée par l'autorité compétente, le partage aura lieu immédiatement.

ARTICLE VINGT-QUATRIÈME

Le présent règlement, signé par les membres du Bureau, sera en entier transcrit sur le registre des procès-verbaux et soumis à l'approbation de M. le recteur, de M. le préfet et du comité supérieur pour qu'ils aient à l'autoriser chacun dans le cercle de leurs attributions.

ARTICLE VINGT CINQUIÈME

L'observation des articles du règlement est confiée à la vigilance de tous les membres de l'association ; elle est spécialement placée sous la surveillance du Bureau.

A Saint-Maixent, le 7 février 1837.

ONT ÉTÉ NOMMÉS MEMBRES DU BUREAU :

Président : M. CHOISNARD, principal du Collège ;
Vice-présidents : MM. Frédéric GIBAUD et JOYAUX, instituteur communal à Azai ;
Secrétaire et bibliothécaire-trésorier : M. CANARD, instituteur communal à Saint-Maixent.

Signé à la minute : F. Gibaud, ministre ; F. Joyaux, J.-A. Canard, A. Choisnard, principal du Collège.

Vu et approuvé par le Recteur de l'Académie.
A Poitiers, le neuf février 1837.

Signé à la minute : TARDIVEL.

Vu pour approbation du règlement ci-dessus :
Niort, le 15 février 1837.

Le Préfet des Deux-Sèvres,
Signé : THIESSÉ.

Pour copie conforme :
Le maire de la ville de Saint-Maixent, vice-président du comité de l'instruction primaire.

Dans les archives de la mairie de **Chenay** on conserve un registre intitulé : Conférences des instituteurs communaux et privés des cantons de Lezay et de La Mothe-Saint-Héray. Ce registre contient :

1° Le règlement de l'association des instituteurs communaux et privés des cantons susdits ;

2° 58 comptes-rendus des conférences tenues sous la présidence de M. Piorry, notaire et maire de Chenay, la première en date du 12 novembre 1835 et la dernière du 14 septembre 1843.

Dans ces conférences, les instituteurs étaient divisés

en groupes et instruits par des moniteurs désignés au scrutin secret. A la suite de ces leçons, des questions étaient adressées aux instituteurs par le président. Ces questions se rapportaient, au début, aux cinq premiers chapitres de la grammaire de Lhomond. En 1836, moniteurs et président interrogeaient sur la grammaire de Noel et Chapsal, sur l'arithmétique et la géographie et faisaient faire des analyses grammaticales.

Les délibérations du comité supérieur d'instruction publique de l'arrondissement de Mello portant les peines encourues par les membres de l'enseignement étaient affichées pendant un mois dans la salle des conférences de Chenay.

Le registre contient une liste de 59 instituteurs faisant partie de l'association ; 16 étaient instituteurs communaux et 43 instituteurs privés.

Au sujet du fonctionnement de ces conférences dans la circonscription de Bressuire en 1838, nous donnerons plus loin la délibération du comité d'arrondissement qui blâme le peu d'assiduité du personnel.

IV

Condition matérielle de l'instituteur.

Nous sommes déjà initiés par plus d'un document publié dans les premiers chapitres de ce livre à la condition misérable des anciens instituteurs. Les témoignages qui vont suivre achèveront de nous édifier sur leur âpre métier et leur condition précaire.

I. EMPLOIS ACCESSOIRES

Faisons entendre d'abord la note optimiste, que nous empruntons au *Mercure Poitevin* :

Au cours du XVIIe siècle, le personnel enseignant se recrute communément parmi les praticiens, notaires et procureurs, auxquels leur instruction professionnelle tient lieu de brevet de capacité ; d'ailleurs s'il n'avait eu d'autres ressources, le régent aurait eu peine, sans doute, à vivre de la faible rétribution qui lui était allouée pour tout salaire. Il n'en sera plus ainsi lorsque les ordonnances de Louis XIV auront assuré à l'instituteur, en sus de l'écolage, des appointements fixes suffisamment rémunérateurs. Alors l'école nourrira le maître, et la profession deviendra une carrière dans laquelle, s'ils n'arrivent pas à la fortune — le métier n'a jamais enrichi — certains gagneront une honnête aisance.

...Le maître d'école jouissait en outre de certaines faveurs, décharge de tout ou partie des impôts, exemption du service militaire et du logement des gens de guerre.

...Il faut croire que le produit de l'écolage, joint aux bénéfices que les maîtres tiraient de leurs pensionnaires, constituait à cette époque un revenu sérieux puisqu'il arriva à La Mothe-Saint-Héray, en 1703, que les régents en exercice, satisfaits « de ce qu'ils peuvent recevoir de leurs écoliers », firent abandon de leur traitement pour aider la communauté à supporter les charges dont elle était alors grevée. Vers 1740, « le nommé Gilles Chevalier père, instituteur de jeunesse non gagé », c'est-à-dire qui ne recevait pas de gages de la commune et se contentait de la rétribution scolaire, était représenté comme « un homme aisé qui a beaucoup d'écoliers pensionnaires couchant, logeant et mangeant chez lui, qui a en outre plusieurs du bourg desquels il se fait exactement bien payer ».

L'auteur de ce tableau a tiré des conclusions générales de certains faits particuliers. De l'exception, il a fait la règle. La vérité est que, à part certains maîtres privilégiés qui avaient, à côté de leur école, quelque profession lucrative, ou qui tiraient profit de leur pensionnat, le vrai maître d'école sous l'ancienne monarchie et pendant la première partie du siècle dernier, fut souvent un pauvre gueux obligé de se livrer à un travail manuel en dehors de la classe. Ce ne fut que dans ces derniers temps que l'instituteur put vivre de son état, et encore !

Dans un état des écoles primaires, à la date du 6 pluviôse an VI, nous relevons qu'il y avait 80 instituteurs et institutrices autorisés dans tout le département, et que leurs professions antérieures avaient été celles de prêtre, chanoine, bénédictin, cordelier, frère lai, génovéfain, sacristain, militaire, sous-lieutenant de canonnier, notaire, clerc de notaire, huissier, officier de santé, commis-marchand, régisseur, contrôleur, laboureur, cordonnier, tourneur, aubergiste.

Dans un autre état du même genre, portant la date du 19 août 1809, nous comptons 85 instituteurs et institutrices commissionnés, ayant ensemble 2.216 élèves, et 91 non commissionnés, avec 2.065 élèves. Nous y lisons que les professions occupées par un certain nombre d'entre eux, concurremment avec celle d'instituteur, ou leurs professions antérieures étaient les suivantes : chantre, sacristain, ex-prêtre, *ex-religieuse*, ancien militaire, ancien gendarme, officier réformé, maire, adjoint au maire, praticien, chirurgien, notaire, greffier du juge de paix, percepteur, employé d'octroi, musicien, relieur, boulanger, maçon, menuisier, charpentier, sabotier, tisserand, *marchande*, *couturière*, tonnelier, revendeur, cordonnier, ancien meunier, barbier, garde de bois, aubergiste (1).

A ces renseignements officiels, puisés dans les archives, nous sommes en mesure de joindre un certain nombre de témoignages recueillis de la bouche même des vieux écoliers d'avant 1850.

Ainsi, à **Beaulieu-sous-Parthenay**, un instituteur, avant 1830, réparait les pendules du pays, se rendait chez les habitants ou faisait les réparations à domicile.

Les premiers instituteurs de **Brûlain** se louaient l'été comme valets de ferme.

Un instituteur de **Chail**, le sieur Lambert (1834-1844), confectionnait pendant la classe des galons en fil de chanvre d'un genre particulier, appelés « toques » dans la contrée et qui servaient aux femmes à retenir leurs cheveux sous la coiffe paysanne. Les 0 fr. 25 de gain quotidien qu'il pouvait amasser ainsi, s'ajoutaient à une allocation communale de 200 francs. Le tout, joint à la rétribution scolaire payée par les élèves, lui constituait un revenu de 450 francs.

Le sieur Pied, instituteur à **La Chapelle-Bertrand** de 1825 à 1837, était en même temps chantre et sacris-

---

1. — Avant la loi de 1833, le sieur Triau, instituteur à **Argenton-Château**, vendait du vin les jours de *foire des champs*. En 1835, ce maître, qui n'exerçait qu'en vertu d'une autorisation accordée, le 10 janvier 1827, par l'évêque de Poitiers, sollicitait un échange de titre. Le sous-préfet de Bressuire, président du comité d'arrondissement, lui répond « que l'échange sollicité par M. Triau n'aura lieu que s'il y a certitude que l'instituteur « renonce absolument à un trafic si incompatible avec l'honorable minis- « tère dont il est investi. »

Le 27 juillet 1834, le maire de **La Ronde** dénonçait au comité d'arrondissement le sieur Gatard comme exerçant les métiers de buraliste, cabaretier, horloger, fossoyeur, secrétaire de mairie et marchand épicier.

tain ; comme tel, il avait droit à la glane, après le battage des céréales, et à une collecte d'œufs à Pâques. Il était assisté dans ces diverses fonctions par un aide, qui creusait aussi les fosses.

Les enfants du sieur Papin, instituteur à **La Chapelle-Gaudin** vers 1830, étaient réduits à aller mendier leur pain.

A **Coulonges-sur-l'Autize**, en 1841, l'instituteur Poncet touchait un supplément de 50 francs à titre de concierge de la justice de paix (1).

A **Courlay**, un vieil instituteur, M. Poupard, façonnait souvent des sabots dans un tronc de chêne pendant la classe ; les grands garçons étaient tout fiers de scier et de fendre le bois du sabotier, pendant que les moins illettrés faisaient, en qualité de moniteurs, lire et compter leurs petits camarades.

Le premier régent de **Couttères**, un nommé Pouzet, dans l'intervalle de ses classes, arrachait du genêt à moitié profit dans les champs voisins. Pendant l'été, il se louait comme domestique de ferme.

L'instituteur des **Forges**, Bodineau, était souvent appelé comme expert et conciliateur.

En 1830, comme l'instituteur communal de **Magné** avait beaucoup d'élèves, sa femme, Mme Pointeau, qui cumulait les fonctions d'institutrice non brevetée et de

---

1. — En 1846, cet instituteur, âgé de 78 ans, manifesta l'intention de se retirer à la condition que son remplaçant lui céderait une partie du traitement fixe. Le sieur Largeau, alors instituteur à Cours, écrivit au maire de Coulonges qu'il acceptait cette condition.

sage-femme, fut autorisée par le Conseil municipal à aider son mari.

Les premiers instituteurs de **Neuvy-Bouin** étaient avant tout tisserands ; ils recevaient les enfants chez eux, dans leur atelier, et faisaient la classe tout en travaillant. Ils étaient également chantres et sacristains. A ce titre, ils jouissaient du privilège, conservé dans quelques localités, *de dîmer*, c'est-à-dire de se présenter chaque année chez les habitants de la paroisse pour recevoir du blé, de la viande, de la laine, des œufs, etc. Depuis 1848, les instituteurs de Bouin ont cessé de remplir aucun emploi à l'église.

D'après les dires d'un vieillard de **Saint-Léger-les-Melle**, né en 1810, un des premiers instituteurs de cette commune, le sieur Foisseau, qui avait une belle écriture, tenait la comptabilité de plusieurs commerçants de la ville de Melle. Il percevait pour les enfants de la commune une rétribution scolaire fixée par le Conseil municipal ; mais il fixait lui-même le prix des leçons des élèves des communes environnantes. Un de ses successeurs, M. Beaubeau (1845 à 1855), fut en même temps régisseur des propriétés que M. de la Chevrelière possédait à Saint-Léger et dans les communes environnantes.

A **Saint-Vincent-la-Châtre**, le sieur Fouasseau, qui fut instituteur au hameau de Lambertière, de 1821 à 1834, était infirme, presque impotent ; l'été il se transformait en fabricant de « toques » (1) et « galons ».

---

1. — Son collègue de Chail (p. 255), nous venons de le voir, se livrait au même travail.

L'instituteur de Forges (**Sécondigné**) tirait une partie de ses ressources de l'exploitation de ses terres. D'ailleurs, les instituteurs de ce temps-là menaient la vie simple et frugale, et par suite peu coûteuse, des paysans leurs voisins.

Au **Vanneau**, les premiers instituteurs étaient en même temps chantres et sacristains, et selon l'heure plus ou moins matinale à laquelle ils sonnaient l'*Angelus*, les propriétaires et les fermiers remplissaient plus ou moins leurs sacs à provisions ; aussi l'*Angelus* sonnait-il quelquefois dès 2 heures du matin. Ces instituteurs cultivaient leurs champs (jusqu'en 1847, l'école se fermait de Pâques à la Toussaint), et cuisaient le pain des habitants qui leur abandonnaient en payement le 1/17 de la pâte apportée au four.

A **Villemain**, il y a 80 ans, l'instituteur Bujault « filtoupait » du chanvre dans ses moments de loisir.

A **Voultegon**, en 1830 et les années suivantes, une femme de l'endroit, qui était servante du curé, « la mère Agathe », comme l'appelaient les gens du pays, faisait la classe au presbytère aux enfants des deux sexes.

II. RÉTRIBUTIONS SCOLAIRES

Rétribution scolaire ou écolage. — La rétribution scolaire fut pendant longtemps le seul salaire du maître d'école ; encore était-elle limitée par l'autorité communale.

Voici d'abord quelques documents remontant au XVIII° siècle.

En 1771, le sieur Jacques Baudry faisait l'*écolle* à **Arçais** à raison de 2 livres pour 4 mois, à 2 enfants. Ce même Baudry était barbier, moyennant 3 livres par année et par client. Il était également maçon et menuisier ; sur son livre (1) figure une somme de « une livre dix sous » pour deux châssis. Le nombre des élèves augmenta les années suivantes et s'éleva à une douzaine. Le sieur Baudry enseigna à Arçais jusqu'à 1833, soit pendant 62 ans.

A **Juscorps**, le plus ancien document relatif à l'instruction est le cahier où un artisan, qui tenait école en hiver, inscrivait à la fois la date de l'entrée des élèves et le compte des journées faites pour ses clients pendant la belle saison. On y lit que

En 1750, l'école comptait 37 élèves (garçons), entrés du 1er novembre au 5 janvier 1751 ;
En 1751, 40 élèves (5 filles et 35 garçons), entrés du 5 novembre 1751 au 24 février 1752 ;
En 1752, 51 élèves (6 filles et 45 garçons), entrés du 5 novembre au 2 janvier 1753 ;
En 1753, 41 élèves (1 fille et 40 garçons), entrés du 29 octobre au 7 janvier 1754 ;

---

1. — Une personne d'Arçais détient un registre de comptes qui a appartenu à Jacques Baudry ; on y lit des mentions comme celles-ci :
Lamiaud ne payera rien pour les écoles de ses deux enfants depuis l'an II jusqu'en 1806. Reçu 16 battelées de fumier.
Pour un autre enfant, le père payait : *15 sols pour un mois d'écolle, couché et soupe trempée.*
En 1807, le sieur Jacques Baudry reçoit, comme maçon et menuisier, pour ouvrage à l'église : 75 fr. 79.

En 1751, 49 élèves (5 filles et 44 garçons), du 11 novembre au 3 février 1755.

Les sorties se faisaient aussi irrégulièrement que les entrées. Deux sont indiquées de la manière suivante :

Du 15 de mars a cessé de venir à l'école les deux enfants de Vallet de La Brousse ; il doit 10 sols.
Du même jour, la fille de Louis Volleau doit 3 s.

Il est difficile de déterminer quelle était la rétribution due par les élèves ; elle variait sans doute selon les facultés enseignées ; car l'instituteur a soin de noter la date à laquelle ses élèves commencent à écrire.

Le nom de l'instituteur semble être François Daniault, si l'on s'en rapporte à l'inscription qui se trouve dans un angle de la dernière page de ce carnet de comptes. Les élèves, dont le lieu d'origine est indiqué, n'étaient pas tous de Juscorps ; ils se recrutaient aussi dans les communes limitrophes, Saint-Romans-des-Champs, Marigny, Fors et Saint-Martin.

Quand les élèves l'avaient quitté, il allait en journée pour faucher, labourer ou « séger », ou bien il travaillait à son métier de tonnelier et de charpentier, « raquemodait » une porte de maison pour 2 sols, une « met » pour 3 sols, trois barriques pour un sol et 6 deniers. La journée de fauchage était cotée 15 sols ; les autres, 12 sols.

Il n'y a plus d'inscriptions d'élèves à partir de 1754. Sans doute l'ancien instituteur se trouvait dans une situation assez prospère pour se passer de cette ressource accessoire.

A **Moulins,** nous avons trouvé les renseignements suivants dans le livre de comptes de Jacques Gillebert, sieur de la Louisière (paroisse de Saint-Pierre-des-Echaubrognes), procureur ducal et fiscal de la baronnie de Mauléon :

1708. Payé les écolages de mon fils à M. Savariau.
1720. Payé à M. Jeanneau, régent, les écolages de deux enfants. 30 sous par mois chacun.

Avant la loi de 1833, les instituteurs touchaient directement la rétribution scolaire. On a souvenir, dans le canton de Celles, d'instituteurs allant de porte en porte, leur registre sous le bras, pour toucher le mois des écoliers ; souvent il leur fallait revenir plusieurs fois dans la même maison avant de toucher ce qui leur était dû. Parfois les parents payaient en nature, en fruits, en légumes et même, lorsque la somme due était assez forte, ils s'acquittaient avec des pièces de mobilier. Une institutrice a conservé encore une horloge donnée en paiement à son grand-père, qui fut instituteur à **La Chesnaye**, commune de Fressines.

Rétribution en nature. — Comme nous l'avons déjà vu dans les documents qui précèdent, les maitres du vieux temps recevaient souvent des allocations ou des dons en nature. En voici d'autres exemples :

Il y avait aux **Alleuds** une singulière redevance qui se perpétua jusqu'en 1859 : lorsque, dans la famille, on faisait cuire une nouvelle fournée de pain, on avait soin de faire pour les enfants allant à l'école une miche spéciale, appelée *michon*. Lorsque l'heure du goûter était arrivée, les élèves qui avaient des michons allaient prier le maitre d'en prendre sa part ; il coupait un morceau de chaque miche et avait ainsi du pain pour toute sa journée (1).

En 1821, l'instituteur libre de **La Bataille** recevait des parents un boisseau de blé pour l'instruction de chaque enfant.

Au **Chillou**, le sieur Minault qui faisait la classe en 1830, recevait comme salaire des fruits, du grain, de la viande, du chanvre, trop rarement des pièces de monnaie.

A **Courlay**, sous M. Poupard, du temps du premier Empire, les enfants des cultivateurs aisés offraient en étrennes au maitre des balais de genêts, pour le balayage de l'école.

A **Irais**, les premiers maitres ne percevaient pas d'argent, mais des dons volontaires, consistant en matières alimentaires : œufs, graisse, lard, boudins, quelques volailles et quelques boisseaux de blé par ci par là.

Il en était de même au Vanneau et à Villemain.

Rétribution en argent. — La rétribution variait généralement selon le degré d'avancement des élèves (2)

---

1. Cette coutume existait également à Saint-Léger-les-Melle. Lorsque les enfants apportaient une galette pour leur déjeuner, il était d'usage de la faire entamer par le maître, qui en retenait un morceau de la grandeur qui lui convenait ; aucun élève n'aurait osé contrevenir à cette coutume.

2. — Il y avait d'autres modes de calcul, mais plus rares. Ainsi nous avons vu la rétribution basée sur la durée de la scolarité : par an, 1 fr. 50 pour les 3 premières années, 2 fr. pour les suivantes ; — ou sur l'âge : ainsi nous trouvons à Adilly, 1 fr. 50 pour les enfants au-dessous de 10 ans, 2 fr. de 10 à 13, 3 fr. au-dessus de 13 ; — ou selon les progrès en lecture seule-

et presque partout se divisait en 3 catégories. Voici du reste les différents prix que nous avons relevés dans les archives municipales :

Les commençants, ceux qui apprennent à lire : 0 fr. 60 ; 0 fr. 75 ; 1 fr. ; 1 fr. 25 ; 1 fr. 50.
Les écrivains, ceux qui apprennent à lire et à écrire : 1 fr. ; 1 fr. 25 ; 1 fr. 50 ; 1 fr. 75 ; 2 fr.
Les calculateurs : 1 fr. 25 ; 1 fr. 50 ; 1 fr. 60 ; 1 fr. 75 ; 2 fr. ; 2 fr. 50 ; 3 fr.

A **Saint-Maurice-la-Fougereuse**, les trois catégories d'élèves étaient désignées ainsi qu'il suit en septembre 1841 :

Élèves qui commencent à fréquenter l'école, pour leçons de lecture, prix 1 fr.
Élèves qui recevront les leçons de lecture, d'écriture et de calcul, 1 fr. 50.
Élèves qui veulent apprendre la grammaire, la géographie et tout ce qui concerne l'école primaire élémentaire, 2 fr.

Dans cette même commune, 27 ans plus tard (10 mai 1868), la rétribution mensuelle était calculée d'une autre façon, savoir :

1 fr. 50 pour les élèves au-dessous de 10 ans ;
2 fr. pour les élèves de 10 à 13 ans ;
3 fr. pour les élèves au-dessus de 13 ans ;
1 fr. pour chaque élève admis gratuitement.

Nous avons dit que le taux de la rétribution était fixé par les municipalités, qui arrêtaient en même temps le

---

ment, comme à Cherveux, en 1806 : 1 fr. pour ceux qui commencent l'épellation ; 1 fr. 50 pour ceux qui commencent à lire *coulément* ; 1 fr. 75 pour ceux qui commencent à lire dans l'écriture manuscrite et ancienne nombre des enfants indigents à recevoir gratuitement. Nous donnons, à titre de spécimen, la délibération du conseil municipal d'Usseau du 3 mai 1835.

Dans le but de répandre l'instruction dans toutes les classes de la commune, il est formé trois catégories différentes d'enfants.

Article 1er. — Ceux dont les moyens seront reconnus suffisants payeront à l'instituteur communal par mois, savoir : les commençants, un franc; ceux qui liront *coulemment*, un franc cinquante centimes ; ceux qui écriront sur le papier, deux francs, et enfin les plus forts, deux francs cinquante centimes.

Art. 2. — Ceux qui ne jouiront que de très peu de biens et qui seront reconnus n'avoir pas les moyens suffisants payeront à l'instituteur communal pour l'instruction de leurs enfants, savoir : les commençants, cinquante centimes par mois ; ceux qui liront coulemment, soixante-quinze centimes par mois, et enfin les plus forts, c'est-à-dire ceux qui écriront sur le papier, un franc vingt-cinq centimes par mois. Mais ils ne pourront être admis à l'école qu'autant qu'ils ne payeront pour leurs contributions foncières, personnelles et mobilières pas plus de dix francs, c'est-à-dire que ceux qui sont au-dessous auront droit autant qu'ils justifieront par leurs bulletins ne payer que la somme sus-dite et ils seront alors autorisés par le Conseil municipal, et que le nombre des élèves de cette classe ne dépassera pas vingt-quatre élèves. A cet effet, il sera donné publication de la dite délibération concernant cette catégorie seulement soit à son de caisse ou autrement dans toute la commune afin que ceux qui voudraient y placer leurs enfants viennent faire leur déclaration à la mairie d'ici le quinze du présent mois.

Art. 3. — Douze indigents dont les noms suivent recevront l'instruction totalement gratuite . . . .

Dans quelques communes, avant 1833, la rétribution était journalière. Ainsi, à Brûlain, les élèves lecteurs apportaient un sou par jour et les élèves écrivains, six liards.

A partir de 1834, les instituteurs publics furent tenus d'inscrire sur un registre les noms des élèves qui payaient une rétribution mensuelle ; ils délivraient au percepteur un extrait de ce registre pour lui permettre d'opérer le recouvrement des frais de scolarité. Le registre et les extraits étaient contrôlés par le comité d'arrondissement ou par ses délégués. Ce fut un progrès de faire recouvrer par le fisc la rétribution scolaire et d'épargner à l'instituteur devenu communal une corvée dont sa dignité avait eu bien souvent à subir de graves atteintes.

La situation des instituteurs sous le régime de la loi de 1850 (1) resta en général des plus précaires. Il y en eut cependant qui, grâce à leur réputation, à l'importance de la commune, ou à l'absence de concurrent, se faisaient un revenu respectable. Nous trouvons, en effet, que l'instituteur de **Romans**, en 1871, toucha 2.188 fr., se décomposant comme il suit :

Traitement fixe.................. 200 ⎞
Rétribution scolaire............ 1888 ⎬ 2188
Travaux à l'aiguille............ 100 ⎠

A **Coulonges**, la rétribution scolaire, en 1857, fut de 1.481 fr. 50 pour l'école de garçons.

Mais ce sont-là des exceptions qui n'ont qu'un intérêt de curiosité.

---

1. — Le traitement de l'instituteur, tel qu'il est déterminé par l'article 38 de la loi du 15 mars 1850, se composait :
1° D'un traitement fixe qui ne pouvait être inférieur à 200 fr. ;
2° Du produit de la rétribution scolaire ;
3° D'un supplément accordé, s'il y avait lieu, à tous ceux dont le traitement, joint au produit de la rétribution scolaire, n'atteignait pas 600 fr.

III. AFFICHES

A l'époque où la fréquentation scolaire n'était pas obligatoire, l'instituteur était obligé d'user de la réclame pour attirer à lui la clientèle.

A **Argenton-Château**, l'instituteur, M. Triau, annonçait l'ouverture de son école, le 14 janvier 1827, par cette affiche, encadrée de gracieuses arabesques et habilement calligraphiée :

> Le sieur **Triau Alexis** a l'honneur d'annoncer au public qu'il vient de fixer sa résidence à Argenton-le-Château, en qualité d'instituteur primaire du second degré, et que l'ouverture de sa classe aura lieu mercredi dix-sept de ce mois, au lieu de son domicile qui est au Château. Les personnes dont il pourra mériter la confiance sont assurées de trouver en lui un maître plein de zèle pour l'éducation de leurs enfants, et s'il y a quelques pères et mères qui désirent faire donner des leçons particulières à leurs enfants, il pourra se transporter chez eux à des heures indiquées. La matière de l'enseignement consistera en lecture, écriture, arithmétique par raisonnement et principes de la langue française.

Nous donnons ci-après le *fac-simile* d'une autre affiche due au sieur Bodineau, instituteur à **Secondigny**, où la bizarrerie du style et la médiocrité de l'orthographe forment contraste avec la richesse de l'encadrement.

IV. LOGEMENT ET HABILLEMENT

Nous avons vu qu'anciennement l'école se confondait avec le logement même de l'instituteur et que l'une avait une installation aussi misérable que l'autre. Lisons encore quelques cas particuliers :

Avant 1835, D..., instituteur à **Fors**, partageait son unique pièce avec son cheval, dont il était séparé par une cloison peu élevée.

A **Hanc**, le presbytère, déclaré bien national pendant la Révolution, avait été mis en vente et n'avait pas trouvé d'acquéreur. Il était resté propriété de la commune qui, jusqu'en 1824, l'avait loué à son profit à de pauvres diables qui ne savaient où loger. La maison était hantée ; *il y retournait*, comme on dit dans le pays. Il n'y avait ni châssis ni contrevents et les portes pendaient lamentablement à leurs gonds. C'est ce logement que la municipalité offrit à l'instituteur, en 1829, en le qualifiant de très convenable. Il mit son lit dans l'angle le plus éloigné des ouvertures béantes et l'hiver, pour ne pas trop grelotter, il ajoutait à sa couverture une des tables de sa classe et dormait là-dessous d'un sommeil tranquille ; car les revenants avaient disparu.

A **Juscorps**, la première école où enseigna Jacques Dabray, à partir de 1835, ne contenait qu'une pièce qui servait à la fois de classe et de logement. Une cloison en planches partageait la salle en deux parties, l'une pour les filles, l'autre pour les garçons. Le lit de l'instituteur était placé dans le premier compartiment ; dans le second, se trouvaient une table et une armoire où il serrait ses provisions, qui furent plus d'une fois pillées par les écoliers.

Les instituteurs portaient généralement la blouse et les institutrices la coiffe. Nous donnons ici les portraits authentiques d'un ménage de vieux maîtres, M. et Mme Marché (1).

Ils sont très rares aujourd'hui ceux qui ont conservé cette habitude, qui viennent voir l'Inspecteur d'Aca-

démie ou qui assistent aux conférences pédagogiques en blouse et en coiffe. Il faut peut-être le regretter, au moins dans les communes rurales, où les paysans aisés ne dédaignent pas cette tenue ancestrale.

Dans les environs de Melle et de Lozay, les instituteurs

---

1. — Anciens instituteurs à Sainte-Eanne, tous deux nés en 1820. M. Marché a toujours fait la classe en blouse et Mme Marché en coiffe créchoise.

du temps de la Restauration étaient, en général, de simples paysans, vêtus de la blouse traditionnelle, du chapeau à larges bords, ne connaissant guère d'autres chaussures que les gros sabots de bois que l'on trouve encore dans cette contrée. D'ailleurs, ce costume convenait aux travaux des champs auxquels ils se livraient une partie de l'année.

Quelques-uns se distinguaient par une tenue particulière. Les anciens instituteurs de Vitré et de La Chesnaye s'habillaient d'une longue redingote, appelée « grande robe à carreaux » et se coiffaient d'un bonnet de coton ou de laine, noir ou bleu.

V. DE QUELQUES PRIVILÈGES ACCORDÉS AUX INSTITUTEURS PUBLICS

Certains avantages particuliers étaient faits à l'instituteur même sous l'ancien régime : l'exemption de certains impôts, par exemple. Nous rappelons ici les quelques privilèges qui restent attachés à l'emploi.

Dispense du service militaire. — L'instituteur communal jouissait dès 1833 de la dispense du service militaire, et il en jouissait seul. C'est ce qui ressort d'une lettre écrite le 31 décembre 1834 par le préfet des Deux-Sèvres à un pasteur de Saint-Maixent :

Il résulte de la combinaison de la loi du 21 mars 1832 (sur le recrutement militaire) avec la loi du 28 juin 1833 (sur l'instruction publique) que les instituteurs communaux peuvent seuls contracter l'engagement de se vouer pendant 10 ans à l'enseignement. La loi sur le recrutement ci-dessus relatée ne dispense du service militaire que les membres de l'instruction publique;

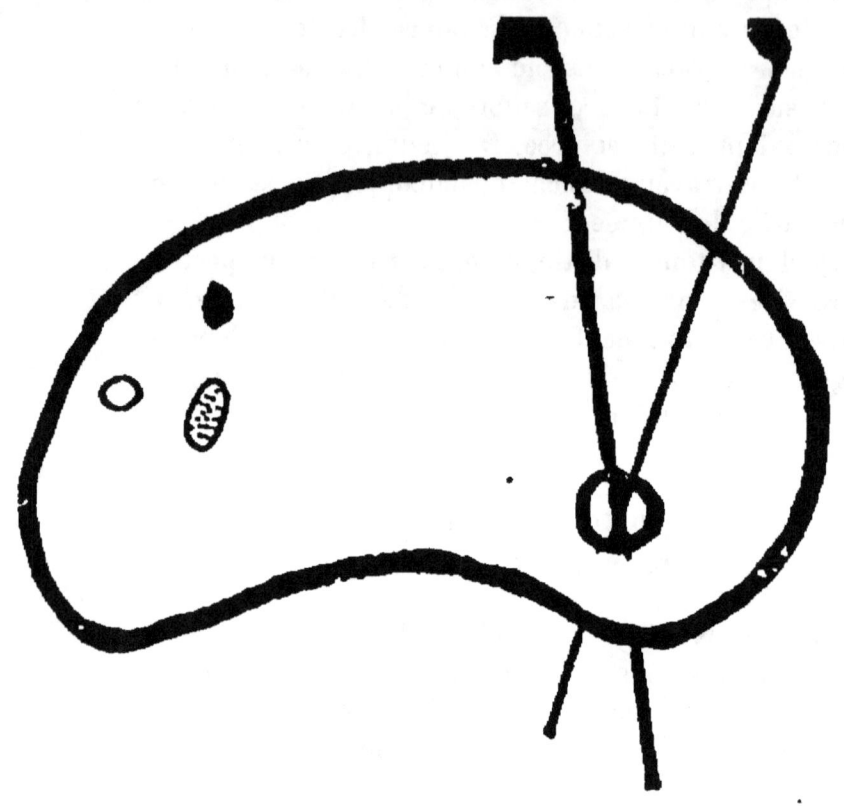

ORIGINAL EN COULEUR
N° Z 43-120-8

il faut de toute nécessité avoir le caractère d'homme public pour avoir droit à la dispense. La loi ne saurait être appliquée à l'instituteur privé pas plus dans l'enseignement primaire que dans le secondaire.

Les diverses lois sur le recrutement de l'armée qui ont suivi ont maintenu ce privilège. La loi actuelle du 15 juillet 1389 n'accorde plus que la dispense partielle. Le projet en discussion sur le service de deux ans la supprimera sans doute complètement. Faut-il s'en plaindre ? Nous ne le croyons pas ; le recrutement en sera peut-être un peu entravé au début, mais les vocations seront plus sincères.

Pension de retraite. — Une caisse d'épargne et de prévoyance avait été instituée dans chaque département par la loi de 1833 (1). Elle était alimentée par une retenue annuelle d'un vingtième sur le traitement fixe de chaque maitre et cette retenue était versée à un compte ouvert au Trésor royal. Tous les six mois, on capitalisait les intérêts. L'instituteur qui se retirait de l'enseignement recevait le produit total de la retenue exercée sur ses appointements au cours de sa carrière. En cas de décès, c'était sa veuve ou ses héritiers qui avaient droit à ce produit. Cette caisse d'épargne n'était pas subventionnée par l'Etat, mais elle pouvait recevoir des dons et des legs. Elle fut remplacée par la caisse des retraites à partir du 1er janvier 1854, par application de la loi générale sur les pensions civiles de 1853.

---

1. — La caisse d'épargne des instituteurs et institutrices, dans les Deux-Sèvres, fut fondée en 1837, liquidée vers 1854. Une société de *secours mutuels* a été créée depuis.

Bodineau

instituteur primaire

A L'honneur de prévenir

Ces Concitoyens qu'il Enseigne maintenant au Chef-lieu de la commune de Secondigny.

— En conséquence tous ceux qui daigneront L'honorer de leur confiance, la quelle il s'efforcera de mériter par le zèle qu'il apportera à accélérer L'Education des Infans confiés à ces soins, sous les auspices des surveillances constituées.

— Il a l'espoir que les progrès de ces Elèves donneront un témoignage assuré de L'Efficacité de sa Méthode D'Enseignement; ou il à un désir ardent de travailler avec succès en leur inspirant une solide piété;

— Dont il n'attend plus que le bonheur d'être Chéri de ces jeunes Disciples.

Une loi spéciale du 17 août 1876 a édicté des dispositions particulières en faveur des instituteurs : ils ont droit à pension à l'âge de 55 ans et après 25 ans de services et leur pension est réglée d'après la moyenne des six années les mieux rétribuées.

Distinctions et récompenses honorifiques. — La *médaille d'argent* a été instituée par l'arrêté du 5 juin 1818 ; elle s'appelait alors *médaille d'encouragement* et était destinée à récompenser des instituteurs qui se distinguaient par la tenue de leurs écoles. L'arrêté royal de 1829 créa la *médaille de bronze* et un parchemin, la *mention honorable.*

Depuis 1875, la possession de la médaille d'argent vaut à son titulaire une allocation annuelle et viagère de 100 francs. En 1894, un décret autorisa le port de la médaille d'argent, représentée par un ruban de couleur violette avec liserés jaunes.

Outre les récompenses particulières à l'enseignement primaire, les instituteurs peuvent recevoir des décorations d'officier d'académie ou de l'instruction publique et de la légion d'honneur, des médailles ou des mentions pour la propagation de la vaccine, de la mutualité, des cours d'adultes, de l'enseignement agricole et horticole, etc.

L'honorariat peut être conféré aux instituteurs admis à la retraite (arrêté du 18 janvier 1887).

Exemptions de droits universitaires. — Les fonctionnaires de l'enseignement primaire public sont dispensés des droits d'inscription dans toutes les facultés et écoles d'enseignement supérieur. Leurs enfants sont exempts dans les lycées des frais d'études et de surveillance.

Demi-tarif sur les chemins de fer. — En 1879, les instituteurs, qui jusque-là ne bénéficiaient qu'exceptionnellement d'une réduction de tarif, eurent de droit la jouissance du demi-tarif pour leurs changements de résidence, leurs voyages de vacances et leur séjour aux eaux thermales. En 1884, les compagnies admirent que les instituteurs auraient droit au demi-tarif en toute circonstance, sous la réserve de produire une autorisation de leurs inspecteurs. Cette autorisation, pour le réseau de l'Etat, est remplacée par la production d'une carte spéciale, valable pour un an.

V

Condition morale de l'instituteur.

Malgré la condition misérable faite au vieux maître de nos écoles poitevines, il serait facile d'en citer plusieurs qui ont joui de l'estime publique, qui ont su conquérir par leur vie privée, par leur savoir et leur expérience un grand ascendant moral dans leurs communes et qui ont laissé après eux un souvenir vivace, qui s'est perpétué jusqu'à nos jours. Nous en citerons quelques-uns.

Airvault. — De tous les anciens instituteurs d'Airvault, M. Texereau est celui qui parait avoir laissé le meilleur renom.

Fils de cultivateurs, occupé dès son bas-âge à soulager ses parents dans leur rude labeur, il dut, tout jeune, trop tôt à son gré, quitter l'école. Mais il avait le goût de l'étude ; sorti de classe, il s'instruisait seul, en employant ses rares moments de loisir à lire les livres qu'il pouvait se procurer. En 1833, il avait alors plus de 20 ans, il se présenta à l'école normale de Parthenay et fut admis.

En 1836 il fut nommé instituteur communal. Ses débuts furent difficiles, il avait à soutenir la concurrence contre M. Miot, instituteur libre, qui exerçait dans la commune depuis près de 15 ans et dont l'école était florissante. A force de travail, de zèle, M. Texereau réussit à gagner la confiance des pères de famille, et cette confiance, il la conserva jusqu'à la fin de sa carrière, en 1874. Il aimait, il faut le dire, sa profession par-dessus tout ; il s'efforçait de comprendre et d'appliquer les nouvelles méthodes, donnait un enseignement général. Plusieurs de ses anciens élèves sont aujourd'hui instituteurs ; d'autres sont agents-voyers ou sont entrés dans différentes administrations (1).

Breloux. — Airault, François (1824-1881), dirigea pendant 33 ans l'importante école et le pensionnat de Breloux. Sa valeur pédagogique et le libéralisme de son enseignement lui acquirent vite le renom d'un maître de premier ordre. Les élèves qu'il avait formés

---

1. — M. Texereau cognait ferme et souvent ; c'était là son défaut, dont il disait ne pouvoir se corriger. Mais la plupart de ses élèves, sinon tous, ont cependant oublié les sévères corrections qui leur ont été infligées pour ne se souvenir que du dévouement professionnel de leur ancien maître, et c'est toujours avec des expressions de respect et de reconnaissance qu'ils parlent de lui.

sous l'Empire apportèrent dès la première heure leur dévouement à la République et contribuèrent à placer les cantons de Saint-Maixent en bon rang parmi les défenseurs du régime nouveau.

Excellent musicien, il fonda et dirigea pendant plus de vingt années l'Orphéon de Breloux, l'un des premiers en date de la région, et que ses nombreux succès classèrent parmi les meilleures sociétés musicales de province.

Il mourut dans l'exercice de ses fonctions, en juin 1881. Cette année même une souscription fut ouverte par « ses élèves et ses amis », afin de consacrer à sa mémoire un buste, que modela son ami le sculpteur Baujault, et qui se trouve actuellement au Musée de Niort.

Maisonnais. — On nous écrit de cette commune : « Instruit pour son temps, affable et serviable, de tenue simple, correcte et digne, l'ancien instituteur jouissait d'une grande estime et même d'un certain prestige ».

Saint-Etienne-la-Cigogne. — M. Bouin, instituteur à Saint-Etienne-la-Cigogne vers 1860, jouissait d'une grande considération ; il passait pour être instruit et son influence s'exerçait en dehors de l'école. C'était un homme de bon conseil, auquel on recourait souvent. Il fumait bien sa pipe en classe, mais on n'y trouvait pas à redire.

Mais, en général, les anciens instituteurs eurent un rôle effacé. Leur influence morale ne pouvait être que médiocre dans un milieu où le prestige de la fortune est encore considérable. D'autre part, leur ignorance, leurs procédés disciplinaires, leur pédantisme, leur manque de tenue, leur condition subalterne vis-à-vis des municipalités et du clergé, contribuaient à leur enlever toute autorité. Ici, les témoignages abondent et nous ne pouvons les enregistrer tous.

Aiffres. — Vers 1830, une demoiselle B... Julie, tenait une école de filles à Aiffres ; elle prenait le mot d'ordre au presbytère. Détail amusant : *Mlle Julie* avait Napoléon en horreur ; aucun livre, aucune brochure où il était question de lui n'était épargné ; partout où son nom lui tombait sous les yeux, il était impitoyablement biffé ou gratté.

Les Alleuds. — Nous avons déjà vu, à propos du chauffage (p. 187) comment le père F... entendait le respect de la propriété. Lorsqu'il se fâchait par trop fort, les grands élèves offraient de lui payer une chopine chez le cabaretier voisin, et aussitôt le père F... s'adoucissait.

Allonne. — M. T..., qui exerça de 1810 à 1822, était un ancien militaire d'un tempérament violent ; jamais il ne riait ni ne plaisantait avec personne. A la moindre altercation qu'il avait avec un habitant, il l'appelait sur le terrain.

Asnières. — M. B..., qui fut instituteur à La Chauvière pendant 24 ans, était communément désigné par le surnom de « pile-mojettes », qui, dans le patois local, signifie *grand mangeur de haricots*. Cette dénomination était due, dit-on, à un goût très prononcé pour ce mets ; mais il est probable que la nécessité d'une nourriture frugale n'était pas étrangère à cette préférence marquée.

Bessines. — En 1827, Jean G... n'était pas embarrassé, parait-il, pour faire une addition, une soustraction ou une multiplication, mais il ne venait que difficilement à bout de la division, comptant et recomptant pour aboutir à un résultat souvent erroné. Il ne savait pas beaucoup mieux lire. Un jour, il se fâcha tout rouge, parce qu'un de ses élèves, que son père avait fait lire, prononça le mot *fi-guier* tel qu'il doit être prononcé : « Ce n'est pas ça, c'est *fi-gu-ier* qu'il faut dire ! » clama M. G... Ce G... fut suspendu d'ailleurs en 1836.

La Petite-Boissière. — Le premier instituteur, M..., qui exerçait encore en 1838, battait, dit-on, ses élèves comme plâtre, à tel point que quelques-uns cessèrent d'aller à l'école à cause de sa brutalité. Il est vrai que les plus battus, par mesure de représailles, lui jouaient des tours pendables. Le plus usité était de lui manger son « comentage », comme on dit dans le patois du pays. Son domicile étant au village de La Laiterie, il apportait son déjeuner dans un panier qu'il déposait dans un coin de la classe ; s'absentait-il un instant, vite on retirait de son panier viande, fruits, fromage, etc., de sorte qu'à midi c'était lui qui était mis au pain sec. Comme ses élèves, malgré ou plutôt à cause de sa discipline barbare, étaient fort indisciplinés, très souvent il était obligé d'aller chercher le curé pour rétablir l'ordre. Un de ses successeurs, M. B..., était aussi fort irascible ; il battait ses élèves tellement fort que souvent ils rapportaient chez eux les marques des coups, des bleus, des ampoules sur les doigts. Il se battait même avec des habitants et n'était pas toujours le plus fort ; les enfants étaient enchantés quand il recevait une bonne rossée.

Chantecorps. — Le sieur L..., instituteur de 1834 à 1842, avait la fâcheuse habitude de s'enivrer. En cet état, il se croyait un être presque surnaturel. Voici ce que raconte un de ses anciens élèves, ancien maire de la commune : « Lorsque, pendant la classe, il s'élevait une tempête venant du nord, M. L... se tournait vers ce point cardinal, et le bras étendu dans cette direction, il s'écriait de toutes ses forces : « Vent du nord, tais-toi ! » Puis se retournant vers ses élèves, tenant les deux coins de son immense col de chemise, il leur disait : « N'allez pas croire, mes enfants, que je suis Dieu ! non, « mes enfants, je ne suis pas Dieu ! » et, lâchant brusquement son col de chemise, il s'écriait encore plus fort : « Mais je suis le roi des hommes ! »

Lezay. — M. T..., ancien instituteur de Teillé, raconte que, pendant les six mois que l'école restait fermée, il lui fallait reprendre le travail des champs, avec des compagnons qui le traitaient en camarade et n'observaient pas toujours les formules de respect.

Marigny. — La première institutrice, Mlle G..., qui enseigna de 1820 à 1853, faisait la classe dans sa cuisine. Le chauffage se faisait avec le bois qu'elle envoyait ramasser aux élèves le long des chemins et au pied des bûchers. Le coin de son tablier lui servait de mouchoir et il n'était pas rare de voir à ses vêtements une pièce incomplètement cousue, attachée avec une épingle. Elle dormait souvent pendant la lecture ; un mot embarrassait-il l'élève, on réveillait la maîtresse en tirant fortement son tablier ; elle disait le mot et se rendormait profondément.

Montigny. — L'autorité du maître résidait exclusivement dans la crainte. Auprès des familles, il ne jouissait que d'une médiocre considération ; du reste, il ne se faisait aucun scrupule de fréquenter les cabarets et d'en sortir parfois dans un état peu propre à inspirer le respect.

Pougne-Hérisson. — Le sieur M..., qui succéda en 1854 à M. Calot, avait le défaut de boire ; il laissait sa classe pour aller au cabaret d'en face à la moindre invitation, sans souci de son service et de sa dignité.

Sainte-Gemme. — M. G..., dont nous avons parlé plus haut, qui exerçait sous la monarchie de juillet, usait de procédés brutaux envers ses élèves, même les grands, qui finirent par le détester cordialement et complotèrent contre sa personne. Il avait été convenu que lorsque M. G... toucherait à l'un des plus âgés, ses camarades accourraient tous à son secours pour le délivrer et infliger une bonne « volée » à leur bourreau. Justement, un jour, un des écoliers les plus mutins fut appréhendé par le maître furieux, qui lui appliqua force gifles, coups de poing, coups de pied et le traîna par les cheveux jusqu'au bas de l'escalier. Saisissant le moment propice, notre gaillard, qui avait 17 ans, envoya traîtreusement deux coups de pied dans le bas-ventre de son persécuteur, l'étendit net sur le carreau et lui rendit avec largesse les mauvais traitements qu'il venait de subir, puis se sauva vivement chez lui et fut plusieurs jours sans revenir à l'école. Ses camarades terrorisés n'avaient pas osé broncher ; il leur en fit de sanglants reproches. Quant à G..., il ne se vanta jamais de cette histoire, et il se garda bien dans la suite de maltraiter l'enfant récalcitrant.

Saint-Laurs. — « Le régent » S..., qui exerça de 1825 à 1843, avait l'habitude de boire ; il était dur à ses élèves, dur à sa femme, qu'il faisait coucher à la belle étoile, raconte-t-on, chaque fois qu'il en était mécontent. En 1843, ayant arrosé, pendant la messe, les dalles de l'église avec le vin rouge qu'il avait absorbé en trop grande quantité avant l'office, il fut congédié.

Saint-Pardoux. — Il y eut plusieurs brebis galeuses parmi les anciens instituteurs privés de cette commune. Les documents qui suivent en font foi. D'abord une lettre du sous-préfet de Parthenay au maire (4 mai 1844) :

> Je suis informé que le nommé M..., instituteur privé dans votre commune, tient une conduite tellement immorale, que le scandale est arrivé à son comble et qu'il n'est plus possible de la tolérer. Je sais surtout qu'il vit, marié qu'il est, en concubinage avec une fille des environs, et qu'il pourvoit, au préjudice de sa famille, aux moyens d'existence de la personne avec laquelle il a des relations.
> J'espère, monsieur le Maire, que le comité sentira toute l'importance de cette affaire et qu'il se fera un devoir d'aider l'autorité supérieure à éclairer les magistrats sur les reproches qu'on peut faire à cet instituteur devenu trop longtemps l'objet du mauvais exemple.

Un autre instituteur, M..., pensionnaire à l'hospice de Château-Bourdin, fut expulsé de cet établissement pour inconduite analogue (délibération du 23 mars 1851):

La commission administrative de l'hospice, considérant que la rumeur publique accuse le nommé M..., instituteur privé habitant le dit hospice, d'immoralité ; considérant qu'il est du devoir de la dite commission de veiller à ce que les pauvres qu'elle nourrit et au secours desquels elle vient soient de bonnes vies et mœurs, ne voulant pas autoriser par son silence de tels scandales, la commission a décidé que le nommé M... sortirait du dit hospice le vingt-quatre juin prochain.

Tourtenay. — A Tourtenay, où l'ancienne école n'avait qu'une seule pièce et servait en même temps de logement au maître, ce dernier faisait la classe en épluchant ses légumes et en confectionnant sa soupe. Le pauvre homme était souvent obligé de jeter la pitance qu'il avait préparée, quelque écolier folichon ou rancunier y ayant mêlé certaines substances qui la rendaient impropre à la consommation.

Villiers-en-Bois. — Mlle L..., ancienne institutrice à Villiers-en-Bois, dormait des heures entières pendant la classe. A son réveil, elle se délectait en aspirant force tabac et en distribuant force punitions. Pour se venger, les élèves, un jour, pendant qu'elle était endormie, mêlèrent du poivre à son tabac. A son réveil, elle ne manqua pas de prendre une énorme pincée de ce mélange. On juge de l'hilarité bruyante de ces petits démons en entendant les éternuements se succéder sans interruption.

Pour terminer cette galerie de portraits, nous croyons intéresser nos lecteurs poitevins en leur racontant, en patois des environs de Niort et de Saint-Maixent, comment procédait, vers 1850, le père *Mille-Dieux*. Nous devons ce récit à l'obligeance de M. Gelin, commis de l'Inspection académique.

N'tre regent était un grout houme, qhi boévait bén in cot. Lhe jurait queme un labourou, et les gens do village l'aviant baptisé le Père M.-D., à caose de son juronge d'accoutume.

Était à li qu'i poéyians nos mois d'école dans les premés temps et lhe se génait poué pre veni lés qu'ri à la moésan, coure ol i avait un pone de retard. « I arae besin, que lh'disait, d'une goulaye d'argent pre m'achetae do tabat. » Car lh'était grond tabatou. Lh'avait trejou sa tabatère uvarte à couté de s'n écritoère su l'estrade, et une affouére qhi nous amusait tout plhén' ol est qu'o li arrivait de se trompae, en traçant nos exemplhes d'écriture, et que sa plhume d'oie piochait dans la tabatère au lieur de l'encrier. Mais i rians à l'étouffade pasque si lhe nous avait entendus, cré gâté ! sa baguette de varrae arait cheut pas chà p'tit su nos dets.

Car lh'était pas quemode, le père M.-D. S'ol avait un pauv' pat'rà qhi disait *b* voure qu'ol avait *p*, su la chartre ou su le tablhau, ou bé qhi comptait *quatre et cinq font dix*, la baguette li sciounait su les oreilles et cassait en deux ou trois mourcès. Quand a n'était pu assez longe pre servi, qhelle baguette, o f'lait qui li en trouvissions une aôtre dès le lendemouen, dans les palisses. Et o n'était pas-t-à dire qu'i serions soutenus à la mouésan. Lhe nous répondiant qu'i étions bé délicats, aneut, que zeu, dans lo petit jène temps, lhe receviant le martinet et la palette, et qu'au lieur d'une petite baguette grousse queme le det, les regents de d'aut' fait se serviant de grondes gâlles, de qhae qhi servant à dégallae les callès.

N'tre clhasse était prou gronde pre le temps. Al avait trois fenaetres et une porte vitraye. Dau un coin ol y avait un bac, avec un selhas plhén d'ève, voure qu'i gassouillions avec une quesotte en hoae. Le tantout, i allions tirae une selhaye d'ève au poé de la qheuille, à trois cents pas de la clhasse. Qho poué n'avait ni tour ni bascule. O f'lait portae sa corde et tirae à brasses. I bouclians le selhas au bout de la chaîne, i montions su la marzelle, un pé de cé, un pé de lé, avec la goule do poué entre nos jombes. Et quoure le selhas était afonzé, i le tiriant chas p'tit, une brasse à chaque fet, jusqu'à ce que lh' sisse su la marzelle. Ol est mîlle étounnant qui ne devallians pas avec le selhas au fond do poué. Mais présoune ne trou'ait drôle de nous veure fouére qheu, puisque tous les aotres en fasiant bé autont.

In jou, vénghit dans la clhasse un grond mossieu. Lhe diciront qu'ol était l'Inspecteur. A coûté de mae, ol avait un tout petit drôle qh'était couché su la tablhe et qui ronflhait queme un bienheureux. Le moêtre velait le reveuillae, mais qho mossieu dicit qu'o n'o f'lait pas, qu'à s'n âge o fasait moé de bén de dormi que d'appréndre l'*a b c*. Lhe demondit à-n-un grond drôle quement que lh'sappelait. « I m'apele Arthur », que lh'dicit. Et qho mossieu se mettit à gremelae : « Arthur, peut-on se nommer Arthur. C'est un mot trop dur et qui choque l'oreille. Mon enfant, dites à vos parents qu'ils feraient mieux de vous appeler Arthus. »

Aprés qheu, l'Inspecteur demondit voure qu'ol était les latrines. Etait poué que mode de li en fouére veure. Les drôles et les drolaesses alliant au même endret, le lœng d'une volenne et à l'entour d'un paturao qhi fasait muette dare le jardrin de l'école. O n'était poué benaisé d'y passae sans échouti ses bots. Le moêtre y menit l'inspecteur. Qu'y fasiront-ails ? i n'en sais rén. Mais le jou d'aprae, quoure le voésin Célestin toquit à la fenaêtre pr'offri sa prise de tabat, le moêtre et li s'en fasiront dôs gorges chaodes : « Mon cher, je lui ai dit qu'il mouille dessus et que le vent passe, et puis que les poules du voisin digérent le reste... »

L'hiver, i apportions dos chauffedets pre bourrae le poêle. Ol était une trique arracháye à-n-un fagot à deux riortes, une bronche morte ou bé un chicot arraché d'une vieille souche en passont le lœng dos palisses. Quoure le moêtre taillait les plhumes, que lh' écrivait dos exemplhes ou bé que lh' posait dos réglhes, les gronds drôles copiant les triques avec un feuillet, et lh' bourriant le poêle, allez, que l'hen devenait tout rouge et que lh' ronflhait toute la matinaye.

O m'en suón qu'i mettions netre ressunae don un pochet qu'i portions en jincole. Ol était un cagnœn de poén que n'tre mère copait dans le chantao, et qu'a crugeait avec son couté p'r y mettre do fremage, do lard ou bé d'aut' fricót. En allont en clhasse, i croisions sou'ent le bounhomme B..., un vieux très farceur, qhi nous faset copae le corps de rire avec ses rigourdaines. Lhe manquait jà de nous racrémae d' « accruchae n'tre pochet bén hao, bén hao, pre pas lalché méngeae n'tre pouén à l'âne ».

De qho temps les drôles qhi n'alliant pas à la même école étiont enragés pre se fouère la guerre à cots de paerès. Lhe montions su les coutao, et pre s'attaqaae, lh'huchiant bén fort : « A côts ! à côts ! » Les bregeaes se mettiont de la partie, d'une praye à l'aôtre; et les pus forts recondisiant les aôtres jusque chez zeux; et tant pis pre qhae ghi tombiont dans los mouéns ; 'he lo tiriant les pnaos, et lhe les rabâtiont à cots de poings et à cots de pés. Les gronds s'amusiont de qheu, au lieu d'os empéchae, pasque lh'étiont pas pus sages et qu'o los arrivait d'en fouére autont, en se rondant dos faeres ou dos ballades.

O faut bé craere que l'instruction est une boune chouse puisqu'au jou d'aneut les gens sont pu raisounablhes et que lh' se battont pus queme d'aut' fait.

Voilà qhi se passait dans ma drôlerie, dô temps que le Père M.-D. m'apprenait à lire dans les actes et dans l'émolé, et puis à fouére les quatre règlhes.

H. G.

I. RAPPORTS AVEC LES MUNICIPALITÉS

Les municipalités se faisaient facilement l'écho des plaintes des familles auxquelles l'instituteur avait cessé de plaire. Voici comment on se débarrassait du sieur Hardy, à Arçais, en 1839. Le 16 juin, les membres du conseil municipal motivaient, ainsi qu'il suit, le refus de voter aucun crédit pour l'école :

Considérant que l'instituteur ne nous paraît pas jouir de la confiance des parents, ce qui est prouvé par le défaut d'élèves qui fréquentent plutôt l'école de l'instituteur privé ;

Considérant en outre que les soussignés B., Ch., B., M., membres du conseil municipal, ont reçu des plaintes de quelques pères de famille, dont les enfants ont été refusés par l'instituteur ;

Refusons de voter les dépenses obligatoires de l'instruction primaire.

Le 18 juin, l'instituteur venait protester contre cette délibération, avec les pères de famille qui s'étaient plaints de lui. Cette protestation, dont nous trouvons le procès-verbal dans un registre de la mairie, nous paraît mériter d'être reproduite :

L'an mil huit cent trente-neuf, le dix-huit du mois de juin, nous, maire de la commune d'Arçais, soussigné, avons entendu à la mairie le nommé Thibaudeau, charpentier en bateaux, accompagné du sieur Hardy, instituteur communal. Là il nous a déposé qu'il n'avait jamais refusé son fils, que, loin de là, Hardy lui avait demandé plusieurs fois en le rencontrant : *Pourquoi m'envoyez-vous pas votre fils ? il faut me l'envoyer, je l'instruirai pour rien.* Sur cette déposition, nous lui avons observé : *Comment se fait-il que vous tenez aujourd'hui ce langage, quand vous vous êtes plaint à B. et à Ch., que l'instituteur avait refusé l'entrée de son école à votre enfant ?* Je n'ai jamais dit cela, a-t-il répondu, ils ont bien voulu me le faire dire ; ils m'arrachaient les paroles du ventre, *dis-ou, dis-ou (dis-le)* tout de même, nous ne demandons que cela, tu ne perdras pas ton temps.

En présence de ces dépositions contradictoires, le maire, par un avis du 29 septembre suivant, invite les parents à venir lui présenter leurs réclamations. Le jour même, la nommée Naudin Marie, vient se plaindre de plusieurs faits, entre autres que M. Hardy lui a répondu qu'il n'était pas obligé de faire classe rien que pour son fils indigent. Le conflit devenant de plus en plus aigre, M. Hardy donna sa démission le 26 octobre 1839 dans les termes suivants : « Je soussigné, instituteur communal d'Arçais, déclare donner ma démission de mes fonctions volontairement, à partir du 1er janvier 1840 ».

II. RAPPORTS AVEC LE CLERGÉ

Les rapports avec les ministres des cultes n'étaient pas faits pour rehausser la considération de l'instituteur. Sa dignité d'homme et de fonctionnaire public ne commença réellement à être respectée qu'à partir du moment où le principe de la laïcité de l'école fut inscrit dans la loi. Jusqu'à cette époque, il fut plutôt un serviteur du curé ou du pasteur qu'un maître indépendant, uniquement responsable de l'instruction des enfants. Pour obtenir un poste, le maître protestant devait être présenté par le Consistoire, qui se réservait le droit d'en faire un chantre et un lecteur au temple, et cela sans aucune rémunération. L'instituteur catholique n'était point mieux partagé, car le curé ne se contentait pas de lui dicter ses lois à l'église ; il visitait souvent l'école pour se rendre compte par lui-même de ce qui s'y passait et ne se gênait pas pour dénoncer le maître à ses chefs, si ses ordres étaient enfreints (Lezay).

Un instituteur, encore en exercice, nous a raconté les persécutions dont il fut l'objet, en 1873, dans la commune de Hanc, grâce aux agissements du curé, parce qu'il était abonné au *Mémorial des Deux-Sèvres*, alors seule feuille républicaine du département.

III. RAPPORTS AVEC LES PRÉFETS

Sous le règne de Napoléon III et dans les premiers temps de la 3ᵉ République, on faisait ostensiblement de l'instituteur un courtier électoral (1). Témoin la lettre adressée à l'instituteur d'Aiffres par le préfet des Deux-Sèvres, le 6 août 1867, pour l'inviter à faire campagne en faveur d'un candidat officiel.

Niort, le 6 août 1867.

Monsieur l'instituteur,

Je sais que votre entier dévouement est acquis au gouvernement de l'empereur et que vous ne cessez de lui en donner des preuves. C'est pour cela que je viens faire appel à votre concours. Un second tour de scrutin aura lieu dans le canton de Prahecq, dimanche prochain, pour l'élection d'un membre du conseil général.

Le gouvernement a fait choix pour son candidat, vous le savez déjà, de M. de Grandmay et vos instances auprès des électeurs n'ont point été couronnées de succès, puisque le nom de ce candidat n'est point sorti victorieusement de l'urne électorale.

Je vous prie donc de renouveler vos efforts auprès des élec-

---

1. — Nous reviendrons plus loin sur ce rôle de l'instituteur dans le chapitre de l'*Administration*. — Nous ne résistons pas à l'envie de citer ici quelques couplets d'une chanson composée par l'ancien instituteur de Soudan sur le coup d'État de 1851 : elle n'est pas d'une forme académique, mais elle montre l'état des esprits dans le milieu où vivait son auteur.

C'était le 2 décembre
Que Messieurs nos députés,
Voulant se rendre à la Chambre,
Furent bien désappointés,
Pour entrer dans l'édifice,
Le passage était barré,
Car la troupe et la police
Occupaient tout le carré.

Recevez cet avis de nous :
Emportez vos sacs et vos quilles,
On se passera bien de vous,
Vos vingt-cinq francs
Ont fait leur temps ;
Nos finances que l'on gaspille,
S'en porteront mieux autrement.

teurs, d'aller les visiter à domicile et de les éclairer sur leurs intérêts et ceux du canton, qui ne peuvent être bien représentés au conseil général que par M. de Grandmay.

Je sais qu'on a cherché et que l'on cherche encore à les en dissuader. C'est aux hommes éclairés comme vous l'êtes, Monsieur l'instituteur, à bien les renseigner sur leurs droits et leurs devoirs, à leur faire voir la vérité lorsqu'on veut la leur cacher, et vos conseils portés jusqu'auprès d'eux, sans attendre qu'ils les demandent, ne peuvent manquer de les ramener à des sentiments en rapport avec leurs désirs, qui sont de fortifier un gouvernement qu'ils ont créé et qu'ils veulent soutenir.

Veuillez donc faire une et plusieurs tournées, s'il est utile, dans votre commune, afin d'engager les électeurs à venir voter pour le candidat du gouvernement, M. de Grandmay, et vous aurez fait usage d'une influence légitime que vous donne l'administration.

Recevez, Monsieur l'instituteur, l'assurance de ma considération très distinguée.

Le Préfet,
Signé : LORETTE.

A Monsieur Dionnet, instituteur public à Aiffres.

CHAPITRE V

L'ancienne Classe

CHAPITRE V

L'ancienne Classe

I

Règlements scolaires.

D'après le statut général du 25 avril 1834, il devait y avoir un règlement des écoles primaires affiché dans l'intérieur de chaque école. Dès 1835, chaque comité d'arrondissement avait soumis à l'approbation du Conseil royal de l'instruction publique un règlement modèle. Nous avons déjà cité ceux de Niort, de Parthenay et de Bressuire. Si ces règlements avaient été suivis, s'ils avaient pu l'être, un progrès immense eût été réalisé dès cette époque dans l'instruction primaire en France.

On peut en juger d'après l'extrait suivant du règlement de Parthenay, dont les autres se rapprochent étroitement.

Règlement scolaire de l'arrondissement de Parthenay.

Art. 1er. — L'enseignement comprendra nécessairement :
1° L'instruction morale et religieuse ;
2° La lecture ;
3° L'écriture ;
4° Les éléments du calcul ;
5° Les éléments de la langue française ;

6° Le système légal des poids et mesures (1).

Art. 2. — Toute école élémentaire sera partagée en 3 divisions principales, à raison des objets d'enseignement dont les élèves seront occupés (2).

Art. 3. — Dans toutes les divisions, l'instruction morale et religieuse tiendra le premier rang ; des prières commenceront et termineront toutes les classes.

Les dimanches et fêtes conservées, les élèves seront conduits à l'office divin autant que leur réunion sera possible.

Les livres de lecture courante, les exemples d'écriture, les discours, les exhortations de l'instituteur tiendront à faire pénétrer dans l'âme des élèves les sentiments et les principes qui sont la sauvegarde des bonnes mœurs et qui sont propres à inspirer la crainte de Dieu, son amour et celui du prochain.

Lorsque des écoles seront fréquentées par des enfants appartenant à divers cultes reconnus par la loi, il sera pris des mesures particulières pour que tous les élèves puissent recevoir l'instruction religieuse que leurs parents voudront leur faire donner.

Art. 4. — *Dans la première division*, indépendamment des lectures pieuses faites à haute voix, les élèves seront particulièrement exercés à la récitation des prières.

On leur enseignera la lecture. Cet exercice comprendra l'alphabet et le syllabaire. On leur donnera des leçons d'écriture et les premières notions du calcul verbal. Enfin, on leur apprendra à prononcer correctement.

Art. 5. — *Dans la deuxième division*, l'instruction morale et religieuse consistera dans l'étude de l'histoire sainte, de l'Ancien et du Nouveau Testament. Les enfants continueront les exercices de la lecture. Ces exercices consisteront dans

---

1. — Dans le règlement de Bressuire, on ajoutait : « Des notions de géographie et d'histoire, et surtout de la géographie et de l'histoire de France, pourront en outre y être données aux élèves les plus avancés.

« Le dessin linéaire et le chant pourront également y être enseignés. »

2. — Règlement de Bressuire: « La première division comprendra les enfants de huit ans et au-dessous ; la deuxième, ceux de huit à douze ans; la troisième enfin, ceux de douze et au-dessus. »

l'étude de la lecture courante. Ils écriront en gros dans les genres d'écriture bâtarde, ronde et anglaise. Ils continueront les exercices de calcul verbal, auquel on ajoutera le calcul par écrit comprenant les quatre premières règles de l'arithmétique.

On leur enseignera la grammaire française et ils écriront sous la dictée, pour s'instruire dans la pratique de l'orthographe.

Art. 6. — *Dans la troisième division*, ils étudieront spécialement la doctrine chrétienne ; ils apprendront tous les jours des versets de l'écriture sainte; tous les samedis l'évangile du dimanche suivant sera récité. Ils continueront les exercices de lecture ; cet exercice comprendra la lecture courante et celle des manuscrits et du latin.

Ils écriront en gros et en fin dans les trois genres d'écriture bâtarde, ronde et cursive. Les élèves seront exercés sur les quatre premières règles de l'arithmétique auxquelles on ajoutera les fractions ordinaires et les fractions décimales.

On leur enseignera le système légal des poids et mesures, les règles de la syntaxe, l'analyse grammaticale, logique et la composition.

On leur apprendra la géographie et l'histoire générale et notamment la géographie et l'histoire de France. Enfin, on leur donnera des leçons de dessin linéaire et de chant.

Art. 7. — Les livres dont l'usage aura été autorisé pour les écoles primaires, seront seuls admis dans ces écoles. Le maître veillera à ce que les élèves de la même division aient tous le même livre.

Art. 8. — La deuxième et la troisième division composeront une fois par mois ; les places seront données le premier de chaque mois et les listes des places seront affichées dans l'école.

Art. 9. — Dans toute division, il y aura tous les jours deux classes de trois heures chacune; le matin, de huit heures à onze heures ; le soir, d'une heure à quatre heures, excepté les dimanches et soit le mercredi, soit le jeudi, suivant l'exigence des localités.

Art. 10. — Les élèves de la première division seront exercés tous les jours, matin et soir, à la lecture ; quand ils connaîtront leurs lettres, ils seront exercés pendant la seconde moitié de la classe du soir à écrire, excepté le lundi, le mardi et le vendredi où on leur apprendra le calcul verbal et les règles de la prononciation pendant la dite seconde moitié de la classe du soir.

Dans la deuxième division, les élèves seront exercés également tous les jours, matin et soir, à la lecture, pendant la première moitié de la classe, après avoir récité les leçons qu'ils auront apprises par cœur ; la seconde moitié sera employée à l'écriture, sauf le lundi, le mardi et le vendredi où ils s'occuperont pendant cette seconde partie de calcul écrit, de l'étude de la grammaire française et des règles de l'orthographe et sauf aussi la seconde moitié de la classe du soir du samedi, qui sera employée à réciter les leçons apprises pendant la semaine et notamment l'évangile du dimanche suivant.

Dans la troisième division, les élèves emploieront la première moitié de la classe du matin à réciter leurs leçons, à la lecture des manuscrits et du latin; et la seconde moitié à écrire en fin et en gros, en bâtarde, ronde, cursive.

Pendant la classe du soir, après avoir lu et écrit, on exercera les élèves au calcul des fractions ordinaires et décimales, à la connaissance du système légal des poids et mesures, sauf les lundis, mardis, vendredis où la seconde moitié de la classe sera employée à expliquer les règles de la syntaxe, à faire des analyses grammaticales et logiques, soit à étudier la géographie, soit le dessin, soit le chant, sauf aussi le samedi où la classe du soir sera employée à la répétition des leçons de toute la semaine, ns lesquelles se trouvera nécessairement l'évangile du dimanche suivant.

Art. 11. — L'inst'tuteur se fera aider par un certain nombre d'élèves qu'il aura désignés et qui feront réciter les leçons à cinq ou six de leurs condisciples.

Art. 12. — Les élèves de la troisième division feront des extraits de toutes les leçons d'instruction morale et religieuse, de langue française, d'arithmétique, de géographie et d'histoire pour être communiqués au comité local.

Art. 13. — Tous les mois, l'instituteur remettra au comité local un résumé sur l'état de l'instruction de l'école pendant le dernier mois.

Art. 14. — Il y aura deux fois par an un examen général en présence des membres du comité local, auxquels le comité d'arrondissement pourra adjoindre un de ses membres ou un délégué. A la suite de cet examen, il sera dressé une liste où les noms de tous les élèves seront inscrits par ordre de mérite et qui restera affichée dans la salle de l'école. Le jugement des examinateurs sur chaque école sera communiqué au comité d'arrondissement.

Ces mêmes examens serviront à déterminer quels sont ceux des élèves qui doivent passer dans une division supérieure et ceux qui doivent être retenus dans la même division.

Nul élève ne sera admis dans une division supérieure s'il n'a prouvé par le résultat d'un examen subi devant le comité local qu'il possède suffisamment tout ce qui est enseigné dans la division inférieure.

Art. 15. — D'après le résultat du second examen qui aura lieu à la fin de chaque année scolaire, il sera dressé une liste particulière des élèves qui termineront leurs cours d'études primaires et il sera distribué à chacun d'eux un certificat sur lequel le jugement des examinateurs pour chaque objet d'enseignement sera indiqué par l'un de ces mots : TRÈS BIEN, BIEN, ASSEZ BIEN OU MAL (1).

. . . .

Art. 28. — Les dispositions qui précèdent seront communes aux écoles de garçons et aux écoles de filles.

Les filles seront en outre exercées aux travaux de leur sexe.

Art. 29. — Dans les communes rurales de la Plaine et du Bocage où il n'existera pas d'écoles distinctes pour les enfants des deux sexes, le comité local prendra les mesures nécessaires pour qu'ils soient séparés dans tous les exercices et pour éviter qu'ils entrent et sortent en même temps.

Malheureusement, la méthode individuelle qui survécut encore dans beaucoup d'écoles, l'irrégularité de la fréquentation, surtout dans les milieux agricoles, la

---

1. — C'est là la forme première du certificat d'études.

résistance des municipalités à construire des écoles convenables et à les doter du matériel indispensable, la routine des parents qui ne comprenaient pas la nécessité d'acheter à leurs enfants les livres classiques, paralysèrent pendant longtemps l'essor de l'instruction.

II

L'ancienne journée de classe.

La classe durait généralement six heures. Dans un bulletin d'inspection du comité de surveillance d'**Ardin**, antérieur à 1850, nous voyons que l'entrée, le matin, se faisait à 9 heures en été, et à 8 h. 1/2 en hiver, et la sortie à midi 1/4 ; le soir, la rentrée était à 1 heure 1/4, et la sortie à 4 h. 1/4 en été et à 3 h. 1/2 en hiver. A **Airvault**, ceux qui payaient une rétribution complémentaire étaient reçus, le matin, avant 8 heures, et restaient le soir après 4 heures.

« Chaque élève en entrant, d'après le règlement de l'arrondissement de Niort de 1835, devait saluer le maitre, aller placer son chapeau à la cheville qui lui était assignée et au-dessus de laquelle était inscrit son numéro. Il allait ensuite s'asseoir en silence à son banc. »

D'après le même règlement, « avant et après chaque classe, un des élèves ou l'instituteur récitaient à haute voix les prières d'usage », c'est-à-dire, les prières du matin et du soir, l'*Angelus*, le *Benedicite*, les *Grâces*, etc. Les élèves qui arrivaient après la prière étaient punis.

Au **Beugnon**, pendant tout le mois de mai, le

maitre et les élèves chantaient des cantiques et récitaient le chapelet.

Après la prière, le maitre devait faire l'inspection de propreté (1).

Les élèves lisaient deux fois par jour ; dans les écoles peu fréquentées, ils lisaient jusqu'à 4 et 6 fois. Dans celles où l'enseignement était individuel, et où le choix du livre de lecture était laissé au gré des familles, chaque élève venait lire à tour de rôle auprès du maitre (2), puis s'en retournait à sa place copier la leçon lue ou tout autre passage du livre, ou bien faisait une page d'écriture d'après un modèle tracé par le maitre.

Les plus petits n'avaient qu'un livre, l'A B C ou alphabet ; ils n'écrivaient pas et devaient, après chaque exercice de lecture, étudier leur leçon, c'est-à-dire essayer de relire le passage lu sous la direction du maitre (**Asnières**). Ils passaient les longues heures de la classe sur de petits bancs adossés au mur, l'alphabet à la main (**Beaulieu-sous-Bressuire**).

Les plus avancés faisaient des exercices de calcul, récitaient un peu de grammaire, et surtout l'histoire sainte et le catéchisme.

Souvent des moniteurs étaient chargés de faire lire, écrire et compter les commençants.

Nous verrons plus loin comment se faisait le chauffage en hiver et quels étaient les systèmes de correction

---

1. — Au **Beugnon**, le maitre et les élèves gardaient la tête couverte, excepté pendant la lecture et la récitation. L'instituteur était coiffé d'une casquette à visière.
Certains maitres faisaient usage du patois local.
2. — Tel lisait dans l'*Ancien Testament*, tel dans les *Heures*, celui-ci dans *Simon de Nantua*, celui-là dans le *Manuscrit* ; plusieurs apportaient les anciens actes notariés trouvés dans les papiers de famille (**Chauvière**).

employés contre ceux qui troublaient l'ordre et le silence, ou qui s'adonnaient à la paresse.

Aucune récréation ne coupait la classe du matin et la classe du soir. Aussi, longtemps avant l'heure de la sortie générale, c'était un va-et-vient continuel entre la classe et la cour. Dans la plupart des écoles était suspendu, à côté de la porte, une planchette portant sur une de ses faces le mot « Sorti » et sur l'autre le mot « Rentré ». L'élève qui avait obtenu la permission de se rendre à la cour devait avant d'ouvrir la porte, tourner la planchette pour indiquer qu'il était sorti, et en revenant, la retourner pour annoncer qu'il était rentré. Antérieurement à l'emploi de la planchette, on se servait, dans certaines écoles, d'un morceau de bois, appelé *indice*, déposé sur le bureau du maitre ; l'élève qui voulait sortir allait prendre l'indice, et en rentrant, le remettait à sa place habituelle.

Les élèves étaient tenus d'observer le silence pendant ces longues séances et de se tenir immobiles. A leur sortie, ils ne pouvaient même pas s'échapper de la cage en criant et en courant. Ils devaient, disait le règlement, « sortir en ordre et se diriger *sans bruit* vers le lieu de leur demeure. » L'ancienne école n'était-elle pas une vraie geôle !

Ces souvenirs des anciens écoliers du Poitou, nous les prenons sur le vif dans une étude fort intéressante des mœurs paysannes d'un enfant de la commune de Hanc, qui émeut par son pittoresque et son accent de sincérité (1). On en lira avec intérêt ce passage :

---

1. — *Ptadu*, Mémoires d'un enfant, par Auguste Mailloux. Paris, chez Gédalge. Ces souvenirs du jeune âge d'un enfant des Deux-Sèvres devraient être dans toutes nos bibliothèques scolaires.

J'avais six ans.

Un matin de mai, ma mère me conduisit à l'école communale, un vieux et vilain bâtiment malpropre, au bas du village. Le maître d'école, M. Quéron, m'accueillit en souriant, me combla de caresses, me donna quelques bonbons.

Dans la cour, les élèves s'amusaient ; garçons et filles, nombreux, couraient les uns après les autres, dansaient, chantaient en rond. Je reconnus mon cousin Fidili ; Zari et Emile, mes voisins. J'allai les rejoindre. A neuf heures, l'instituteur siffla, et tout le monde rentra en désordre, se poussant dans la salle d'école : une bien misérable petite chambre non planchéiée, avec deux fenêtres sur la cour ; une lucarne par derrière donnait un peu de lumière tamisée par les branches des arbres du jardin de Melin. Au fond, dans un coin, le bureau, une lourde et grossière estrade surchargée de livres et de poussière. Les tableaux de lecture étaient appendus le long des murs gris, et des araignées tissaient leurs toiles aux poutres enfumées du plafond. De vétustes tables, affligées de coups de couteau en tous sens, de clous, mal d'aplomb, geignaient aux moindres mouvements, menaçaient de s'écraser à tout instant sur la terre battue.

Mon cousin Fidili était le premier au bout d'une table. Le maître me plaça à côté de lui. Je demeurai là, durant des semaines, à ne rien faire, pour m'habituer à l'air de la classe.

Fidili, très adroit de ses mains, me confectionnait des coqs en papier, des boîtes de pâtissiers, des bateaux, et je m'amusais sans bruit avec cela, puis je dormais.

Je dormis ainsi de bons sommes pendant que mes camarades lisaient, calculaient, écrivaient. Quand l'instituteur s'absentait, ce qui lui arrivait souvent, attendu qu'il exerçait les fonctions de secrétaire de mairie, c'était alors une vraie foire : des élèves montaient debout sur les tables, d'autres escaladaient le bureau, quelques-uns prenaient le balai dans une fenêtre et en administraient des coups à tout venant. Fidili, tranquille à sa place comme un petit saint Jean-Baptiste, déchirait une grande feuille de son cahier, la pliait en deux suivant une diagonale, en forme de triangle, collait les bords, enlevait un angle, soufflait dedans, et quand le *ballon* (on appelait la chose ainsi) était bien gonflé, bien rempli d'air, il le posait sur son banc et d'un vigoureux coup de main appuyé dessus à plat, il le crevait avec un bruit formidable. Surpris, tous regardaient un moment, immobiles. Puis, l'on riait, le charivari recommençait.

Quelques mois après mon arrivée à l'école, je commençais à apprendre mes lettres dans les tableaux. Ce fut difficile. Le moniteur qui me faisait lire lisait lui-même les lettres bien vite, sans chercher à me les faire répéter, sans se préoccuper si je regardais ou non le tableau.

A la fin même, il escamotait la leçon et passait à un autre élève, quand je lui donnais des prunes, des poires, des pommes ou des noisettes. Comme bien l'on pense, j'avais toujours quelque chose à lui offrir et je ne lisais plus. Une grosse fille, ma camarade de tableau, fut deux ans sans pouvoir distinguer deux lettres l'une de l'autre ; elle avait adopté mon système, tout simplement. Et les prunes que ma mère faisait cuire et plaçait ensuite dans des *bouroles* au fond du grenier disparaissaient à vue d'œil. C'était la même monnaie qui payait l'indulgence du moniteur. Quant à moi, je ne sais comment la chose se fit, mais je ne restai que dix mois au premier tableau de la méthode Néel, qui en comptait alors vingt-huit.

Nous empruntons à un poète poitevin, M. Auguste Gaud, de Chef-Boutonne, les souvenirs qu'il consacre à son vieux maître de 1840 :

Le Maître d'école.

J'avais cinq ans ; je me rappelle
Qu'un vieux bonhomme aux cheveux blancs,
M'enseignait comment on épelle
Dans une classe aux murs branlants.

Oh ! le pauvre maître d'école
Dont le maigre corps se courbait,
Et que j'écoutais, l'air frivole,
Le front penché sur l'alphabet.

Bossu comme un polichinelle,
Il n'était point joli vraiment ;
Mais nul n'apportait plus de zèle
A m'expliquer mon rudiment.

Il portait des boucles d'oreilles ;
Un habit crasseux, délabré ;
Ses galoches étaient pareilles
A celles de notre curé.

. . . .

Oh ! que j'étais heureux de vivre
Auprès du vieil instituteur,
Qui me montrait dans un gros livre
Les merveilles du Créateur.

Or, ce livre était une Bible,
Recouverte de parchemin ;
Qu'il ne m'eût pas été possible
De soulever avec la main.

Et, ravi, je tournais les pages,
J'admirais Adam, Eve, Abel ;
Les oiseaux, les bêtes sauvages,
Et l'arche et la tour de Babel !

Je contemplais le patriarche
Abraham, et la triste Agar ;
Les Hébreux vers l'Égypte en marche ;
Et Joseph et la Putiphar.

Et puis, sur le Nil, aux flots calmes,
J'apercevais dans les roseaux,
Sommeillant à l'ombre des palmes
Moïse exposé sur les eaux.

De Josué l'étrange histoire
Mettait mon esprit en éveil,
Et certes j'avais peine à croire
Qu'il eût arrêté le soleil !

D'Israël j'appris les conquêtes,
Et, comment, réveillant l'écho,
Croulèrent au son des trompettes
Les murailles de Jéricho !

Puis je suivis sur les montagnes
La belle fille de Jephté ;
J'entendis pleurer ses compagnes
Dans la splendeur des nuits d'été.

Dédié à Messieurs les Membres du conseil
Municipal de S.t Maixent, par Ribon, Professeur à l'école mutuelle.
Le 27 Juillet 1821.

> Plus loin, j'aperçus, dans la plaine,
> Ruth causant avec Noémi ;
> Et Saül, le cœur plein de haine,
> Poursuivant David, son ami.
>
> Et près de moi le vieux bonhomme,
> Me parlait du grand Samuel,
> Et d'Eve qui mangea la pomme,
> D'Athalie et de Jésabel.
>
> . . . .
>
> J'avais cinq ans ; je me rappelle
> Qu'un vieux bonhomme aux cheveux blancs,
> M'enseignait comment on épelle
> Dans une classe aux murs branlants (1).

Attirail de classe. — Les élèves achetaient leurs fournitures en dehors de la classe ; l'encre noire seule était de rigueur et les encriers de différents types formaient un ensemble aussi bizarre que varié ; à Parthenay, chaque élève avait son encrier de liège qui était souvent renversé.

Le cahier d'écriture consistait en une demi-main de papier blanc. L'autre cahier, plus petit et sur lequel se faisaient les autres exercices, était aussi de papier blanc non rayé. C'était l'élève ou le maître qui traçait des lignes à l'aide d'un crayon et d'une règle carrée.

L'élève de moyenne force, nous dit un ancien écolier de **Clussais**, était propriétaire d'un cahier non réglé et d'une plume d'oie marquée d'une façon particulière ; chaque soir, il apportait l'un et l'autre sur le bureau du

---

1. — Tiré de *l'Ame des Champs*, par Auguste Gaud.

maître : le cahier, afin qu'il y écrivît un modèle pour le lendemain, et la plume d'oie, pour qu'il en rafraichît la taille. Dans certaines écoles, l'élève avait un canif et taillait lui-même ses plumes ; le maître venait en aide aux maladroits.

A **Teillé**, l'élève devait lui-même tracer les lignes sur son cahier. Pour cela il se servait d'un crayon qu'il avait fabriqué le plus souvent en fondant un morceau d'étain dans la pelle à feu.

« L'encre se fabriquait le plus souvent avec les baies de nos buissons. Celles de sureau et de troène semblaient les préférées » (**Teillé**). Cette encre était peu stable et d'une couleur bleue vineuse (**La Ferrière**). Dans une ancienne et misérable école de **Moulins**, les élèves séchaient leur écriture avec le « vermoulu » qui tombait des poutres du plafond.

A **Chantecorps**, lorsque les plus grands devaient écrire, ils plaçaient sur leurs genoux une planche qui leur servait de pupitre.

Les plumes d'acier étaient bien connues vers 1850, mais leur prix était trop élevé pour qu'on s'en servit couramment dans les écoles de village.

Dans quelques écoles, les ardoises dont on se servait vers 1850 étaient celles qui tombaient des toitures des maisons bourgeoises.

A **La Ferrière**, les enfants employaient souvent, pour écrire sur leur ardoise, une argile jaune, nommée ocre, très commune dans le pays.

Les élèves les plus avancés avaient entre les mains : le *Testament*, le *Manuscrit*, le *Psautier*, la *Grammaire*, le *Catéchisme*, un cahier d'écriture, un cahier de devoirs, une plume d'oie dite encore plume de Hollande, un encrier, une règle et un crayon (Ecole du **Beugnon** en 1826).

Après la classe, le soir, les livres, les cahiers, etc., restaient sur la table et le lendemain matin de nombreuses disputes s'élevaient entre les élèves, attendu qu'il y avait toujours quelques objets égarés. (Id.)

Plus des deux tiers des élèves manquaient (1) des livres de classe nécessaires (**Verrines**).

III

Matières de l'enseignement. — Méthodes.

Pendant longtemps, les enfants allèrent en classe pour apprendre à lire, à écrire et à compter. Ceux qui, en 1830, arrivaient à faire les quatre opérations étaient des élèves remarquables. A la lecture, à l'écriture, au calcul, s'ajoutaient le catéchisme et l'histoire sainte, toujours appris par cœur et jamais commentés.

A partir de 1836, on commença à faire figurer dans les programmes la grammaire, l'histoire et la géogra-

---

1. — Ceci était vrai un peu partout pour les élèves indigents. Dans un rapport adressé par l'instituteur de **Lamairé** au mois de janvier 1865 à l'inspecteur primaire, nous lisons : « Tous les livres destinés aux élèves gratuits sont en mauvais état par l'usage et la vétusté ; ils n'ont jamais été renouvelés depuis janvier 1848 et je ne peux ni n'ai pu rien obtenir, pour les renouveler, du Conseil municipal. »

phie, les sciences naturelles, la géométrie, le dessin. Mais, pendant un demi-siècle encore, l'enseignement ne s'écarta pas de celui du livre et ne développa qu'une seule faculté, la mémoire.

Pendant la première partie du xix° siècle, c'est le mode individuel qui prévalut. Cette méthode, avons-nous dit, était la seule possible à l'époque où les élèves apportaient des livres de lecture différents, où le système de fréquentation et de rétribution contribuaient à former des catégories sans nombre d'écoliers. Bien que l'enseignement individuel fût prohibé à partir de 1833, on continua de le suivre dans les écoles privées et dans quelques écoles communales; ainsi, dans la conférence tenue à Chenay le 9 juin 1836, la décision qui punissait de la peine de la réprimande Pierre Girard, instituteur communal à Saint-Martin-d'Entraigues, et qui fut lue publiquement devant les instituteurs des cantons de Lezay et de La Mothe réunis, rappelait que Girard continuait dans son école l'emploi de la méthode d'enseignement individuel (1).

La méthode dite d'enseignement mutuel fut inaugurée en 1816; il fut permis de l'introduire dans les écoles primaires et la Commission de l'instruction publique publia cette même année une brochure où tous les détails de cette méthode étaient exposés (2). La grande affaire pour le maître était de former des moniteurs et

---

1. — D'après le rapport fait au Conseil général en 1834, sur les 471 écoles primaires du département, tant privées que communales, 28 étaient dirigées selon la méthode d'enseignement mutuel ; 145 suivant la méthode simultanée ; 298 selon la méthode individuelle.

2. — Cette méthode fut recommandée aux Préfets par la circulaire ministérielle du 31 août 1816.

de les surveiller ensuite. Tous les exercices se faisaient au commandement. Des conseils étaient donnés dans cette brochure, non seulement pour les différents exercices, mais encore pour la composition du mobilier, en tête duquel on mentionnait le crucifix et le buste du Roi. En 1822, il existait dans les Deux-Sèvres 12 écoles mutuelles, savoir : Parthenay (garçons), Parthenay (filles), Niort (garçons), Niort (filles), Coulon, Saint-Maixent, Melle, Chef-Boutonne, La Mothe-Saint-Héray, Lezay, Chizé, Celles. L'enseignement mutuel a perdu son importance à mesure que l'enseignement public a été organisé et qu'une fréquentation plus régulière a été obtenue.

L'enseignement simultané est resté à peu près le seul en usage depuis que l'instruction primaire a reçu son organisation définitive.

La loi de 1850 ne modifia guère l'enseignement donné dans les écoles ; le principal changement qui s'opéra, ce fut un peu plus de temps dépensé à l'étude du catéchisme et de l'histoire sainte (1). On continua de s'adresser à la mémoire, fort peu à l'intelligence et au cœur de l'enfant. La loi de 1867 fut un grand progrès ; mais c'est sous l'empire de la loi de 1886 que nous sommes arrivés à une organisation à peu près

---

1. — Nous lisons dans un rapport du Préfet de 1854 : « C'est *surtout l'instruction religieuse, base essentielle de l'éducation*, qui s'est perfectionnée depuis quelque temps dans les Deux-Sèvres. Cependant, il ne faut pas attendre de simples instituteurs un enseignement complet de la morale et des doctrines sublimes de la religion, qui ne peut trouver que dans ses propres ministres de dignes et fidèles interprètes. Que l'enfant reçoive dans les écoles primaires une première initiation aux sentiments de piété ; qu'on l'y habitue à pratiquer les devoirs de l'homme envers Dieu ; que l'école enfin devienne le péristyle de l'Eglise, tel est le but désiré, et, dans les Deux-Sèvres, ce but est maintenant bien près d'être atteint. »

parfaite de l'école, à la connaissance des méthodes les plus rationnelles, à l'observation psychologique des facultés de l'enfant.

Nous allons passer en revue les différents procédés d'enseignement en usage dans les anciennes écoles pour chacune des matières étudiées et pour chacun des exercices scolaires.

I. LECTURE

Le règlement scolaire de l'arrondissement de Niort (1835) portait en son article 9 : « La lecture comprendra successivement l'alphabet ou le syllabaire, la lecture courante, la lecture des manuscrits et le latin. »

On ne connut pendant longtemps que l'ancienne épellation.

Pour enseigner la lecture, le maître avait une méthode collée sur de petits tableaux muraux ; en outre, un abécédaire était mis entre les mains de chaque enfant. Les enfants, en général, fréquentaient l'école pendant plusieurs années avant de savoir lire un peu ; le petit nombre quittait l'école sachant lire couramment et intelligemment. Plusieurs, les moins assidus, sortaient définitivement ne sachant pas déchiffrer l'écriture manuscrite, quelques-uns ne sachant pas lire du tout **(Irais)**.

D'abord, le maître faisait venir les élèves à tour de rôle à son bureau ; plus tard, il réunissait en groupes les élèves de même force. Chaque élève lisait un certain nombre de lignes pendant que les autres suivaient sur leurs livres ; puis on passait au suivant qui continuait, et ainsi de suite, sans que la lecture fût précédée ni suivie d'aucune explication **(Le Beugnon)**.

Un septuagénaire d'Availles-sur-Chizé raconte ainsi comment se faisait l'exercice de lecture, pour les commençants, à l'école de **Chizé**, en 1845 :

Sur le commandement du maître, qui battait la mesure en frappant sur son bureau avec une grosse règle connue de tous les élèves sous le nom de *Marianne*, tout le monde se levait debout entre les tables et, en marquant le pas, on faisait trois fois le tour de la classe en chantant. Au dernier tour, chaque élève s'arrêtait à son groupe en face de son tableau et la leçon commençait sous la direction du maître qui, après avoir remis la surveillance à un des élèves les plus avancés, disparaissait pour ne revenir souvent que quelques instants avant la sortie. C'était alors un désordre général et un tapage assourdissant. Son retour, annoncé par le guetteur, amenait toujours quelque scène ; les *notés* recevaient, comme on disait, leur *ration* ; il en résultait parfois des luttes entre maître et élèves.

Dans les écoles mutuelles, les élèves lisaient par groupes autour d'un tableau, sous la direction d'un moniteur ; dans les autres écoles, avons-nous vu, chacun allait lire à son tour à l'estrade du maître.

Aucun des livres de lecture, sauf peut-être *Simon de Nantua*, n'était à la portée des enfants.

L'élève qui lisait couramment apportait des actes sur parchemin trouvés à la maison et lisait ces documents, individuellement, par paragraphes. Lorsqu'un élève avait appris sa *charte*, comme disent les anciens du pays, il l'échangeait contre celle d'un camarade.

A défaut de vieux parchemins, on lisait les *Manuscrits*, en 50 sortes d'écriture, soigneusement gradués. « Il y en avait quatre. Oh ! ce quatrième manuscrit ! Quelle joie ! quel triomphe de pouvoir le déchiffrer d'un bout à l'autre ! Bien rares étaient ceux qui y parvenaient » (**Saint-Germier**).

II. ÉCRITURE

Les élèves ne commençaient à écrire que lorsqu'ils savaient lire, c'est-à-dire, environ deux ans après leur entrée en classe. Aussi, n'était-il pas rare de voir des personnes qui lisaient couramment et ne savaient pas signer.

L'écriture s'apprenait en copiant sur une feuille de papier (1) les lignes que, d'une main exercée, le maître avait calligraphiées avec soin en tête de la page blanche (2).

A l'école de **Bessines**, en 1827, on manquait de principes pour l'enseignement de l'écriture : les débutants avaient à faire d'abord la lettre A, puis la lettre B, et ainsi de suite. Les élèves dont la page était bien faite occupaient une table spéciale. Il n'y avait de places d'honneur que pour l'écriture !

A **Saint-Romans-les-Melle**, dans les premières écoles, les rares élèves qui apprenaient à écrire posaient sur leurs genoux leur planche creuse. Le creux de la planche était rempli de sable fin sur lequel l'enfant écrivait avec un poinçon ; quand la planche était remplie, l'élève passait une règle sur l'écriture, afin de bien unir le sable et il recommençait.

Le même vieillard d'**Availles**, dont nous avons parlé, qui fréquentait l'école de **Chizé** de 1845 à 1848,

---

1. — On commençait à écrire sur l'ardoise en faisant ce qu'on appelait les « étorsis ».
2. — Voir un modèle d'écriture de l'année 1683, reproduit dans le *Mercure Poitevin*, tome IV, 1900, premier semestre, p. 101.

nous décrit ainsi ses premières leçons d'écriture, dont il a conservé un souvenir très présent :

Un moniteur, à l'aide d'un rabot qui glissait sur deux rainures, aplanissait la surface du sable contenu dans la boîte assujettie à la table. Il faisait ensuite un modèle au tableau, soit la lettre A par exemple ; puis il commandait: « Attention ! préparez-vous ! Voici la lettre A. Regardez-la bien et faites-la ». Alors chaque élève, muni d'une petite baguette taillée en sifflet, formait la lettre. Le moniteur commandait : « Mains sur les genoux ! » Puis il passait devant chaque élève, voyait si la lettre était convenablement faite ; il corrigeait les lettres défectueuses à l'aide de sa baguette, qui lui servait aussi quelquefois à frapper sur les doigts des élèves remuants. On recommençait deux ou trois fois, puis on passait à une autre lettre. Nous apprenions ainsi à lire et à écrire tout à la fois.

Quand on savait bien faire toutes les lettres dans le sable, on écrivait sur l'ardoise : un moniteur, placé en tête de chaque table, faisait tous les modèles d'écriture des élèves de sa table.

A l'ancienne école de filles de **Chizé**, l'enfant qui arrivait à l'école apprenait aussi à écrire sur du sable, d'abord avec le doigt, ensuite à l'aide d'une pointe. On faisait de même dans plusieurs écoles du canton de Celles et dans les anciennes écoles de Parthenay.

Malgré ces procédés rudimentaires, il faut dire, en somme, que dans la plupart des écoles l'écriture était enseignée avec beaucoup de soin par les anciens maîtres, qui parfois étaient de véritables calligraphes (3). En général, le maître traçait lui-même sur le cahier de chaque élève le modèle à reproduire. Quel temps il

---

3. — Un vieillard de **La Couarde**, qui a été l'élève du sieur Renaud (1820-1832), raconte que la majeure partie du temps de la classe était employée à copier des modèles d'écriture décorés de paraphes en tous genres. Nous avons eu en mains trois de ces modèles, encadrés de floritures.

devait consacrer à cette besogne ingrate ! On dit que M. Boutin, le premier instituteur communal d'Irais, passait deux heures tous les jours à préparer les modèles d'écriture pour le lendemain ; l'instituteur de Melle faisait de même vers 1840. Avec de tels maîtres les résultats étaient satisfaisants : presque tous leurs élèves écrivaient bien ; malheureusement, il s'en trouvait qui ne savaient pas toujours lire et comprendre ce qu'ils calligraphiaient. On rencontre encore aujourd'hui à Irais des vieillards qui signent bien, à la condition qu'il leur soit fait un modèle de leurs nom et prénoms.

Les débutants n'écrivaient qu'en *gros* ; il fallait être assez avancé pour écrire en *fin*. La ronde, la bâtarde, la gothique étaient aussi enseignées dans certaines écoles, et nombre d'élèves arrivaient à très bien exécuter tous ces genres d'écritures.

Les renseignements qui précèdent se rapportent à la première partie du xix° siècle. A partir de 1833, il n'est pas rare de voir des modèles d'écriture lithographiés, mis entre les mains des élèves, ce qui devait abréger singulièrement la besogne du maître (1). Quelques-uns de ces cours complets d'écriture, en tous les genres, sont remarquables par leur netteté, leur variété, leurs encadrements gracieux. On trouve parfois, dans les modèles de cursive, d'excellents conseils de morale, des rédactions d'actes ; parfois aussi, surtout dans les exer-

---

1. — Déjà les anciens règlements avaient recommandé ce système. « Cet exercice, disait le Règlement de Niort (1835), aura lieu successivement sur l'ardoise, sur le tableau noir et sur le papier, en *fin* et en *gros*, dans les trois genres d'écriture, bâtarde, ronde et cursive. Les modèles d'écritures gravés ou lithographiés devront être suspendus devant les élèves, à l'aide de cordons soutenus par des liteaux perpendiculaires.

cices de grosse coulée et de grosse ronde, des mots bizarres, comme : *munitionnaires, nocturnement, immanquablement, commissionnairement, visionnairanant*, etc.

Le dessin n'entrait guère dans les programmes d'enseignement primaire. Mais les maîtres et les bons élèves rivalisaient d'adresse pour confectionner toute sorte d'ornements à la plume. Nous donnerons dans le chapitre suivant des échantillons du savoir-faire des élèves. Nous donnons ci-après le portrait d'Henri IV, dessiné à la plume par un maître de l'ancienne école mutuelle de St-Maixent.

III. CALCUL

Le calcul a toujours donné plus de résultats que les autres enseignements. Il est vrai qu'il est celui qui s'accommode le moins mal d'une fréquentation irrégulière (1).

En général, on commençait par apprendre aux enfants à compter jusqu'à cent, puis jusqu'à mille, puis à faire des opérations sur les nombres abstraits : l'addition d'abord, puis la soustraction, la multiplication et la division, ne passant de l'une à l'autre que lorsqu'on possédait bien la précédente, et ceci sur des nombres

---

1. — Nous voyons dans un document de 1673 que, dans les écoles de La Mothe-Saint-Héray, on se bornait généralement à apprendre « à lire, écrire et jeter aux jetons et à la plume. » *Jeter aux jetons et à la plume*, c'était, en ce temps-là, les deux manières d'apprendre à calculer les nombres. A l'aide de jetons disposés en lignes horizontales, on indiquait, dans des colonnes verticales, les deniers, les sols, les livres, les dizaines, les centaines, etc. La méthode « à la plume » tendra à supplanter le mode primitif des jetons.

tollement élevés qu'ils feraient rêver nos milliardaires eux-mêmes. Ce n'est que lorsqu'on savait faire « les 4 règles », que l'on abordait les problèmes, pas avant ; les problèmes n'étaient accompagnés d'aucune solution ni d'aucun raisonnement. Comme correction, l'élève donnait sa réponse, et le maitre disait : *juste*, ou *faux* ; dans ce dernier cas, il ajoutait : « Il fallait additionner tant et tant, multiplier tant par tant, diviser par tant..., et c'était tout. » En fait de calcul oral, on se bornait à réciter la table de Pythagore, souvent en chantant ; dans beaucoup d'écoles, la table de multiplication était répétée à satiété.

On faisait faire de nombreux exercices abstraits sur les quatre opérations, peu de problèmes d'application. Le raisonnement, par suite, était peu cultivé.

Comme la correction des problèmes consistait souvent à faire connaître le résultat des opérations, l'élève usait souvent de ruse pour s'approprier un instant le livre du maitre afin d'y lire la bienheureuse réponse.

Certains instituteurs poussaient l'enseignement du calcul assez loin ; il en est qui enseignaient l'arpentage, le cubage, le jaugeage des tonneaux. Il se faisait des exercices de conversions sur les anciennes mesures de longueur, de capacité, de poids, de monnaies, de surface et de volume.

Terminons par quelques souvenirs d'écoliers du vieux temps.

Au **Vert**, l'addition était enseignée aux commençants en comptant sur les doigts. Soit, par exemple, $3+4$; le maitre faisait dire : je prends 3 doigts et je compte après 4, 5, 6 et 7, donc 4 et 3 font 7.

A **Chizé,** vers 1845, le maître posait les opérations sur le cahier d'un élève privilégié appartenant à une famille riche ; c'est sur ce cahier que les autres élèves devaient les copier. De même, il n'y avait jamais de correction que sur le cahier du riche ; c'est sur ce dernier que les élèves qui avaient un résultat faux devaient corriger leurs devoirs. Il n'y avait que les plus instruits, ou ceux qui voulaient poursuivre leurs études, qui faisaient des problèmes.

D'après le témoignage d'un ancien élève du **Beugnon,** les problèmes roulaient sur les quatre opérations, rarement sur le système métrique : « Je me souviens, ajoute ce témoin, avoir fait quelques exercices sur les règles d'intérêt, mais le maître ne paraissait pas les comprendre beaucoup mieux que son élève, ce qui fit qu'on fut obligé d'en rester là. »

Nous avons vu (1) comment on arpentait à **Secondigné** avant l'introduction de la chaîne et de l'équerre d'arpenteur. On opérait par à peu près, prenant la moyenne des dimensions, compensant les angles rentrants et les angles sortants, et réduisant toutes les figures en rectangles ou en triangles. L'habitude, le coup d'œil, la connaissance du terrain faisaient qu'on arrivait à une assez juste approximation.

Nous ne nous arrêterons pas ici sur les exercices de calcul qui se faisaient le plus communément dans les anciennes écoles ; nous en donnerons plus loin des exemples nombreux et intéressants, quand nous dépouillerons les vieux cahiers.

---

1. — Voir p. 190-191.

IV. RÉCITATION

Les seuls exercices de récitation furent, pendant longtemps, l'étude littérale du catéchisme, de l'évangile et de l'histoire sainte.

A **Chizé,** les enfants de l'école des filles qui ne savaient pas lire étaient exercées à réciter le catéchisme par audition.

« Le prêtre rendait l'instituteur responsable de l'insuffisance de ses élèves en instruction religieuse » **(Saint-Aubin-le-Cloud).**

« L'instruction religieuse était la seule matière à laquelle le curé s'intéressait ; pour lui plaire et obtenir une bonne note, l'instituteur y apportait tous ses soins. L'enfant qui savait bien sa prière et son catéchisme était cité comme bon élève » **(Irais).**

Il n'y a pas à s'étonner de cette importance donnée à l'enseignement religieux. Le règlement scolaire d'alors le voulait ainsi. Voici, à ce sujet, des extraits du règlement de l'arrondissement de Niort (1835) :

Dans toutes les divisions, l'instruction morale et religieuse tiendra le premier rang.

L'instituteur doit son concours aux ministres de la religion pour engager les élèves à remplir les devoirs de leur culte, et, en général, pour tout ce qui concerne l'instruction morale et religieuse.

Les élèves réciteront tous les jours des versets de l'Ecriture sainte.

Le samedi de chaque semaine, et la veille des fêtes conservées, les élèves lisent à haute voix ou récitent l'Evangile du jour suivant.

Les maîtres se bornaient à indiquer les leçons sans les expliquer préalablement et se contentaient d'une récitation machinale, sans s'assurer si le texte était compris.

Ce n'est guère qu'à partir de 1850 qu'on enseigna un peu partout l'histoire et la géographie. L'étude de l'histoire consistait à apprendre par cœur la biographie souvent dénaturée des rois de France et de longues listes de dates. Le maître faisait réciter la leçon mot à mot, sans donner aucune explication sur les mœurs et les institutions de chaque époque. La géographie était également apprise par cœur et on n'avait presque jamais recours aux cartes murales, le plus souvent absentes.

V. EXERCICES ÉCRITS. — CORRECTION

La copie de longues pages des livres de lecture, les dictées et leur mise au net, les longues analyses grammaticales et la conjugaison des verbes, étaient à peu près les seuls exercices écrits sur la langue française. Comme rédaction, on faisait, en certains endroits, quelques copies de lettres de famille.

Dans les exercices d'orthographe, aucune explication n'était donnée sur le sens des mots ; les fautes étaient marquées, quelquefois corrigées, jamais expliquées ; de même pour l'écriture.

Les plus avancés faisaient, au beau temps, une dictée tous les deux jours ; en hiver, on n'en faisait quelquefois que tous les quinze jours. Pour la correction, le maitre faisait venir les élèves les uns après les autres à sa chaire (**Divers**).

Les exercices écrits consistaient surtout en dictées interminables, où les élèves faisaient de nombreuses fautes et en problèmes peu usuels. Aucun devoir écrit ne servait d'application à la leçon de grammaire et les rédactions étaient inconnues (**La Chapelle-Bertrand**)

Le maître, pour s'assurer un silence relatif, donnait des problèmes très longs, faisait faire des copies interminables d'histoires saugrenues ou de pages de l'évangile et de l'histoire sainte (**Clussais**).

Beaucoup de devoirs étaient mis « au net ».

VI. TRAVAUX MANUELS ET GYMNASTIQUE

On s'occupait de travaux manuels à l'ancienne école de filles de **Chauray**; ils consistaient en broderies de coiffes du pays et en tricot.

Parallèlement à l'enseignement donné dans les écoles, on rencontrait des personnes qui enseignaient bénévolement aux jeunes filles les travaux manuels, surtout la broderie (**Chizé**).

A **Sauzé-Vaussais**, les filles étaient exercées au tricot; beaucoup même avaient des quenouilles, vers 1830.

A **Saint-Étienne-la-Cigogne**, M. Bouin, vers 1860, enseignait la gymnastique sous forme de l'exer-

cice du bâton, dans lequel il était passé maître. Les jours de congé, c'est-à-dire le jeudi soir et le dimanche, ce brave homme se récréait au jeu de « rampeau ». Personne ne savait mieux que lui abattre les trois quilles d'un coup de boule. A ce point de vue particulier, son enseignement porta ses fruits, car on excella longtemps dans ce jeu à La Cigogne.

En général, les exercices physiques étaient inconnus ; il est vrai que les enfants avaient plus de loisir qu'aujourd'hui pour les jeux et certes ils ne s'en privaient pas.

IV

Procédés disciplinaires.

PUNITIONS

On ne peut se représenter sans horreur les sévérités par lesquelles les anciens maîtres parvenaient à maintenir dans l'ordre et le silence les élèves de tout âge, dont la plupart étaient inoccupés, par le fait de la méthode individuelle, et dont les autres accomplissaient une tâche souvent dénuée d'intérêt.

A **Adilly**, la férule, des coups de baguette, des heures à genoux, des poses plus ou moins cruelles, le bonnet d'âne, étaient les principaux moyens pour assurer la discipline. Un témoin nous raconte qu'il lui est arrivé de rester immobile pendant deux heures les bras en l'air ; si, par malheur, il venait à laisser tomber un bras, un coup de baguette sur les doigts l'avertissait qu'il fallait reprendre sa position.

Voici le récit d'un habitant d'**Augé**, qui a passé la cinquantaine, du temps qu'il allait en classe à l'âge de 12 ans. Comme il ne pouvait s'habituer à rester immobile sur son banc adossé au mur, on le mettait tous les jours et pendant plusieurs heures dans ce qu'il appelait la *cabourne*. C'était le dessous du bureau du maître. Au bout d'un certain temps, si le patient se montrait encore trop remuant, on l'enfermait dans la cave, avec les rats ! Longtemps il se tint coi, dans cet endroit obscur, dominé par la peur, jusqu'au soir où un domestique de la maison paternelle, à qui il avait confié ses peines, lui fit comprendre qu'il n'y avait pas de rats dans la cave, mais du vin, et lui donna le conseil de se munir à l'avenir d'une tasse et de boire un bon coup de vin à la barrique du maître. Ce qui fut dit fut fait ; mais le robinet, en tournant, fit un petit bruit particulier qui donna l'éveil à la ménagère. Le maître averti arriva aussitôt et trouva le prisonnier ahuri devant le robinet ouvert. Tableau ! Depuis ce jour-là, personne ne fut plus mis à la cave.

A **La Chapelle-Largeau**, M. Gouin (1823-1838) se servait d'un *signal* : cet instrument consistait en une boule de buis pourvue d'un manche court et d'une sorte de ressort qui produisait, sous la pression du doigt, un claquement sec. Le *signal* avertissait les élèves, corrigeait les paresseux, les bavards qui le recevaient sur les doigts, ou parfois sur la tête, quand il était lancé par le maître à toute volée d'un bout à l'autre de la classe.

A **Combrand**, des vieillards racontent que le maître, pour les punir, les obligeait à tenir un de leurs sabots avec leur mâchoire pendant une demi-heure, une heure, et même plus.

A **L'Enclave**, M. Aubouin punissait le mauvais élève en le mettant sous un tonneau avec l'aide des autres élèves. Un autre instituteur de la même commune, M. Foucher, était tellement redouté des mauvais garnements, que ceux-ci passaient des journées entières cachés dans les bois, au lieu de venir à l'école.

A **Frontenay-Rohan-Rohan**, les sieurs Junin (1813-1845) et Robin (1828-1864), étaient redoutés pour leurs corrections brutales; il y eut, sous leur règne, bien des oreilles décollées, des bras et des jambes meurtris. Ils se servaient de gaules d'une longueur démesurée, qu'ils faisaient venir de Damvix (Vendée). Il y eut plus d'une fois des luttes violentes entre les maîtres et les grands élèves.

A **Hanc**, le maître lançait son martinet de son estrade à l'élève en faute qui le rapportait et après l'avoir remis en tremblant, tendait la main ouverte pour recevoir les maudites lanières. Souvent la petite main se détournait instinctivement et le martinet frappait dans le vide ; alors la punition était doublée. Pour les fautes graves ce n'était plus les mains, mais les parties plus charnues qui recevaient à nu les nœuds du terrible instrument.

Un vieil instituteur de Teillé (**Lezay**), retiré depuis 1875, raconte quels moyens violents étaient employés par les instituteurs de son temps. « Je n'ai jamais beaucoup usé de ces procédés, ajoute-t-il ; d'ailleurs, pour en arriver là, il fallait être assuré que les grands élèves ne se révolteraient pas et être assez vigoureux pour faire face aux représailles qu'ils eussent été presque en droit d'exercer envers le maître. J'ai connu, continue-t-il, un instituteur fort méchant, qui fut un jour souffleté par un de ses grands élèves, après avoir été traîné par la barbe autour de la classe. Ce grand garçon s'était révolté en voyant les mauvais traitements dont son frère plus jeune avait été l'objet.

« J'ai bien fait moi-même parfois usage de la baguette à l'égard des mauvais élèves ; mais je devais, à la sortie, l'emporter chez moi, car, pendant la récréation, si je l'oubliais dans la classe, les élèves avaient soin de l'entourer d'une mince coupe en spirale peu apparente, ce qui ne manquait pas de la faire voler en éclats au premier coup appliqué par le maître, et de provoquer des rires étouffés par toute la classe. »

A **Melle,** on se servait, entre autres instruments disciplinaires, du cheval de bois : c'était un morceau de madrier supporté horizontalement par quatre pieux et dont l'arête supérieure était très étroite. Le patient se tenait debout sur cette poutre et était obligé de garder, pendant la durée de la peine, une immobilité complète sous peine de tomber.

A **Parthenay,** on voyait souvent plusieurs élèves à genoux les uns à côté des autres, tenant dans leur bouche une longue baguette et gare à qui la laissait tomber. Quelques maîtres usaient de la *mallette* : c'était une planche de chêne, d'environ 25 centimètres de côté, que l'enfant portait sur le dos, suspendue au cou au moyen d'une ficelle. Quand la faute commise était plus grave, on lui suspendait deux, trois mallettes.

Gravement assis à son bureau, M. Gouranne, l'instituteur de **Sainte-Gemme,** faisait lire un élève ou préparait un modèle d'écriture. S'il entendait un bruit insolite, malheur à l'espiègle qui avait troublé la solennité du lieu; le *signal* tombait d'un bruit sec sur le plancher, et M. Gouranne disait sévèrement: « Elève un Tel, apportez-moi mon signal. » L'élève nommé se levait de sa place, ramassait le signal et le rendait au maître avec peu d'empressement. Alors le patient devait étendre les doigts sur lesquels le maître appliquait consciencieusement quelques bons coups de son signal.

A **Sansais,** outre les châtiments ordinaires, on usait du pince-nez ou *signal* : c'était un petit instrument en bois qui s'accrochait au nez et que les élèves punis se passaient à tour de rôle. Punition très redoutée, mais plutôt humiliante que cruelle.

Au **Vert,** lorsque la gaule du maître était brisée, les enfants se chargeaient d'aller en couper une nouvelle dans le bois voisin, et celui qui apportait la plus commode, la mieux à la main, était récompensé.

Ce qui était plus pénible que les châtiments corporels, c'était l'humiliation imposée à ceux qui étaient coiffés du « bonnet d'âne » si haut, si pointu et orné de si belles oreilles, ou harnachés de quelque pancarte grotesque. C'était bien pis quand il fallait être exposé dehors ou s'en retourner chez soi avec un pareil accoutrement. Ce n'était pas tout d'être en butte aux railleries des camarades qui ne s'en faisaient pas faute, les cruels ; c'était bien pis quand il fallait passer devant la fontaine voisine, où les femmes faisaient la lessive, comme il arrivait à Romans ; les laveuses ne laissaient pas passer le petit martyr sans forcé quolibets et moqueries. Aussi, il fallait voir quand le maître oubliait de fermer l'armoire où cet instrument de supplice était remisé, comme le pauvre bonnet d'âne était mis en pièces, avec un plaisir de vengeance satisfaite !

A **Bessines**, une des punitions favorites de M. Texier, qui fut instituteur de 1855 à 1866, était d'exposer l'élève coupable aux croisées donnant sur la rue, une règle dans la bouche, « le baillon », comme on l'appelait, avec une pancarte sur la poitrine, portant les mots de *fainéant, menteur*, ou autres aménités, écrits en énormes majuscules, et, sur la tête, un grand bonnet de papier, dit «bonnet d'âne ».

Outre les corrections violentes, certains maîtres, quand leur patience était à bout, proférait des injures grossières qui n'étaient pas faites pour relever leur prestige et leur gagner l'affection des élèves. Un tel, comme à **Ensigné**, les traitait couramment de *crapules*.

Vers 1850, le sieur Michaud, à **Melleran**, dans le but d'humilier les mauvais élèves, se plaisait à les exposer à la porte de l'école, de préférence les jours de marchés et foires, le dos tourné vers la rue, avec un bonnet d'âne et le manteau sur lequel étaient inscrits en gros caractères les défauts reprochés à l'élève.

A **La Mothe**, une ancienne institutrice avait coutume de mettre aux élèves menteuses et indisciplinées le bonnet d'âne, avec une langue d'étoffe rouge dans leur bouche et les forçait à traverser la ville ainsi affublées pour se rendre chez elles et en revenir.

Nous venons de voir défiler dans les récits qui nous ont été faits par les vieux survivants de nos anciens pénitenciers scolaires les instruments de supplice inventés par certains maîtres d'alors pour faire régner l'ordre et le silence. Il semble que nous venions de visiter un de ces musées spéciaux, où se trouvent réunis les instruments de torture des anciens prétoires civils et religieux. On n'est pas aussi brutal aujourd'hui dans les maisons de correction !

Nous savons que ce régime violent n'était pas appliqué partout, nous savons même qu'il était interdit par les règlements. Les seules punitions autorisées par le règlement de l'arrondissement de Niort de 1835 étaient les suivantes :

ART. 59. — Les élèves ne pourront jamais être frappés.
Les punitions suivantes pourront, selon les cas, leur être infligées :
Un ou plusieurs mauvais points ;
La réprimande ;
La restitution d'un ou de plusieurs billets de satisfaction ;
La privation de tout ou partie des récréations, avec une tâche extraordinaire ;
La mise à genoux pendant une partie de la classe ou de la récréation. Cette punition ne pourra durer au plus qu'un quart d'heure ;
L'obligation de porter un écriteau désignant la nature de la faute ;
Le renvoi provisoire de l'école (1).

1. — L'exclusion définitive de l'école était prononcée par le comité local ; l'exclusion de toutes les écoles était prononcée par le comité d'arrondissement.

Mais nous savons aussi que la plupart des maîtres se croyaient autorisés par les mœurs du temps, par la tolérance des parents à appliquer les châtiments corporels ; que les plus doux mêmes finissaient, dans bien des cas, par se laisser aller à l'impatience et à l'énervement. Les coups de baguette, de gaule, de *tapette*, de *palette*, de férule, de *patoche*, de martinet, les gifles, les oreilles tirées, le bonnet d'âne, la langue rouge, la mise à genoux ou en pénitence avec des aggravations de toutes sortes, le *chevalet* (1), le bâillonnement, les bras en croix, etc., étaient la monnaie courante des mauvais écoliers, et trop souvent des bons. Ce n'est qu'à une époque relativement récente que les punitions corporelles ont totalement disparu. Il faut nous réjouir de ce grand progrès de la pédagogie moderne, qui a compris qu'on ne peut songer à réformer l'enfant si on supprime en lui le sentiment de sa dignité, et que le maître n'a plus droit au respect du moment qu'il se ravale au rang de bourreau et qu'il se laisse aveugler par la colère.

RÉCOMPENSES

Voici les différentes sortes de récompenses que nous avons trouvées en usage dans un certain nombre d'écoles :

Images religieuses ;
Billets de satisfaction ;
Bons points ;

---

1. — Le chevalet était une sorte de petit tréteau à arête vive, sur lequel les élèves turbulents et indociles étaient condamnés à se tenir immobiles, à genoux même, pendant un temps déterminé.

Les croix d'étoffe ou de métal distribuées le samedi soir aux élèves les plus méritants pour qu'ils les portent le lendemain à la messe ;
La croix d'honneur ;
Inscription au tableau d'honneur exposé dans l'école.

Un ancien instituteur de **Combrand**, pour récompenser les élèves les plus studieux, leur permettait de promener ses filles dans une petite voiture, le soir, après la classe.

Les instituteurs qui ont exercé à l'**Enclave**, avant 1850, récompensaient les bons élèves en montrant leurs travaux à M. le maire ou en les faisant lire et réciter devant ce magistrat.

Il y avait bien des écoles où les récompenses étaient inconnues. Elles étaient prévues pourtant dans les règlements scolaires :

ART. 56. — Tout élève dont la conduite et le travail pendant la semaine n'auront mérité que des éloges, obtiendra un billet de satisfaction. Il pourra être mis au banc d'honneur s'il continue à bien faire les semaines suivantes.

ART. 57. — Les élèves qui seront les premiers auront, en outre, la croix ou un ruban qu'ils porteront pendant toute la semaine.

ART. 58. — Des prix seront accordés à la fin de l'année, si la commune a alloué des fonds ou s'il existe d'autres ressources pour cet objet (1).

A **Melle**, on institua de bonne heure des distributions de prix. Le prix d'honneur était accordé au meilleur élève désigné par les suffrages de ses camarades. Les

---

1. — Règlement de l'arrondissement de Niort de 1835.

élèves votaient devant le comité local réuni spécialement à cet effet.

A propos des distributions de prix, nous exhumons un curieux arrêté du baron Dupin, préfet des Deux-Sèvres, daté du 25 octobre 1812 :

Le Préfet des Deux-Sèvres, Baron de l'Empire, officier de la Légion d'Honneur,

Vu la lettre de Monseigneur le Ministre de l'Intérieur, en date du 10 octobre 1812, portant que Son Excellence, convaincue de l'inconvenance des exercices publics dans les pensionnats de filles, et des abus répréhensibles auxquels donnaient lieu les distributions de prix qui les terminaient, a supprimé ces exercices à Paris, par son arrêté du 11 août dernier, et qu'elle désire qu'ils le soient également dans les départements ;

Arrête :

1° Les exercices publics dans les pensionnats des écoles de filles sont supprimés dans toute l'étendue du département des Deux-Sèvres.

2° Les distributions de prix qu'on jugerait utiles à l'encouragement des élèves ne pourront être faites en public, et n'auront lieu qu'en présence des maîtres ou maîtresses attachés à ces établissements.

3° Les maires notifieront ces dispositions à toutes les directrices de pensionnats et maîtresses d'écoles de filles établies dans leurs communes ; ils veilleront exactement à leur exécution.

4° En cas d'infraction, ils en rendront compte aux sous-préfets, sur le rapport desquels nous nous réservons de provoquer la clôture des pensionnats et écoles où les règles prescrites par le présent arrêté auront été méconnues.

V

Cours d'adultes.

Disons un mot des cours d'adultes qui étaient déjà prévus par l'arrêté du 22 mars 1836.

En 1836, l'instituteur d'**Arçais** faisait un cours du soir, à raison de 5 sous par mois et par élève. Chaque adulte fréquentant le cours était taxé en outre de 0 fr. 18 pour la première livre de chandelle.

A **Mazières-sur-Béronne**, M. Thébault, instituteur communal, était autorisé par le Conseil municipal (séance du 10 juillet 1841) « à enseigner des élèves adultes depuis 6 heures du soir jusqu'à 10 heures ».

Par délibération du 10 août 1866, le Conseil municipal de **Saint-Aubin-le-Cloud**, « vu l'intention du Gouvernement de propager l'instruction par les cours d'adultes », vote la création d'un cours de ce genre pour les garçons, qui devra être fait par l'instituteur pendant quatre mois, tous les jours, sauf le mercredi et le dimanche, de 7 heures à 9 heures du soir ; fixe à 1 fr. la rétribution mensuelle de chaque élève et accorde une somme de 30 fr. pour le chauffage et l'éclairage de ce cours. Ce cours fut interrompu de 1875 à 1895. Depuis 1897, il est entièrement gratuit.

Le Conseil de **Secondigné** refusa, la même année (1866), de voter des fonds pour un cours d'adultes, en s'appuyant sur les considérations suivantes qui n'ont guère perdu de leur valeur

Considérant que le bourg, chef-lieu de la commune de Secondigné, où se trouve la maison d'école, est situé à une extrémité de la commune et est moins gros que quelques villages éloignés ; que la commune est très étendue et divisée en vingt-cinq villages, hameaux ou lieux isolés ; qu'il se présenterait très peu d'élèves pour suivre les cours d'adultes ;

Attendu que les mauvais chemins en hiver interceptent toute communication pour arriver au bourg, surtout la nuit......

Les cours d'adultes n'ont été sérieusement organisés que dans ces derniers temps ; on s'accorde à reconnaître qu'ils sont un complément nécessaire de l'école et qu'il importe de les constituer d'une manière définitive et durable.

CHAPITRE VI

Anciens livres et anciens cahiers

CHAPITRE VI

Anciens livres et anciens cahiers

I

Anciens livres.

La bibliographie classique fut d'abord très restreinte. Les familles, qui avaient fait un effort considérable pour payer la rétribution scolaire, se refusaient à faire de nouveaux sacrifices pour acheter les livres les plus indispensables et les petites fournitures classiques. Au début, le Gouvernement de 1830 crut devoir venir en aide aux écoles en faisant des envois gratuits aux départements.

Un rapport, trouvé dans les archives départementales, nous apprend que, pendant les trois années 1831, 1832, 1833, il fut envoyé dans les écoles de l'arrondissement de Melle :

1630 Alphabets,
330 Catéchismes historiques, de Fleury,
150 Petites arithmétiques, de Vernier,
6 Robinsons,
10 Tableaux de lecture,

et que sur ce nombre il avait été distribué

1386 Alphabets (1),
320 Catéchismes,
140 Arithmétiques,
3 Robinsons,
5 Tableaux.

Un état numérique des livres distribués en 1832 et en 1833 dans l'arrondissement de Niort porte la nomenclature suivante :

2040 Alphabets, 430 Catéchismes, 92 Arithmétiques, 44 Robinsons, 12 séries de Tableaux de lecture, 4 *Veillées au corps de garde*, 2 petites Géographies et Atlas, 2 *Enfant perdu*, 2 *Simon de Nantua*, 1 Cours de dessin et Atlas.

I. LIVRES DE LECTURE

Voici l'énumération des livres de lecture en usage dans les anciennes écoles, que nous avons pu recenser grâce aux recherches de nos dévoués instituteurs :

L'Abécédaire, petit livret appelé encore *Syllabaire*, ou *Charte*, ou la *Croix de Dieu*, sorte d'alphabet suivi de prières usuelles.

Alphabets de diverses sortes.

La Méthode Peigné, en tableaux.

Le Psautier de David, pour apprendre la lecture du latin.

L'Ancien Testament.

Le Nouveau Testament, par Lemaistre de Sacy.

---

1. — Dans ce même rapport, nous lisons cette observation étrange :

« Les *Alphabets* ont été jusqu'ici fort peu ou même point du tout compris par les instituteurs. Aussi n'en ont-ils fait aucun usage : MM. les inspecteurs ont trouvé presque partout ces livres relégués dans un coin de la classe comme des reliques trop respectables pour qu'on osât y toucher.

« A mesure que les instituteurs s'éclaireront et deviendront plus intelligents, il leur sera distribué un plus grand nombre d'*Alphabets*. »

Le Nouveau Testament de N.-S. Jésus-Christ, publié par l'autorité du pape Clément VIII, traduit par le R. P. Denis Amelotte, à Limoges, chez Martial Ardant et fils, imprimeurs-libraires, 1836.

Histoire du Vieux et du Nouveau Testament, avec explications édifiantes dédiées à Monseigneur le Dauphin, par le sieur de Royaulmont, prieur de Sombreval, à Paris, chez Le Petit, imprimeur du Roi.

La Bible, par divers auteurs.

Explication des principales paraboles du Nouveau Testament, 2e édition, chez Codaux, à Toulouse, 1840.

Maximes tirées de l'Ecriture sainte (1).

La Vie des Saints.

L'Imitation de Jésus-Christ.

Les Petites Heures et les Grandes Heures. — Sorte de recueil de prières.

La Doctrine chrétienne, par Lhomond.

Les Devoirs du Chrétien, par J.-B. de la Salle.

Le Petit Carême de Massillon, chez Firmin Didot, Paris, an XI, 1803.

Récits moraux et instructifs, livre de lecture, par Ambroise Rendu fils.

Livre de Morale pratique, par Barrau, 1874. — Livre destiné à être lu et commenté par le maître aux élèves.

La Morale en action, Paris, librairie Giroux et Vialat, 1846.

Récits des prix Monthyon.

Livres de lecture courante, par Th. Lebrun, chez Hachette, Paris, 1843. — 4 volumes, chaque volume comprenant trois mois de l'année.

L'Adolescence, de Delapalme.

---

1. — A propos de ce livre, nous lisons, à la suite d'une lettre pastorale de l'évêque de Poitiers, du 5 octobre 1821 : « M. le Recteur de l'Académie de Poitiers nous ayant donné connaissance de deux petits recueils, intitulés *Maximes tirées de l'Ecriture sainte*, contenant l'un celles de l'Ancien, l'autre celles du Nouveau Testament, nous avons reconnu que ces maximes sont fidèlement extraites des Livres Saints ; nous en autorisons la lecture dans les écoles primaires, et engageons MM. les curés à en propager la connaissance.

Télémaque, 1840. — Comme les lectures n'étaient pas suffisamment expliquées, ce livre n'intéressait pas beaucoup les enfants.

Petit abrégé de la Vie et des Aventures de Robinson Crusoé pendant son séjour dans son île.

Magasin des Enfants. — Mélange de religion, de morale, d'hygiène, d'histoire naturelle, de physique, d'histoire sainte, d'histoire ancienne, d'histoire de France et de géographie, le tout agrémenté de contes de Fées, dont la lecture arrachait des larmes à nos aïeux.

L'Histoire des quatre fils Aymon. — Ce livre de lecture fut interdit dans les écoles vers 1848; mais les parents, qui trouvaient ces légendes amusantes, s'obstinaient à l'acheter à leurs enfants qui continuaient de l'apporter à l'école (**Teillé**).

Simon de Nantua, par Laurent de Jussieu, 1837. — Ce livre intéressait beaucoup la jeunesse.

La Civilité qui se pratique en France parmi les honnêtes gens, pour l'éducation de la jeunesse, avec une méthode facile pour apprendre à lire, prononcer les mots et les écrire; les Quatrains du sage M. de Pybrac et l'arithmétique en sa perfection, nouvelle édition corrigée et mise en meilleur français que les précédentes, à Poitiers, chez Franç.-Aimé Barbier, libraire-imprimeur du Roi, place Notre-Dame, 1817.

Maurice ou le Travail, livre de lecture courante, par Mme Z. Carraud.

La petite Jeanne ou le Devoir.

Le Petit Jean.

Le vieux Soldat ou l'obéissance à la loi, livre de lecture courante, par Mlle Marie Caro.

Le Charlemagne.

L'Histoire de Napoléon.

Le Monde des Enfants, etc., etc.

Collection de maître Pierre ou le Savant du Village.

Les Veillées villageoises, ou entretiens sur l'agriculture moderne, par E.-J.-A. Neveu-Derotrie, chez Dezobry.

Conseils aux cultivateurs sur leur santé, ou Précis d'un cours d'hygiène, fait à l'école primaire de Saint-Romans-lès-Melle, par P.-E. Chabot, médecin et maire.

Le Petit Livre d'Agriculture de Jacques Bujault, Niort, typographie de L. Favre.

Le Jacques Bujault des Laboureurs ou la Belle Histoire du Diable laboureur, par maître Jacques Bujault, Niort, typographie de L. Favre et Cie.

Choix gradué de 50 sortes d'écriture, par Th. Barrau, Hachette.

Premières notions d'Histoire naturelle et d'économie domestique, autographiées pour exercer à la lecture des manuscrits, chez Hachette.

Histoire sainte et Histoire de N.-S. Jésus-Christ (texte manuscrit).

Les Voyages de René Caillé, en écriture manuscrite.

Actes notariés (1).

II. LIVRES DE RÉCITATION

1° Catéchismes, Evangiles et Histoires saintes.

Catéchisme du diocèse de Poitiers.
Petit catéchisme historique, par M. Fleury.
Les Epîtres et Evangiles, de l'abbé Legraverang.
Petite Histoire sainte, par Ansart, chez Fourant (1857).
  id. par Edon.
  id. par Lesieur.

2° Grammaires françaises.

Grammaire, de Noël et Chapsal, Paris, 1831.
Grammaire populaire, suivant le système des écoles modèles, par Ch. Martin, chez Pitois-Levrault et Cie, Paris, 1830.

On y trouve un certain nombre d'exercices, aujourd'hui condamnés avec raison, sur des textes incorrects, que l'élève doit corriger. En voici un spécimen :

---

1. — Ceux qui lisaient couramment l'*émoté* (caractères imprimés) étaient exercés à déchiffrer les anciens actes notariés (**Les Alleuds**).

Ne *li* pas ces livres qui n'*enseigne* que des choses futiles. L'enfant ne *doi* apprendre que ce qui *peu* lui être utile. A quoi *peuve* lui *servire* les contes de la mère l'Oie ? Il ne suffit pas de *travaillé*, il *fau* encore *ajouté* l'économie au travail (1).

Nouvelle Cacographie, par Charles-Constant Letellier, 6ᵉ édition, 1818.

Cacologie, par M. Boinvilliers, 8ᵉ édition, 1832.

Grammaire, de M. Poitevin, 1846.

Grammaire française, de C.-C. Letellier.

Grammaire, par Lhomond, Poitiers, chez Cotineau, 1827.

Grammaire, par Restant, imprimeur à Louvain, 1805, faite par demandes et réponses. — Sans aucun exercice d'application.

Abrégé de la grammaire de l'Académie, par Bonneau, chez Delalain, 1856.

Grammaire française, par J.-G. Hoffet, 1842.

La nouvelle grammaire des commençants.

Cours de thèmes français, ou nouveaux exercices d'orthographe, de syntaxe, d'analyse et de ponctuation, par Bonnaire.

Vocabulaire, de Wailly, 17ᵉ édition.

Le Dictionnaire des dictionnaires, par L.-P. Darbois.

3° Histoires de France.

Histoire de France, à l'usage de la jeunesse, A M D G, Lyon, chez Rusand, 1824.

Histoire de France, par Mᵐᵉ L. de Saint-Ouen, Paris, Hachette et Cⁱᵉ, 1848.

Nouvelle Histoire de France, continuée jusqu'à nos jours, de Le Ragois, Paris, chez Didier, et Limoges, chez Martial Ardant, 3ᵉ édition, 1833.

Le même, 17ᵉ édition, avec 73 portraits, 1842.

Histoire de France, par Louis Ardant, Paris, chez Corbet,

---

1. — L'auteur se trompait quand, dans sa préface, il prétendait avoir fait disparaître le mauvais côté de ce genre d'exercices, « en restreignant la cacographie à la terminaison des mots et en ne l'employant que dans un ordre conforme à celui des dix parties du discours, c'est-à-dire pour le nom seul quand on traite des noms, pour les adjectifs seuls quand on traite des adjectifs, et ainsi de suite... »

1834. — Livre de 130 pages, par questions et réponses, sans appréciation des faits.

L'*Histoire de France*, de Magin.

Histoire de France, par Emile Bonnechose.

Petite histoire de France, de Belèze (1868).

Histoire de France Allevysée, par Allevy, seul professeur de cette méthode (Allevytechnie, moyen d'apprendre vite et de retenir toujours, applicable à toutes les sciences). — Petit ouvrage de 104 pages, prix 5 francs, se vend chez l'auteur, chef d'institution, rue des Arts, à Saint-Joos-ten-Noode, Belgique.— Rien de plus grotesque que cette méthode mnémotechnique.

4° Géographies.

Géographie, de Babinet.

Géographie par Crozat, 400 pages, Avignon, chez Vve Guichard aîné, 1831.

Petite géographie ancienne, par de Blignières, 144 pages, in-18.

Petite géographie moderne, par Ansart ; Paris, Hachette et Cie, 1846.

Cet ouvrage de 194 pages, dont 32 seulement pour la France, ne contenait que ces deux lignes sur le département des Deux-Sèvres :

Bassin de la Sèvre Niortaise. — Il comprend 2 départements, savoir : celui des Deux-Sèvres, chef-lieu Niort, sur la Sèvre Niortaise.....

Nouvel abrégé des géographies de Nicole de Lacroix, Crozat et Lenglet Dufresnoy, par J.-A. Pannelier, chez Delalain, Paris, 1837.

Sur 190 pages, 54 sont consacrées à la France et 15 lignes au département des Deux-Sèvres. Après avoir expliqué d'où il tire son nom et de quels départements il est entouré, on apprenait qu'il était divisé en 4 arrondissements dont les chefs-lieux sont :

Niort, préfecture, ar., à 41 myriamètres et demi (106 lieues) S. O. de Paris, pop. 16.200 hab. — Melle, ar., 2.512 hab. — Parthenay, ar., 4.024 hab. — Bressuire, ar. (Il n'était pas question de Saint-Maixent ni de Thouars).

Ce département produit du seigle, de l'avoine, des graines grasses, des fèves et du bois ; on y élève des bestiaux et l'on y commerce en laine. Population 291.850 (Partie du Poitou).

Il fait partie du diocèse de Poitiers, et ressortit à la Cour royale de cette ville ; il est compris dans la douzième division militaire (1).

Petite géographie, de MM. Meissas et Michelot, 1847.

Petite géographie des enfants, antérieure à 1789.

Atlas moderne portatif, composé de 30 cartes sur toutes les parties du globe terrestre, par le citoyen Bertholon, professeur de plusieurs sociétés littéraires, à Paris, chez Louis Périsse, an VII de la République française. D'après cet ouvrage, il y avait 50 cantons dans le département des Deux-Sèvres.

Atlas de géographie élémentaire, par Dussieux, chez Lecoffre (1858).

5° Arithmétiques.

Petite Arithmétique, par Vernier, 144 pages in-18. — Dans le rapport du Comité de Melle, cité plus haut, nous lisons : « On désirerait trouver dans ce livre un plus grand nombre d'applications, des définitions plus précises ».

L'art d'enseigner l'arithmétique théorique et pratique, en sa perfection, par Vincent Croizet (partie du maître), édité en 1841.

---

1. — Dans une édition du même ouvrage, datée de 1816, nous lisons des questions comme celles-ci :

D. — Quel est le gouvernement de la France ?

R. — Ce gouvernement est monarchique. C'est le plus ancien royaume de l'Europe. Le roi porte le titre de *roi très chrétien*. La France, après avoir été gouvernée par des rois pendant quatorze cents ans, s'était constituée en République au mois de septembre 1792 ; en 1804, la forme du gouvernement avait changé de nouveau et Napoléon Bonaparte avait usurpé la couronne ; enfin une nouvelle révolution vient de rendre à la France ses anciens rois sous lesquels elle a été longtemps si heureuse. . . . .

D. — Qu'entendez-vous par bonnes villes ?

R. — Les bonnes villes sont celles dont les maires assistent au sacre du roi. Il y en a vingt-neuf : Angers, Bordeaux, Bourges, La Rochelle, Nantes, Orléans, Paris, Tours, etc.

Eléments d'arithmétique, à l'usage de l'artillerie de la marine et du commerce, augmentée de l'exposition du nouveau système des poids et mesures, par Bezout, chez Martial Ardant frères, à Limoges, 1841.

Arithmétique, par F. P. B., 1841, chez Mame.

Arithmétique des jeunes garçons, par Gillet-Damitte, chez Perisse frères, Lyon-Paris, 1839.

Arithmétique, par Bourdon, à Paris, chez Bachelier, 1828. — Ce traité est complet ; il comprend les progressions, les logarithmes, etc. ; la théorie des fractions est bonne.

Arithmétique du sieur Barrême, ou le livre facile pour apprendre l'arithmétique de soi-même et sans maître, par N. Barrême, à Limoges, chez Martial Barboux, imprimeur du Roi, 1781.

Barême décimal et des comptes faits (1802). — Les élèves n'avaient pas à compter, ils trouvaient dans leur barème le résultat de leurs opérations.

L'arithmétique des écoles primaires, de Delapalme.

L'arithmétique, de Ritt.

Arithmétique élémentaire, par Papin, instituteur à Saint-Laurent-sur-Sèvre (Vendée), 1851.

Arithmétique, par Poujol, instituteur, 1865.

Eléments d'arithmétique, contenant les principes du calcul décimal, avec l'exposition du système des nouveaux poids et mesures, des exemples de comparaison et de réduction et les valeurs des anciennes mesures du département des Deux-Sèvres, de la Vienne, de la Vendée et de la Charente-Inférieure, par *Vincent*, membre de la société libre des sciences et des arts du département des Deux-Sèvres, à Niort, chez E. Depierris aîné, imprimeur-libraire, rue du Peuple, an X.

Il nous a paru intéressant de publier ici ce tableau des anciennes mesures, sur lesquelles on se livrait, dans nos vieilles écoles, à des exercices interminables de conversion et de réduction (1). Il est tiré du livre de Vincent :

---

1. — Une Commission avait été nommée par le Préfet des Deux-Sèvres, en l'an X, pour rédiger un tableau des anciennes mesures du département

MESURES DE LONGUEUR

La *toise* ordinaire, dans tout le département............	1 m. 949
La *toise* particulière, pour le bois de charpente est à Niort, de...	2 m. 031
à Cherveux, Sainte-Néomaye, de...................	2 m. 001
L'*aune*, dans presque tout le département..............	1 m. 188
A Airvault, Chiché et Saint-Jouin-de-Marnes.....	1 m. 140
La *verge*, à La Mothe-Saint-Héray, Niort, Celles, Sainte-Néomaye	3 m. 901
La *perche*, à Argenton-le-Peuple, Beauvoir, Cerizay...	7 m. 142
La *lieue* de pays est de 6 kilomètres environ.	

MESURES AGRAIRES

La *boisselée*, à Niort, Coulonges, Echiré, Champdeniers, Cherveux, Saint-Maixent, Sainte-Néomaye, Prahecq, Beauvoir, Fronteuay-Rohan-Rohan, Mougon, Celles, Melle, Chef-Boutonne, Couture-d'Argenson, Parthenay, Availloux, Verruyes, vaut.....................................	15 a. 195
A Chizé..	25 a. 536
A La Mothe-Saint-Héray et Chenay...............	21 a. 312
A Bressuire et Chiché............................	13 a. 189
A Menigoute......................................	10 a. 940
A Laint-Loup.....................................	10 a. 552
A Courlay..	8 a. 358
A Airvault, La Ferrière, Thénezay...............	7 a. 914
A Cerizay, La Forêt-sur-Sèvre, Saint-Marsault....	6 a. 300
A Thouars et Oiron...............................	5 a. 496
A Argenton-le-Peuple............................	4 a. 256
L'*arpent forestier* pour tout le département est de.....	51 a. 072
L'*arpent de terre labourable* vaut :	

---

des Deux-Sèvres comparées aux *mesures républicaines*. Cette Commission composée de MM. Demetz, ingénieur ; Frigard, bibliothécaire ; Oudet, professeur de physique ; Demeré, professeur de mathématiques ; J. Vincent, auteur du livre qui nous occupe, adopta en ces termes le tableau que nous publions : « Considérant que..... Déclarons adopter les notions proposées par un des membres de la Commission, comme propre à remplir notre objet ; et invitons tous les maires et adjoints des communes de ce département, les notaires, les instituteurs des écoles primaires à se procurer l'ouvrage intitulé : *Éléments d'arithmétique, contenant les principes du calcul décimal*, etc., composé par le même auteur. »

A Saint-Jouin-de-Marnes..................................	94 a. 971
A Chenay...	72 a. 936
A Argenton-l'Eglise, Bressuire, Chiché, Thouars, Oiron, Brion, Saint-Varent...........................	65 a. 950
A Niort, Mauzé, Coulonges, Champdeniers, Echiré, Saint-Maixent, Melle, Saint-Pardoux, Châtillon.	60 a. 780
A Menigoute et Thénezay.................................	43 a. 761
A Parthenay, Moncoutant, Saint-Martin-du-Fouilloux...	34 a. 189
Le *journal de terre labourable*, à Niort, Echiré, Couture, Chef-Boutonne, vaut.....................	30 a. 390
A Parthenay...	25 a. 642
A La Chapelle-Saint-Laurent............................	14 a. 245
A Saint-Loup..	5 a. 276
A Thouars, Oiron, Brion, Saint-Varent..............	3 a. 663
Le *journal de pré*, à Niort, Mauzé, Cerizay, Coulonges, vaut...	34 a. 189
A La Peyratte..	25 a. 640
Le *journal des bêcheurs*, à Cerizay................	1 a. 975

MESURE DE BOIS DE CHAUFFAGE

La *corde* de bois, de 6 pieds de long sur 4 de large et 3 pieds 6 pouces de hauteur (1)........	2 st. 878

MESURES DE CAPACITÉ

La *velte* dans tout le département vaut............	7 l. 450
A Cherveux...	7 l. 616
La *pinte* variait entre 0 l. 931 et 2 l. 65.	
A Beauvoir, elle valait............................	0 l. 931
A Niort...	1 l. 006
A Bressuire..	1 l. 019
A Parthenay, Menigoute, Saint-Pardoux......	1 l. 215
A Airvault..	1 l. 606
A La Mothe-Saint-Héray, Lezay.................	1 l. 649
A Cherveux..	2 l. 065

MESURES DE CAPACITÉ POUR LES GRAINS

Le *boisseau*, à La Mothe, vaut.......................	4 dl. 854
A Chef-Boutonne..	3 dl. 731
Le *petit boisseau*, à Echiré, Frontenay, Magné, Niort..	2 dl. 653
Le *grand boisseau*, mêmes lieux....................	3 dl. 316

1. — Dans le midi du département, le bois se mesurait au cent de bûches.

Le *boisseau*, à Bressuire..	3 dl. 184
A La Chapelle-Thireuil (boisseau de Fontenay)...	3 dl. 134
Le *boisseau du mardi*, à Cherveux, Saint-Maixent, Menigoute..	2 dl. 737
Le *boisseau de minage*, mêmes lieux....................	3 dl. 079
Le *premier boisseau*, à Saint-Pardoux....................	2 dl. 875
Le second..	2 dl. 458
Le *premier boisseau* de Lezay..............................	2 dl. 427
Le second..	3 dl. 316
Le *troisième*..	2 dl. 795
Aux Echaubrognes, on se sert du boisseau de Mortagne..	1 dl. 791
de Maulévrier..	1 dl. 450
Le *boisseau*, à Airvault, contient........................	1 dl. 748
A Thénezay..	1 dl. 659
A Thouars..	1 dl. 194

POIDS (1)

La *livre*, de 16 onces, en usage dans tout le département... 489 gr. 506

Tableaux du système légal des poids et mesures, par Lamotte.

Comparaison des nouveaux poids et mesures aux anciens qu'ils remplacent, par C.-F. Delavau, receveur municipal et de l'hospice de Bourbon-Vendée, chez Ferré et Allut, imprimeurs-libraires à Bourbon-Vendée, 1824.

Traité élémentaire d'arpentage et de levée des plans, par Lamotte, 196 pages in-12.

Méthode élémentaire pratique d'arpentage, par Gillet-Damitte, librairie Colas, 1837. — Bon traité pour l'époque.

Principes de tenue des livres, par Marmet, 176 pages in-18

Géométrie, par F. P. B., 1853.

6° Livres divers.

Le Guide des écoles primaires, par un recteur d'académie, 1829.

---

1. — Ce tableau est muet sur les subdivisions de la livre qui devaient être, comme en beaucoup d'endroits, l'*once*, le *gros*, le *denier*, le *grain*, ainsi que sur les monnaies.

Le Visiteur des écoles, ou guide des membres des Comités d'instruction primaire, etc., par un inspecteur d'académie, 1 vol. in-8°.

Manuel des aspirants aux brevets de capacité, 1837. — Toutes les matières du programme y sont développées succinctement.

Un cours d'études des écoles primaires de M. Rapet, 1860, comprenant des fables comme exercices de lecture, la langue française, l'arithmétique et le système métrique.

Premières connaissances, par Soulice, 72 pages in-18.

L'Agriculture, de Guillemot, professeur départemental (Deux-Sèvres).

Histoire abrégée des principales inventions et découvertes, par Roux-Ferrand, 144 pages in-18.

II

Anciens cahiers.

Les vieux cahiers de classe étaient loin d'avoir la forme agréable et coquette qu'ils revêtent aujourd'hui : ils se composaient souvent d'un certain nombre de feuilles blanches, recouvertes d'un vieux parchemin, le tout cousu par la mère de famille. Beaucoup de ces cahiers avaient le format du papier en main non plié, ce qui permettait d'écrire de grandes pages demandant une longue attention et procurant au maître une longue tranquillité.

La plupart des spécimens que nous avons eus en mains n'ont rien de remarquable, ni au point de vue de l'ornementation à la plume, ni au point de vue de la calligraphie. Quelques-uns seulement ont des en-tête enguirlandés et fleuris. Nous en donnons ci-après deux échantillons.

Nous n'y trouvons pas la trace de la correction du maitre, ni même de l'élève. Ce qui y domine, ce sont les exercices de calcul et les longs problèmes, les pages d'écriture à main posée, des copies de prières ou de passages des livres pieux de lecture. La composition française y est inconnue.

Nous avons recueilli un cours de grammaire française manuscrit, provenant d'un élève de l'école secondaire de Parthenay et datant de l'an XII. Pourquoi imposer cette tâche à l'enfant ? Etait ce parce que les livres classiques étaient encore rares à cette époque ? ou parce qu'ils ne répondaient pas au goût et à la méthode du maitre ? En tout cas, nous voyons là un de ces exercices purement mécaniques en honneur dans nos anciennes écoles, qui avaient l'avantage d'occuper l'enfant et d'obtenir de lui le silence, mais qui laissaient l'intelligence inerte et paresseuse (1).

Nous dirons la même chose de quelques rares cahiers d'histoire et d'arithmétique.

Passons en revue les passages d'anciens cahiers qui nous ont paru offrir le plus d'intérêt.

I. — On conserve dans une famille de Cherveux deux cahiers ayant appartenu à un élève qui fréquentait l'école en 1833 et en 1834, et était alors âgé de 13 à 14 ans. Ces cahiers, sans couverture, de format plus petit que le format couronne, comprennent une vingtaine de feuillets de papier blanc, assez fort et sans réglure.

---

1. — Dans un autre cahier de grammaire, appartenant à un élève de l'école de Brûlain et daté de 1855, la grammaire de Noël et Chapsal se trouvait copiée en entier. Nous avons du même élève des cahiers de dictées, avec des modèles de lettres et des exercices de cacographie, et des cahiers d'arithmétique et de géométrie plane.

Ils sont assez propres, ornés par ci par là de paraphes fantaisistes, et sur une page ou deux, *de petits bonshommes*.

L'un d'eux contient des lettres d'affaires (envoi de marchandises, demande de remboursement d'une somme prêtée), des lettres de soldats à leurs parents, d'invitation à un mariage, des modèles de quittances, d'effets de commerce, de mémoires, d'actes sous seings privés : on dirait un cahier de nos cours d'adultes actuels. Nous y avons vu également quelques règles de grammaire, entre autres, la règle de *gens*. Ces différents exercices étaient dictés par le maitre. Nous y cueillons une lettre d'invitation, modèle de ce genre pédantesque dont on trouvait des traces, il y a une trentaine d'années, dans le langage ou le style de certains habitants de nos campagnes, qui se piquaient de *beau savoir*.

Lettre d'invitation à un mariage.

Camarade,

J'ai l'honneur de vous écrire la présente pour vous offrir l'hommage de ma haute considération et pour avoir l'avantage de vous inviter à mon festin qui aura lieu le 10 du courant à Augé, demeure de Mlle Parenteau, ma future. Veuillez m'honorer d'y assister ; cela faisant, vous m'honorerez d'une considération qui ne pourra jamais égaler celle avec laquelle je suis, en espérant de vous voir,

Votre affectionné camarade.

L'autre cahier porte sur la première page le titre suivant : *Cahier de règles de multiplication.*

Il renferme des exercices sur l'addition, la soustraction, la multiplication combinées ou la multiplication seule. En voici deux exemples :

1° Une pièce de terre contient 96 toises de longueur sur 4 toises 1/2 de largeur. Combien contient-elle de boisselées ? (La boisselée, à Cherveux, était de 15 ares 195).

```
      96                Preuve    48
       4 ½                         9
      ───                        ───
      384                        432
       48
      ───
      432
```

(Le nombre de boisselées n'a pas été déterminé, du moins sur le cahier de l'élève).

2° Combien coûteront 60 moutons à 21 fr. 15 1/2 la pièce ?

```
       60                Preuve      30
    21,15 ½                       42,31
    ───────                       ──────
       3,00                         9,30
       6,00                        60,00
      60,00                      1200,00
    1200,00                      ───────
       0,30                      1269,30
    ───────
    1269,30
```

Ce procédé, pour la multiplication, ressemble fort à notre calcul mental.

II. — Problème trouvé dans un cahier de la première moitié du XIXᵉ siècle et communiqué par M. Bodineau, ancien instituteur aux Forges :

Dans la Saintonge, il y avait un bourgeois qui n'avait que 700 ceps de vigne à labourer, et il voulait donner *que* 3 francs pour les labourer. Il se présente 3 hommes pour faire cet ouvrage. C'était un *Pot de vin* (Poitevin), un Saintongeois et un Aunisien ; le *Pot de vin* dit qu'il la labourerait dans trois jours, le Saintongeois dit qu'il la labourerait dans deux, l'Aunisien dit qu'il la labourerait dans un jour, et ils ont dit entre eux : Labourons-la tous trois ensemble, et le bourgeois nous payera à proportion de notre avance. A savoir à présent combien le bourgeois doit leur donner à chacun.

Solution reproduite textuellement

L'Aunisien gagne 3 francs par jour, le Saintongeois gagne 1 fr. 10 sous par jour, le *Pot de vin* gagne 1 fr. par jour.

```
  60 sous
  30 sous
  20 sous
 ─────────
 110 sous
```

Si 110 sous ont 60 sous, combien en auront 60 (¹)
Si 110 sous ont 60 sous   —   30, etc.

```
(¹) 60
    60
 ──────   110
 3600    ─────────────
  300    32 sous 8 deniers
   80          80
   12         110
 ─────
  960   à l'Aunisien.
   80
```
et ainsi pour les autres opérations.

Preuve juste

1 f. 12 sous 8 deniers $\dfrac{80}{110^{mes}}$ à l'Aunisien.

16 sous 4 d. $\dfrac{40}{110^{mes}}$ au Saintongeois.

10 sous 10 d. $\dfrac{100}{110^{mes}}$ au *Pot de vin*.

────────────────────────────

3 f. 0 sou ... d. ...^{me}.

III. — Problèmes trouvés dans les cahiers de Jean Mialon, élève de l'école de Melle, en 1838.

1° On demande la hauteur d'un clocher, sachant que, du pied dudit clocher jusqu'à une maison qui est vis-à-vis, il y a 50 pieds, et que du pied de ladite maison jusqu'au haut du clocher, il y a 400 pieds.

Réponse : 50 × 50 = 2.500   400 × 400 = 160.000.
160.000 — 2.500 = 157.500 pieds.
Pour faire cette opération, il faut extraire la racine carrée de 157.500 = 396 pieds 1 pouce (1).

2° Un homme, étant au lit de mort, fait son testament à sa femme qui est enceinte ; il y ordonne que si sa femme accouche d'un garçon, ce dernier aura les 2/3 de la succession et la mère le 1/3; qu'au contraire, si elle accouche d'une fille, cette dernière en aura les 3/4 et la mère le 1/4. Il arrive que cette femme accouche d'un garçon et d'une fille, je vous demande la portion qui revient à chacun ?

La somme principale se monte à 1650 fr.

────────────────────────────

1. — Il ne semble pas que le théorème du carré de l'hypoténuse fût connu de l'élève. Le procédé devait être empirique.

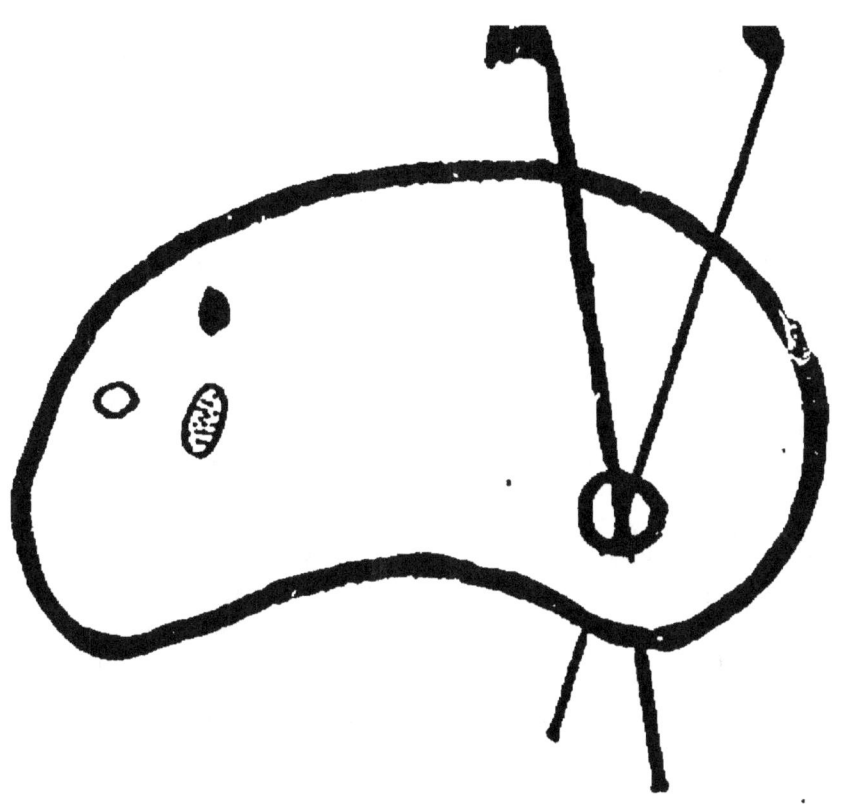

ORIGINAL EN COULEUR
N° Z 43-120-8

IV. — Exercices de calcul recueillis dans le cahier d'un élève ayant fréquenté l'école primaire de Sepvret de 1834 à 1840.

1° Comment vous y prendriez-vous pour partager un sou entre 20 pauvres ?

Pour résoudre cette question, il faut combiner les monnaies anciennes et les monnaies métriques.

Je donnerai à chacun des pauvres un liard, ce qui fera 20 liards ou 5 sous, le sou valant 4 liards. Puis chacun des pauvres devra me donner 1 centime, ce qui fera 20 centimes ou 4 sous.

Je suis bien ainsi moins riche d'un sou et chaque pauvre se trouve posséder la vingtième partie de cette somme.

2° Partager 17 moutons entre 3 personnes, de manière que l'une en ait la moitié, l'autre le 1/3 et l'autre le 1/9 ?

Pour résoudre cette question, j'emprunte un mouton à un fermier voisin. J'en aurai ainsi 18 dont la moitié est de 9, le 1/3 de 6, le 1/9 de 2.

9 moutons + 6 moutons + 2 moutons = 17 moutons. Et je rends le 18e mouton au fermier qui me l'a prêté (1).

3° Un homme près de mourir fait son testament en ces termes : « Je lègue à ma femme le 1/5 de mon bien, à mon fils aîné le 1/4, à mon fils cadet le 1/3 et à ma fille la plus jeune le 1/2 de mon bien. » La fortune de cet homme s'élevant à 150,000 fr., quelle somme recevra chacun de ses héritiers ?

Pour résoudre ce problème, je cherche un nombre que je puisse diviser à la fois par 5, par 4, par 3 et par 2, soit 60.

$$\frac{60}{5} = 12 \quad \frac{60}{4} = 15 \quad \frac{60}{3} = 20 \quad \frac{60}{2} = 30$$

Il faudra donc faire de l'héritage 12 parts + 15 parts + 20 parts + 30 parts, en tout 77 parts.

La valeur d'une part de l'héritage sera donc de
150.000 fr. : 77 = 1.948 fr. 05

La mère qui doit avoir 12 parts recevra
1.948 05 × 12 = 23.376 65

Le fils aîné qui doit avoir 15 parts recevra
1.948 05 × 15 = 29.220 75

Le fils cadet qui doit avoir 20 parts recevra
1.948 05 × 20 = 38.961 »»

La fille qui doit avoir 30 parts recevra
1.948 05 × 30 = 58.441 60

Total.......................... 150.000 00

---

1. — C'est le problème si connu des 17 chameaux.

V. — Problèmes trouvés dans les cahiers de Pierre Marché, élève de l'école de Clussais en 1856.

1° Un jeune homme allait voir une jeune fille et la demanda en mariage. Le père de la jeune fille lui répondit : Va cueillir à ce pommier, que tu vois là, un nombre de pommes tel, qu'après avoir passé par 9 portes et laissé à chaque porte les 2/3 de tes pommes, il t'en reste une entière que tu m'apporteras, et tu auras ma fille. Combien le jeune homme cueillit-il de pommes ?

Réponse : Il en prit 19.683 (!)

2° Un chêne a 100 branches ; sur chaque branche, il y a 10 nids ; dans chaque nid, il y a 5 petits ; chaque petit est vendu 5 sous. Quel est le produit de la vente ?

Réponse : 1.250 francs (1).

VI. — Problème extrait d'un cahier d'élève de Courlay, en 1825.

Un homme, ayant trois enfants *de trois femmes qu'il a eues* (2), ils ont à partager la somme de 6.000 fr. Celui du premier lit en a la 1/2 ; celui du second lit, le 1/3 ; celui du troisième lit, le 1/4. L'on demande combien chacun ?

Réponse : Ils ont ensemble $\frac{6}{13} + \frac{4}{13} + \frac{3}{13}$ (sans plus d'explication.)

Le 1er : $\dfrac{6000 \times 6}{13} =$ 2769,23 1/13

Le 2e : $\dfrac{6000 \times 4}{13} =$ 1846,15 5/13

Le 3e : $\dfrac{6000 \times 3}{13} =$ 1384,61 7/13

   6000,00

---

1. — On voit par ces deux exemples combien peu certains maîtres d'alors se préoccupaient de la vraisemblance et du plus vulgaire bon sens.

2. — Cette hypothèse n'est-elle pas ridicule ? Nous trouvons le même problème donné sous une formule plus pédagogique dans un autre cahier d'élèves de 1854 ; il s'agit d'une personne charitable qui a donné à 3 pauvres 360 fr., savoir : au 1er, la moitié ; au 2e, le tiers ; au 3e, le quart. On demande la part de chacun.

VII. — Exemples curieux de multiplication de nombres complexes trouvés dans le cahier d'un ancien élève des Forges :

76 livres 11 onces 3/4 de pain
à 3 fr. 17 sous 1 denier 1/4 la livre.

76ˡ × 3	=	228 f.
76ˡ × 16 sous	=	60 f. 16 s.
76ˡ × 1 sou	=	3 f. 16 s.
76ˡ × 1 d.	=	» 6 s. 4 d.
76ˡ × 1/4	=	1 s. 7 d.
8 onces (1/2 livre) × 3 f. 17 s. 1 d. 1/4	=	1 f. 18 s. 6 d. 2-2.
Par 2 onces	=	» 9 s. 7 d. 2-2-2.
Par 1 once	=	4 s. 9 d. 3-1-1.
Par 2/4 d'once	=	2 s. 4 d. 3-2-2-2.
Par 1/4 d'once	=	1 s. 2 d. 1-3-1-1.

295 fr. 16 sous 6 d. 1-3-2-3.

Preuve : 38 livres 5 onces 3/4 et 1/2 de pain
à 7 fr. 14 sous 2 d. 2/4 la livre.

	266 f.
	26 f. 12 sous.
	» 6 s. 4 d.
Par 2/4..................	1 s. 7 d.
Par 4 onces..................	1 f. 18 s. 6 d. 2-2.
Par 1 once	9 s. 7 d. 2-2-2.
Par 2/4 d'once..................	4 s. 9 d. 3-1-1.
Par 1/4 d'once	2 s. 4 d. 3-2-2-2.
Par 1/2 quart d'once.........	1 s. 2 d. 1-3-1-1.

295 fr. 16 sous 6 d. 1-3-2-3.

Pour faire la preuve on double le multiplicateur et on prend la moitié du multiplicande.

Plus l'opération était longue et compliquée, plus le mérite était grand de l'avoir effectuée exactement (1).

---

1. — Un vieillard racontait, non sans quelque fierté, qu'il avait fait, à l'école des Forges, « une opération de cinq cents chiffres ».

CHAPITRE VII

Ancienne Administration de l'Instruction primaire dans les Deux-Sèvres

CHAPITRE VII

Ancienne Administration de l'Instruction primaire dans les Deux-Sèvres

I

L'Administration sous l'Empire et la Restauration.

Avant 1789, le maître d'école est sous la surveillance des dignitaires ecclésiastiques, auxquels il faut ajouter, en quelques endroits, les maires, les échevins, l'intendant ou son subdélégué.

Sous la Révolution, l'autorité scolaire passe aux administrations départementale et municipale, qui la partageront, à partir de 1808, avec l'administration universitaire.

Nous donnons ici quelques documents qui se rapportent à cette période.

I. — Voici d'abord une circulaire du Directoire du département aux administrations de cantons du département, du 4 floréal an VI :

La situation précaire et languissante des écoles primaires de la République, et particulièrement peut-être dans le département des Deux-Sèvres, doit exciter le zèle des administrations éclairées qui sentent tout le prix de l'instruction. C'est aux administrations municipales, à qui les lois donnent la surveillance sur tout ce qui intéresse les *mœurs publiques*, à rappeler à ceux à qui ils ont donné leur confiance, les obligations qui leur sont imposées. C'est à elles à les protéger dans leurs fonctions, à les encourager dans leurs efforts, à détruire les préjugés nombreux qui s'opposent au succès du nouveau mode d'enseignement..... Sans trop vous parler, citoyens, des efforts que font encore les ennemis de notre ordre social pour en empêcher l'établissement, nous devons nous rappeler tous qu'ils ont, depuis la Révolution particulièrement, été dirigés vers le renversement des institutions qui ont tendu à détruire les erreurs de la superstition et la domination sacerdotale. Ce sont encore les prêtres qui sèment des préventions contre le nouveau mode d'enseignement. C'est à leurs suggestions perfides que nous avons à reprocher cette espèce d'aversion que la plupart des pères ont encore, partout dans les campagnes, pour tout ce qui s'appelle instruction républicaine. Déjouez ces coupables manœuvres, encouragez ceux qui sont au-dessus des préjugés.

Nous vous recommandons particulièrement de ne souffrir dans les écoles primaires que les livres dont la lecture a été ordonnée par divers règlements : il faut que la Constitution et les Droits de l'Homme soient l'A B C de tous les élèves.

II. — Du 5 ventôse an VII. — Une lettre du commissaire du Directoire exécutif près la municipalité du canton de Mougon avait dénoncé le citoyen Bry, instituteur de la commune de Prailles, comme ayant refusé de se rendre au chef-lieu de son canton, pour y assister à la fête du 2 pluviôse dernier et y renouveler le serment républicain. L'administration centrale, considérant « que le serment républicain, fixé le jour de l'anniversaire de la juste punition du dernier roi des Français, est d'autant plus applicable aux instituteurs des écoles primaires qu'eux-mêmes doivent être les premiers à donner l'exemple de leur soumission aux lois et de leur profession des principes républicains, arrête que le nommé Bry sera destitué de ses fonctions ». (*Inv. Archives des Deux-Sèvres. Période révolutionnaire, p. 34.*)

III. — Du 9 fructidor an VII. — L'administration, considérant « que la citoyenne Jusseaume, institutrice à Thouars, ne tient aucun des livres élémentaires voulus par les lois ; que loin d'enseigner la morale républicaine à ses élèves, elle les nourrit au contraire dans la haine des lois et du gouvernement républicain ; qu'enfin elle s'est opiniâtrement refusée à conduire ses élèves aux fêtes décadaires et nationales, arrête que l'école de la citoyenne Jusseaume sera fermée et qu'il lui est expressément défendu d'enseigner et de recevoir chez elle à l'avenir aucun élève, quels que soient son âge et son sexe ». (*Ibid.*)

IV. — Du 20 août 1806. — Une circulaire écrite par le préfet Dupin aux maires de la circonscription de Niort insiste vivement pour qu'ils lui prêtent un concours actif et éclairé dans l'œuvre de l'enseignement primaire et le bon choix des maîtres :

Citoyens maires,

J'ai eu lieu d'observer, lors de mes tournées dans cet arrondissement, qu'une des plus précieuses institutions du gouvernement républicain, celle des écoles primaires, était aussi l'une des plus négligées.

Ici, l'insouciance a laissé sans effet les bienfaisantes dispositions de la loi du 3 brumaire an IV et la faveur spéciale accordée à telle ou telle commune d'être la résidence d'un instituteur ; là, ces honorables fonctions sont confiées à des hommes ineptes, ou qui n'ont calculé que les avantages de la place, sans avoir à cœur d'en remplir les devoirs. Ainsi, un très grand nombre de communes manquent d'instituteur, ou l'instruction y est abandonnée à des maîtres sans talent et sans probité.

Je ne chercherai pas à vous démontrer, citoyens maires, l'utilité et la nécessité de l'instruction ; cette conviction est dans vos cœurs, et je suis persuadé que vous me seconderez avec ardeur dans le désir que j'ai de lui rendre toute son action par une bonne organisation des écoles primaires.

L'obligation des maires des communes où il doit y avoir un instituteur, et où il n'en a pas encore été désigné, est d'en chercher un digne de cet emploi, dont les mœurs soient pures et convenables aux fonctions qu'il doit remplir. Qu'il soit surtout exempt de ces vices grossiers, souvent nuisibles par le fait, et toujours funestes par l'exemple.

Je charge les maires des communes pour lesquelles il y a déjà un instituteur de m'informer de son mérite, soit relativement aux mœurs, soit du côté des talents et de l'exactitude. Je crois inutile de leur rappeler qu'ils doivent écarter ici toute considération d'intimité, de parenté et d'égards individuels. Ce n'est pas à l'instituteur, quel qu'il soit, que la loi accorde les avantages d'un logement commode ; c'est à celui qui, capable et jaloux de remplir ses devoirs, seconde les vues générales du Gouvernement, en préparant des hommes utiles à eux-mêmes et à la société, et qui développe dans ses élèves le germe des vertus et ceux des connaissances indispensables au commerce habituel de la vie.

Je maintiendrai ceux qui le mériteront, je pourvoirai au remplacement des autres par les sujets qui me seront présentés et qui réuniront des suffrages assez avantageux.

Citoyens maires, aidez-moi dans cette réorganisation avec l'intérêt que doit inspirer son objet ; publiez mes intentions et annoncez quelles sont les qualités qu'il faut réunir pour fixer mon choix.

Ne bornez pas vos recherches dans votre commune ; découvrez, quelque part qu'il soit, l'homme de mérite qui veuille se charger de ces importantes fonctions, indiquez-moi tous ceux que vous rencontrerez, et je m'empresserai de les utiliser.

Un bon maître ne doit pas craindre de manquer d'élèves ; j'ai vu, dans beaucoup d'endroits, les citoyens manifester vivement le désir de faire instruire leurs enfants. Une école bien instituée rendra désertes toutes celles tenues par d'ignorants routiniers, qui trompent les heureuses dispositions des enfants, la confiance des bons pères et l'espoir de la patrie.

Je préviens les maires, s'il s'en trouvait d'assez négligents, qui n'auraient pas pourvu avant un mois, à dater de ce jour, aux moyens de remplir les places d'instituteurs de leurs communes, que je ferai vendre les presbytères réservés pour leur logement. Il vaut mieux faire tourner ces édifices au profit du trésor public, que de les laisser dépérir sans aucune utilité.

Je vous salue. DUPIN.

P. S. — J'invite les maires des communes où il y a un instituteur, à me faire connaître quel nombre d'élèves s'y rassemblent pendant l'hiver.

V. — La circulaire du 16 mars 1809, signée Fontanes, et adressée aux présidents des consistoires, les priait d'engager les ministres, leurs subordonnés, à lui donner le plus tôt possible des notes détaillées sur les instituteurs de la religion protestante tenant des écoles publiques.

« Lorsque ces notes vous seront parvenues, ajoutait le ministre, vous voudrez bien me les transmettre. Je les consulterai avec soin pour *délivrer ou refuser le diplôme* qui doit autoriser chacun de ces instituteurs à continuer ses fonctions... »

Une circulaire analogue, du 30 janvier 1809, avait été adressée aux évêques en ce qui concernait les instituteurs catholiques.

VI. — Une lettre du sous-préfet de Melle, du 31 décembre 1812, rappelle au sieur Bujault, instituteur non autorisé, demeurant à Loubillé, que « son Excellence le Grand Maître de l'Université impériale a décidé qu'aucun chef d'école primaire, communale ou particulière, ne pourra commencer ses fonctions sans auparavant avoir fait enregistrer, au secrétariat de la mairie, l'autorisation définitive ou provisoire, délivrée soit par le Grand Maître, soit par le Recteur de l'Académie. »

II

Comités locaux, Comités cantonaux, Comités d'arrondissement, Délégués cantonaux.

Comités locaux et cantonaux. — Nous savons déjà que l'ordonnance du 29 février 1816 avait établi, dans chaque canton, un « Comité de charité », pour surveiller l'instruction primaire. Le curé du chef-lieu de canton, le juge de paix, le principal du collège (quand il y en avait un) en faisaient nécessairement partie. Ce Comité avait pour mission de veiller « au maintien de l'ordre, des mœurs et de l'enseignement religieux ». Nous avons sous les yeux une circulaire du Recteur de Poitiers à MM. les curés, présidents des comités cantonaux, leur traçant leurs nouvelles attributions.

Chaque école avait, en outre, pour surveillants locaux, le curé ou le desservant de la paroisse et le maire de la commune.

Dans les cantons où les deux cultes étaient professés, il existait un comité cantonal, analogue au précédent, pour veiller à l'éducation des élèves de la communion protestante. Les autorités civiles exerçaient sur ces comités la même autorité et la même surveillance que sur les comités formés pour l'éducation des enfants catholiques. Dans les communes où les enfants des différentes religions avaient des écoles séparées, le pasteur protestant était surveillant spécial des écoles de son culte.

L'ordonnance du 8 avril 1824 acheva de placer les écoles publiques sous la dépendance de l'autorité ecclésiastique, en attribuant aux évêques la surveillance spéciale des écoles. Cette ordonnance est commentée dans une lettre pastorale de l'évêque de Poitiers, en date du 1ᵉʳ juin 1824, lettre qui ne devait pas être rendue publique. Nous la donnons ici intégralement :

Messieurs (curés et desservants du diocèse),

Une ordonnance royale du 8 avril porte, titre V :

« ART. 7. — Ceux qui se destinent aux fonctions de maîtres primaires (catholiques) seront examinés par ordre des Recteurs des Académies et recevront d'eux, s'ils en sont jugés dignes, les brevets de capacité du premier, du second et du troisème degré.

« ART. 8. — Pour les écoles dotées soit par les communes, soit par des associations, et dans lesquelles seront admis cinquante élèves gratuits, l'autorisation spéciale d'exercer sera délivrée aux candidats munis de brevets par un comité, dont l'évêque diocésain ou l'un de ses délégués sera président.

« Art. 9. — Le maire de la commune sera membre nécessaire de ce comité qui se composera, en outre, de quatre notables, moitié laïcs et moitié ecclésiastiques, les premiers à la nomination des préfets et les seconds à la nomination de l'Évêque.

« Art. 10. — Le Comité surveillera ou fera surveiller ces écoles ; il pourra révoquer l'autorisation spéciale des instituteurs qui, pour des fautes graves, s'en seraient rendus indignes.

Le Recteur de l'Académie pourra aussi, en connaissance de cause, retirer le brevet de capacité.

« Art. 11. — Pour les écoles qui ne seront pas comprises dans l'art. 8, l'autorisation spéciale d'exercer sera délivrée par l'Évêque diocésain aux candidats munis de brevets. Il surveillera ou fera surveiller ces écoles. Il pourra révoquer les autorisations spéciales par les motifs prévus dans l'article précédent; le Recteur exercera les attributions qui lui sont données par le même article.

« Art. 12. — Les Frères des écoles chrétiennes de Saint-Yon et des autres congrégations régulièrement formées conserveront leur régime actuel. Ils pourront être appelés par les évêques diocésains dans les communes qui feront les frais de leur établissement. »

Cette ordonnance introduit un changement notable dans la formation et la surveillance des écoles primaires.

MM. les Recteurs d'Académie conservent le droit de délivrer aux candidats le brevet de capacité requis; mais, à l'avenir, l'autorisation spéciale pour exercer sera donnée, pour les écoles mentionnées à l'art. 8, par un comité, et pour les autres par l'évêque diocésain, qui les surveillera ou fera surveiller.

Il suit de ces dispositions que les Comités cantonaux sont par le fait supprimés. Il ne doit en être établi que dans les communes où il se trouve des écoles dotées par les communes ou des associations, et dans lesquelles seront admis cinquante élèves gratuits.

Je sens, Messieurs, toute l'étendue des obligations que m'impose l'ordonnance du 8 avril et combien, pour les remplir, j'ai besoin de la coopération de MM les curés.

C'est principalement d'eux que je dois attendre les renseignements nécessaires sur la moralité tant de ceux qui se présenteront à l'avenir pour exercer les fonctions de maîtres d'écoles primaires, que de ceux qui les exercent déjà ; et je ne puis me reposer que sur eux du soin de surveiller ces écoles, dont la bonne tenue est si importante dans l'ordre de la Religion et dans l'intérêt de l'Etat.

Vous sentirez, sans doute, Messieurs, que ne pouvant être éclairé que par vous, vous devez, toutes les fois qu'un individu se présentera pour s'établir en qualité d'instituteur primaire dans la commune dont vous êtes pasteur, prendre les renseignements les plus exacts qu'il vous sera possible, sur ses principes religieux et politiques, ainsi que sur sa conduite antérieure, et me les transmettre. La demande, que vous me ferez, d'une institution spéciale, devra être accompagnée du brevet de capacité délivré à cet individu par le Recteur de l'Académie.

Vous sentirez aussi que les maîtres d'écoles ayant des rapports nécessaires avec l'autorité civile, le choix doit en être fait d'un commun accord avec M. le maire de la commune ; en cas de divergence d'opinion, ce serait à moi à prononcer.

Je profite de cette occasion, Messieurs, pour vous engager de nouveau à avoir, pour les maires et autres personnes influentes, toutes les déférences, même les prévenances qui sont compatibles avec les devoirs de votre état. La bonne harmonie entre les autorités est toujours utile, même sous le rapport de la Religion ; et comme nous devons à ceux dont le soin nous est confié l'exemple de toutes les vertus, les prévenances et les déférences ne doivent pas coûter à un prêtre : *Invicem prævenientes*.

Mes nouveaux devoirs s'étendant à la surveillance des écoles primaires, vous êtes à cet égard, Messieurs, mes délégués naturels. En cette qualité, vous devrez à MM. les instituteurs les avis que vous croirez nécessaires ; vous devrez aussi m'instruire, à diverses époques de chaque année, de la manière dont ils s'acquittent de leurs fonctions.

Si l'inconduite d'un instituteur rendait nécessaire le recours à l'autorité épiscopale, il serait convenable de le faire de concert avec l'autorité civile, surtout s'il s'agissait de provoquer une destitution. Il est cependant des circonstances où MM. les curés croiront devoir agir seuls ; en ce cas, je pèserai leurs raisons et leurs motifs.

La bonne administration du diocèse exige que je sache quelles sont les communes où il y a des maîtres d'école déjà établis, et que j'aie des notes sur chacun d'eux. Je prie en conséquence MM. les curés des communes où il y en a, de vouloir bien m'en prévenir, et de me donner sur ces instituteurs des renseignements propres à fixer mon opinion. Ces renseignements, que je regarderai comme confidentiels, contiendront le nom de l'individu, l'époque de son établissement dans la commune, le degré d'utilité dont il y est, et me feront connaître ses principes religieux et politiques.

Je compte, Messieurs, sur votre coopération dans l'exercice des importantes fonctions qui me sont attribuées. Le rapport nécessaire qu'elles ont avec la Religion est un puissant motif pour exciter votre zèle.

Agréez, Messieurs, la nouvelle assurance des sentiments d'estime et d'affection que je ne cesserai d'avoir pour ceux que Dieu m'a donnés pour coopérateurs.

     † J.-B. De Bouillé, *Evêque de Poitiers*.

N. B. — Cette circulaire ne doit pas être rendue publique.

Cette circulaire indique nettement la mainmise du clergé sur l'école. D'ailleurs, l'autorité universitaire d'alors remettait elle-même la surveillance des institutions primaires, comme on disait alors, aux Comités locaux et cantonaux, où dominait l'élément ecclésiastique. C'est ce qui ressort d'une délibération importante du Comité de surveillance du canton d'Airvault, datée du 27 mai 1829, à laquelle assistait M. Duchâtelier, inspecteur de l'Académie de Poitiers. Dans cette séance extraordinaire, il fut donné lecture d'une circulaire de Son Excellence Monsieur le Ministre de l'Instruction publique, rappelant qu'il appartenait au Comité de surveiller les écoles, ainsi que la tenue et la conduite des instituteurs. Aux instituteurs du canton, qui avaient été convoqués à cette occasion, l'Inspecteur rappela longuement leurs devoirs, les prévenant que l'administration aurait constamment les yeux sur eux tant pour accorder des encouragements au mérite que pour punir la moindre infraction.

..... Tous ces avertissements ayant été entendus et reçus avec autant d'attention que de reconnaissance, avec promesse par tous les instituteurs de les observer ponctuellement, M. l'Inspecteur les a invités de se retirer, ce qui a eu lieu au même instant, et le Comité, continuant le cours de sa séance, a, sur la proposition de ce fonctionnaire, arrêté ce qui suit :

1° Tous les instituteurs de l'arrondissement conduiront leurs élèves à l'église, les jours de fêtes reconnues et dimanches, en ordre et sur deux rangs, pour assister à la messe et aux offices d'usage, et les retourneront de la même manière à la maison de l'institution, en observant d'éviter toute digression dans l'ordre de la marche, soit de l'aller, soit du retour.

2° La prière du matin et celle du soir seront, sans aucune interruption, récitées au commencement du premier exercice et à la fin du dernier, et une autre prière précédera l'ouverture et la clôture de chaque classe, dont l'une sera affectée et désignée par l'instituteur pour faire réciter à chacun de ses élèves une leçon de catéchisme par jour.

3° Il est défendu aux instituteurs primaires de l'arrondissement d'admettre dans leurs écoles les élèves sortis ou expulsés d'une autre institution pour cause d'inconduite, sans l'autorisation préalable du Comité.

4° Une expédition du présent arrêté sera transmise à tous les instituteurs primaires de l'arrondissement, afin qu'ils aient à s'y conformer.

Ce procès-verbal est signé : Georget, curé d'Airvault ; C. Ferrand, maire d'Airvault ; Moineau, curé de Saint-Loup ; de Tusseau, maire de Soulièvres ; Dezanneau, pharmacien ; Morin, juge de paix d'Airvault.

Les écoles primaires protestantes restèrent sous le régime de l'ordonnance du 29 février 1816, avec cette différence toutefois que la présence des juges de paix ne fut plus jugée nécessaire dans les comités cantonaux.

Aussi l'école recevait-elle souvent la visite du curé,

qui s'installait à la place de l'instituteur, interrogeait, visitait les cahiers, faisait réciter force prières et évangiles, exprimait sa satisfaction ou son mécontentement et se retirait reconduit avec toutes sortes d'égards par l'instituteur (1).

Au sujet de la *surveillance* exercée par les maires, sous la Restauration, nous ne pouvons mieux faire que de citer ce passage de la lettre que le sous-préfet de Melle écrivait le 24 mai 1820 au maire de Sepvret :

De ces deux articles (art. 8 et 9 de l'ordonnance royale du 29 février 1816) résulte pour vous, monsieur le Maire, la stricte obligation de visiter les écoles de votre commune au moins une fois par mois et d'en faire connaître le résultat au comité cantonal, dans la personne de son président, qui est M. le curé du canton pour les instituteurs catholiques et M. le pasteur protestant pour les instituteurs du culte réformé...

Votre surveillance doit plus spécialement s'arrêter sur la conduite morale et politique des instituteurs, sur l'enseignement religieux, le respect pour les lois, l'amour dû au souverain. Vous tiendrez la main à ce que, comme le prescrit l'art. 32 de l'ordonnance, les deux sexes soient toujours séparés. Enfin, vous provoquerez du comité cantonal toutes les mesures qui vous paraîtront nécessaires.

Comités d'arrondissement. — La loi du 28 juin 1833 laissa subsister le comité communal de surveillance avec la prépondérance dévolue au curé et au maire et remplaça le comité cantonal par le comité d'arrondissement. Les attributions des comités d'arrondissement sont énumérées dans une longue circulaire ministérielle du 9 décembre 1833.

---

1. — On se souvient que le curé qui visitait l'ancienne école de Saint-Romans-lès-Melle, jouait aux *épingles* avec les élèves.

Nous avons retrouvé les listes des membres qui ont constitué les premiers comités des quatre arrondissements. Voici, à titre de spécimen, la composition du comité de Bressuire :

MM. le Sous-Préfet, président.
    Leclerc, maire de Bressuire ;
    Leclerc, juge de paix ;
    Hélie, curé ;
    Aubin, membre du Conseil général ;
    Brault, maître de pension ;
    Bellanger, instituteur ;
    André, procureur du roi.

Les comités d'arrondissement approuvaient la liste des membres qui formaient les comités communaux.

Nous avons les registres de délibérations des comités d'arrondissement de Niort, de Bressuire et de Parthenay. Nous en extrayons ce qui peut intéresser nos lecteurs.

1. *Nominations d'instituteurs.* — Ces registres sont remplis en majeure partie par les arrêtés de nomination des instituteurs, arrêtés qui étaient pris sur le vu du brevet de capacité délivré par le Recteur de Poitiers, du certificat de moralité délivré par le maire de la commune où l'instituteur était né, sur l'attestation de trois conseillers municipaux, de la présentation faite par le Conseil municipal de la commune où il devait exercer, de l'avis du comité communal. L'arrêté était envoyé au Recteur qui provoquait un arrêté d'institution du ministre. L'installation n'avait lieu qu'après ces formalités. Les comités accordaient l'*exeat* aux instituteurs qui quittaient la commune.

Ils pouvaient nommer d'office un instituteur, quand le comité local et le Conseil municipal refusaient de faire des propositions. C'est ce qui arriva en 1850 à La Chapelle-Thireuil, où le sieur Bourdeau fut nommé d'office instituteur communal.

2. *Peines disciplinaires.* — Le comité d'arrondissement était saisi des plaintes contre les instituteurs et prononçait des peines disciplinaires. Il exerçait un contrôle analogue à celui de nos conseils départementaux. Voici quelques cas curieux.

Cas du sieur Noel, instituteur à Granzay :

Le comité supérieur,
Vu le rapport de M. le sous inspecteur des écoles primaires du département, en date du 28 janvier 1850, qui signale que le sieur Noel Antoine, instituteur communal à Granzay, canton de Beauvoir, « propage hautement les doctrines du communisme ; qu'il prétend, entre autres choses, qu'après vingt années de fermage, la propriété appartient au fermier, que cette propagande effraie avec juste raison les habitants du pays » ;
Vu les dispositions de la loi du 28 juin 1833 et l'article 3 de la loi du 11 janvier 1850 ;
Ouï les membres du comité et M. l'Inspecteur dans leurs observations et renseignements ;
Après avoir régulièrement délibéré sur la demande de M. le Préfet concernant cet instituteur ;
Emet l'avis que le sieur Noel Antoine soit révoqué des fonctions d'instituteur communal à Granzay.

Cas de M. M..., instituteur à Mazières-en-Gâtine :

M. le président a donné connaissance au comité :
1° D'un procès-verbal, en date du 2 novembre 1839, rédigé par le brigadier Delvolle, de la gendarmerie de Mazières, sur la déclaration du nommé M..., instituteur à Mazières, portant que ce dernier a été arrêté, frappé à coups de bâtons et terrassé

après une longue lutte par deux individus qui ont pris la fuite aussitôt et qu'il n'a pu reconnaître.

2° Un autre procès-verbal, dressé par le même brigadier, en date du 5 novembre dernier, contenant les déclarations d'individus qui se sont trouvés avec M... le jour de la prétendue arrestation, lesquelles donnent de nouvelles explications sur la conduite de M... en cette circonstance.

Le comité, après examen des documents mentionnés ci-dessus, considérant qu'il résulte de ces renseignements et des plaintes parvenues à sa connaissance que l'instituteur M... se livre continuellement à la débauche, au jeu et qu'enfin il est perdu de réputation.

Est d'avis qu'il soit traduit devant les tribunaux pour cause d'inconduite et d'immoralité et qu'il lui soit fait, s'il y a lieu, application des peines portées en l'art. 7 de la loi du 28 juin 1833 sur l'instruction primaire.

Extrait de la présente décision sera transmis avec toutes les pièces qui se rattachent à cette affaire à M. le procureur du roi, chargé d'en assurer l'exécution, en ce qui le concerne. (*Séance du 2 mai* 1840).

Cas du sieur L..., instituteur à Coulon (13 mars 1850) :

Le Comité supérieur,

Vu la plainte de M. le maire de Coulon, du 28 février 1850, contre le sieur L..., instituteur privé en cette commune ;

Vu également le rapport de M. le sous-inspecteur des écoles, en date du 3 mars, dont le double a déjà été envoyé par ce fonctionnaire à M. le Procureur de la République ;

Desquelles pièces il résulte : « que lors du dernier passage du sous-inspecteur à Coulon, la porte de l'école privée du sieur L... était fermée; que les élèves étaient épars dans les rues du bourg et livrés à eux-mêmes; que cet instituteur était renfermé chez lui dans un état complet d'ivresse ; qu'il s'enivre presque tous les jours ainsi, avec des boissons alcooliques qu'il fait acheter par les enfants mêmes qu'on a l'imprudence de lui confier; que cet instituteur, enfin, dans ses excès de brutale immoralité, menace les autorités et les personnes recommandables du lieu » ;

Vu les dispositions de l'article 7 de la loi du 28 juin 1833 ;

Après en avoir régulièrement délibéré, décide que copie de la présente délibération et la plainte de M. le maire de Coulon seront adressées à M. le Procureur de la République, avec demande de traduire disciplinairement le sieur L... devant le tribunal de Niort, à raison des faits d'inconduite et d'immoralité susrelatés (1).

Cas du sieur B..., instituteur à Souché (8 mai 1850) :

Le Comité supérieur,

Après avoir entendu d'une demande de révocation, pour cause d'incapacité, contre le sieur B..., instituteur communal à Souché, signée par un certain nombre d'habitants de cette commune, et le rapport fait à ce sujet par le sous-inspecteur des écoles, le 11 avril dernier,

Considérant qu'il résulte de ce rapport que l'instituteur B..., bien qu'il ait peu de capacité et que sa parole soit mal articulée, se fait cependant facilement comprendre de ses élèves ; qu'il a du zèle, de la bonne volonté ; que la tenue de sa classe est passable et que sa conduite ne laisse rien à désirer ;

Par ces motifs, passe à l'ordre du jour.

Cas du sieur Gatard, à La Ronde (29 août 1834) :

Le sieur Gatard a comparu ; M. le Président lui a fait sentir tout ce qu'avait d'inconvenant la réunion de l'ignoble trafic de cabaretier avec la noble profession d'instituteur, et lui a enjoint d'aller occuper la maison que lui a désigné la commune, pour n'avoir plus aucun rapport avec le cabaret tenu sous le nom de sa mère, ce à quoi il s'est soumis (2).

Cas du sieur C..., à Rorthais (6 septembre 1844) :

De l'exposé des faits qui ont motivé l'ordre au sieur C... de se rendre devant le Comité supérieur de Bressuire il résulte

---

1. — Le tribunal de Niort prononça contre le sieur L..., la peine de l'interdiction à toujours.

2. — Le sieur Triau, qui, nous l'avons vu, exerçait à Argenton-Château, s'est vu interdire également, le 20 octobre 1834, l'usage de tenir cabaret deux jours par an, au temps des foires champêtres.

que le 25 mai 1844, M. le général commandant le département des Deux-Sèvres reçut, avant l'ouverture de la séance du conseil de révision de Châtillon, une lettre confidentielle dans laquelle lui étaient signalés les moyens frauduleux employés par un jeune homme de cette classe, pour obtenir l'exemption comme impropre au service militaire. Cette lettre était signée du nom de P... Le conseil de révision examina scrupuleusement le jeune homme portant le n° 2 sur la liste d'inscription du tirage au sort ; une enquête sévère eut lieu et il en résulta pour tout le conseil de révision la preuve la plus complète que tous les faits dénoncés dans la lettre adressée à M. le général étaient tout à fait faux ; restait à découvrir l'auteur de cette calomnie. On ne connaissait point dans le canton d'individu du nom de P... La gendarmerie, qui avait reçu de M. le Préfet la mission de s'occuper d'une manière toute spéciale de cette affaire, finit par découvrir que la lettre avait été écrite par un sieur L..., de Rorthais, sous la dictée du sieur C..., instituteur public de cette commune. Ces faits ont été reconnus constants par lui.

Le sieur C..., auquel il en est donné connaissance, cherche à se justifier en invoquant sa bonne foi et sa croyance qu'il signalait des faits vrais.

Après l'avoir entendu dans ses moyens de défense et l'avoir fait retirer ;

Considérant que les faits qui sont imputés au sieur C... sont de nature à porter atteinte à sa considération dans sa commune ;

Considérant que son empressement à accueillir et à dénoncer dans une lettre pseudonyme des bruits calomnieux contre le sieur P..., portant le n° 2 sur la liste d'inscription du tirage au sort de la classe de 1844 du canton de Châtillon, constitue une faute grave ;

Vu l'art. 23 de la loi du 28 juin 1833, le Comité prononce contre le sieur C... la peine de la réprimande et l'invite à faire toutes démarches pour obtenir son *exeat* de Rorthais.

M. le Président fait rappeler le sieur C..., pour lui faire connaître la décision que vient de prendre le Comité supérieur.

Cas de M. P..., instituteur communal de Saint-Martin-de-Sanzay (délibération du 23 novembre 1849) :

M. le Président donne lecture du rapport qu'il a reçu de M. de la Pastelière, chargé de l'enquête ordonnée sur la conduite de l'instituteur de Saint-Martin-de-Sanzay et de Missé. J'ai voulu, ajoute M. le Président, vérifier personnellement les faits articulés contre l'instituteur communal de Saint-Martin-de-Sanzay. A cet effet, je me suis transporté dans cette commune avec M. de la Pastelière, et il résulte de tous les témoignages que j'ai recueillis sur les lieux qu'il est de notoriété publique que l'instituteur communal entretient depuis longtemps des relations coupables avec une femme mariée de la commune, qu'il laisse son épouse dans un complet abandon et souvent même sans argent; qu'il s'absente très fréquemment les vendredi et samedi, pour aller soit à Thouars, soit à Saumur; que sa classe est par suite très négligée; qu'il s'est occupé d'une manière très active d'intrigues et de menées politiques; qu'on l'a vu plusieurs fois fondre des balles; quant à la discipline de son école, j'ai pu me convaincre par moi-même que la tenue de ses élèves est très mauvaise. Leur écriture est bonne; ils ont témoigné de connaissances sur quelques branches de l'enseignement; mais l'enseignement moral et religieux est nul dans cette école

Je pense qu'en présence de faits aussi positifs, cet instituteur ne peut être plus longtemps à la tête de l'école de St-Martin-de-Sanzay.

Le Comité supérieur décide que M. P... sera entendu conformément aux dispositions de l'art. 23 de la loi du 28 juin 1833; il est introduit dans la salle des délibérations.

D. — Il est de notoriété publique à Saint-Martin-de-Sanzay, lui dit M. le Président, que vous entretenez des relations coupables avec une femme mariée de cette commune. Vous oubliez votre épouse; dernièrement, vous êtes resté un mois sans rentrer au domicile conjugal.

R. — J'oppose la dénégation la plus formelle aux reproches qui me sont faits; je vous prie de prendre connaissance de trois certificats qui m'ont été donnés par plusieurs membres du Conseil municipal de Bagneux (commune réunie à Saint-Martin-de-Sanzay pour l'instruction), par plusieurs membres du Comité local et les membres du Conseil municipal de Saint-Martin-de-Sanzay même.

D. — Vous laissez votre épouse souvent sans argent ; dernièrement, elle vous en fit demander par le plus jeune de vos enfants, en présence de M. le maire. Vous lui avez répondu que vous lui en enverriez à votre retour de Saumur, s'il vous en restait.

R. — Je savais qu'elle en avait plus que moi.

D. — On vous redoute généralement dans votre commune ; à peine si les personnes que j'ai entendues osent dire ce qu'elles savent sur votre conduite.

R. — Je n'ai pourtant jamais cherché à intimider mes concitoyens qui m'ont nommé capitaine de la garde nationale.

D. — Pourquoi n'allez-vous pas prendre vos repas chez vous, au lieu de vous les faire apporter dans votre classe ?

R. — Il m'arrive souvent d'en agir ainsi pour être plus rapproché de mes élèves et exercer sur eux une surveillance plus active.

D. — Comment se fait-il que lundi dernier vous étiez au contraire dans une maison voisine et vos enfants étaient abandonnés à eux-mêmes ; votre habitation est bien peu éloignée de votre classe.

R. — Elle peut en être distante de deux cents pas.

D. — Il est constant que le plus souvent, au lieu de prendre vos repas dans votre classe, comme vous voulez bien le dire, vous les prenez dans une maison voisine que vous ne devriez pas fréquenter

R. — Ma classe dépend de cette maison et je ne croyais pas mal faire en m'y retirant.

D. — Lundi dernier, au moment de mon arrivée, votre classe était fort sale ; il a fallu ouvrir porte et fenêtre pour en chasser la mauvaise odeur.

R. — Je l'avais cependant fait balayer le samedi précédent ; mais il est vrai que le sol est garni de carreaux en terre cuite qui sont dégradés en plusieurs endroits et j'ai la plus grande peine à l'entretenir avec de la glaise que j'y fais rapporter. Le jour que vous indiquez j'avais dû faire jeter au feu des fagots de fournille pour sécher les enfants que la pluie du matin avait mouillés ; il a pu tomber des feuilles dans la classe.

D. — Pourquoi laissiez-vous sur les murs de votre classe des affiches électorales de 1848, une liste de candidats annotée sans doute par vous des dénominations *bons* et *mauvais* et même une liste de candidats de 1849 que je vous représente ; il est de toute évidence que vous vous êtes occupé en 1848 et que vous vous occupiez encore d'élections en 1849. Ces pièces devraient être à la mairie.

R. — Elles sont restées, il est vrai, dans ma classe, mais je n'y attachais pas d'importance ; elles étaient peu apparentes et en partie reléguées sous d'autres ; il vous a fallu même monter sur ma table pour les détacher ; elles y avaient été placées au moment où l'on nous avait donné mission de nous occuper d'élections. Quant aux annotations, elles ne sont pas de moi, mais bien d'une personne que je ne puis nommer.

D. — Comment avez-vous pu me dire, au moment où je vous faisais quelques observations sur la mauvaise tenue de votre école, qu'on voulait faire des victimes et que vous seriez un martyr de plus de la cause républicaine?

R. — J'étais sous l'impression d'une très vive émotion par suite de l'enquête qu'on faisait contre moi.

D. — Comment avez-vous pu apprendre à vos enfants des chants obscènes ou subversifs de tous nos principes sociaux et les envoyer chanter sous les fenêtres de votre curé qui, pendant si longtemps, a été rempli de bonté pour vous ?

R. — Ce fait est de toute fausseté.

D. — Est-il vrai que vous ayez fondu des balles à plusieurs reprises, que vous ayez engagé vos élèves à vous apporter tout ce qu'ils pourraient trouver chez eux en vieux plomb, en morceaux d'étain ; ce fait m'a été affirmé par plusieurs parents. L'un d'eux même m'a dit avoir vu en votre possession jusqu'à deux boisseaux de balles.

R. — J'ai bien fondu quelques balles, une douzaine environ, avec du plomb d'un mauvais épervier qui était ma propriété.

D. — Dans quel but?

R. — Pour mon plaisir, j'avais un fusil de munition, je voulais pouvoir m'amuser à tirer.

Un membre lui demande si des affaires d'intérêt l'appellent aux marchés de Thouars et de Saumur, auxquels on lui reproche d'aller trop souvent.

R. — J'ai pour toute affaire l'achat de livres pour mon école; je m'y rends de préférence les jours de marché pour profiter de la voiture de quelques voisins; le voyage est moins fatigant et moins dispendieux pour moi; j'ai soin au reste de faire ma classe le jeudi, lorsque je dois m'absenter dans la semaine.

Un membre lui demande s'il peut préciser l'époque à laquelle il a fondu ces balles.

R. — Ce doit être peu de temps après l'élection du dix décembre.

D. — Dans quel but?

R. — Je me rappelle les avoir fondues à cette époque parce qu'on disait qu'on fusillerait ceux qui n'avaient pas voté pour M. Napoléon. J'avais voté pour M. Cavaignac. C'était pour ma défense personnelle.

D. — En avez-vous fondu souvent?

R. — Deux soirs de suite, avant l'arrivée de mes élèves.

Un membre. — Je vous observe que M. B..., inspecteur des écoles primaires des Deux-Sèvres, vous a fait en 1845 des observations sur les relations coupables que la notoriété publique vous accusait dès cette époque d'entretenir avec la même personne. M. B... avait espéré qu'à peine marié vous cesseriez tous rapports avec cette femme. Vous lui en aviez fait la promesse pour ne pas briser votre jeune ménage et votre avenir; plein de confiance dans votre parole, M. B... ne voulut point en entretenir officiellement le Comité.

R. — Le fait est que si j'ai conservé des rapports avec cette personne, ils ne sont point coupables, ma femme au reste est une bavarde.

M. le Président. — Je vous engage à ne point porter de récriminations contre votre femme; elle a fait, en ma présence, tout son possible pour faire disparaître vos torts.

Un membre lui demande depuis combien de temps il est marié et combien il a d'enfants.

R. — Je suis marié depuis dix ans; j'ai deux garçons. L'un de huit ans et l'autre de cinq ans.

Cet interrogatoire achevé, M. P... est invité à se retirer.

Le Comité, après en avoir délibéré, reconnaît à l'unanimité qu'il est de notoriété publique que M. P... entretient des relations coupables avec une femme mariée habitant Saint-Martin-de-Sanzay, ce qui cause un grand scandale dans la commune, qu'il donne une mauvaise direction à sa classe, qu'il se rend coupable de négligence habituelle, qu'il a vivement inquiété l'opinion publique en fondant des balles dans sa classe et, statuant sur la peine, faisant application de l'art. 23 de la loi du 28 juin 1833, prononce, à la majorité, la révocation de l'instituteur de Saint-Martin-de-Sanzay.

M. D... s'est abstenu.

M. P... est rappelé. M. le Président lui fait connaître la décision du Comité supérieur et lui dit que, conformément à l'art. 23 de la loi du 28 juin 1833, il a pour se pourvoir devant M. le Ministre de l'Instruction publique contre cette décision, un mois à partir de la notification qui lui en sera régulièrement faite.

3. C'était le Comité d'arrondissement qui faisait des propositions pour les *récompenses honorifiques* et les *secours annuels* aux anciens instituteurs.

4. Il arrêtait le choix des *ouvrages* qui devaient être employés exclusivement dans les écoles primaires du ressort.

Dans sa séance du 8 mai 1850, le Comité de Niort vote des remerciements à M. le Préfet qui a fait remettre au secrétariat pour être distribués dans les écoles de l'arrondissement, 90 exemplaires d'une brochure ayant pour titre : *Confiance en Dieu et Courage*.

5. Il déférait au Procureur du Roy les instituteurs qui tenaient des *écoles clandestines*. C'est ainsi que M. B..., curé de Missé, fut condamné, le 23 février 1835, à 50 francs d'amende, pour avoir tenu école sans autorisation.

6. Il donnait son avis sur les projets de *construction d'écoles*, sur la salubrité des locaux.

7. Il surveillait le fonctionnement des *conférences de canton*, la réalisation de *l'engagement décennal* des instituteurs exemptés à ce titre du service militaire.

8. Il rédigeait ou approuvait les *règlements scolaires*, veillait à leur application, comme en témoigne la lettre suivante écrite au nom du comité d'arrondissement de Bressuire, le 8 mai 1842, à M. le maire du Puy-Saint-Bonnet :

M. l'Inspecteur vient de nous signaler, dans l'école communale du Puy-Saint-Bonnet, une infraction grave au règlement. Les filles et les garçons y étaient admis sans être séparés les uns des autres. M. l'Inspecteur a dû en témoigner son juste mécontentement à l'instituteur qui, pour ce fait, se trouve mandé devant le conseil supérieur pour le 1er vendredi de juin.

Nous devons rappeler, monsieur, à toute la surveillance du comité local cette séparation des sexes qui est prescrite d'une manière précise par notre règlement. La classe doit être séparée par une balustrade en deux divisions ayant chacune une entrée séparée ou s'il n'y a qu'une seule entrée, le maître doit veiller à ce que les enfants de chaque sexe entrent les uns après les autres. Veuillez, monsieur le Maire, nous dire si la classe a reçu cette nouvelle disposition depuis le passage de M. l'Inspecteur et si l'instituteur s'est conformé aux ordres que lui a donnés ce fonctionnaire (1).

---

1. — Ces inquiétudes de l'administration d'alors, au sujet des dangers de la coéducation des sexes, nous paraissent aujourd'hui excessives. Elles étaient même quelquefois ridicules quand elles s'appliquaient à de tout jeunes enfants. Témoin la lettre ci-jointe du préfet à M. le maire de Niort du 19 juillet 1821.

« Monsieur le Maire,

« J'ai l'honneur de vous transmettre ci-joint la pétition de la dame Launay dans laquelle elle m'expose que, considérée comme institutrice par MM. les membres composant la commission d'instruction de l'arrondissement de Niort, il lui a été enjoint de renvoyer ses garçons, ne devant pas réunir des enfants des deux sexes.

« S'il faut en juger par l'âge de ces enfants, qui ne s'élève pas au-dessus

9. Il donnait l'autorisation d'ouvrir des *cours d'adultes* :

Vu la demande formée par l'instituteur communal de La Forêt-sur-Sèvre aux fins d'obtenir l'autorisation d'ouvrir une classe d'adultes ;

Vu le programme des leçons qu'il se propose de donner ; vu le plan de la maison d'école, visé et certifié par le maire ;

Vu l'avis favorable du comité local, le comité supérieur est d'avis qu'il y a lieu d'autoriser l'instituteur communal de La Forêt-sur-Sèvre à ouvrir une classe d'adultes dans le local de l'école communale à la charge par le comité local de présenter un projet de règlement d'études et de discipline qui devra obtenir l'approbation de M. le Recteur, il espère que ce bon exemple donné par l'instituteur de La Forêt, qui s'était déjà fait remarquer par son empressement à enseigner le système légal des poids et mesures, trouvera des imitateurs dans l'arrondissement (*Délibération du 6 novembre* 1840).

10. Son droit d'inspection des écoles congréganistes lui fut quelquefois contesté, particulièrement par les Dames de Chavagnes, à Parthenay, comme le prouvent les deux délibérations du 24 juin 1842 et du 23 mai 1848.

Délégués cantonaux. — L'article 22 de la loi du 28 juin 1833 porte que le comité d'arrondissement inspecte, et au besoin fait inspecter, par des délégués pris parmi ses membres ou hors de son sein, toutes les écoles de son ressort. Nous trouvons dans les registres des délibérations que les comités nommaient des délégués, non seulement pour inspecter les écoles,

---

de 5 ans, et au style de la dame Launay, il me semble qu'il n'y aurait aucun inconvénient à ne considérer son établissement que comme une maison de sevrage.

« Je laisse à votre sagesse, monsieur le Maire, de décider s'il y aurait du danger pour les mœurs à laisser les choses dans l'état actuel. »

mais encore pour les renseigner sur les faits relatifs aux écoles et aux maîtres. Auparavant, les sous-préfets et les comités étaient obligés de s'adresser aux juges de paix.

Sous la deuxième République et le second Empire, les délégués cantonaux furent maintenus, tenant leur droit de surveillance du conseil académique d'abord, puis du conseil départemental. Leur inspection se bornait à l'état des locaux et du matériel, à l'hygiène et à la tenue des élèves.

La loi du 30 mars 1886 n'a rien changé à ces dispositions. Deux circulaires ministérielles importantes, du 25 mars 1887 et du 10 juillet 1895, ont tracé aux délégués cantonaux leurs véritables attributions et ont fait appel à leur active collaboration.

III

Inspection primaire.

A la surveillance du comité local et du comité d'arrondissement vint se joindre, en 1835, celle de M. l'Inspecteur primaire, d'abord seul pour tout le département, et bientôt assisté d'un sous-inspecteur (1).

---

1. — D'après l'ordonnance du 30 décembre 1810, les traitements des inspecteurs et des sous-inspecteurs étaient ainsi fixés :
Inspecteur 1re classe, 2,000.
Inspecteur 2e classe, 1,800.
Inspecteur 3e classe, 1,600.
Sous-inspecteur 1re classe, 1,400.
Sous-inspecteur 2e classe, 1,200.
En 1843, les Deux-Sèvres avaient une inspection de 3e classe et une sous-inspection de 2e classe.

La loi Falloux, art. 20, attache un inspecteur primaire à chaque arrondissement, sauf à l'arrondissement du chef-lieu où les fonctions d'inspecteur primaire étaient, en principe, remplies par l'inspecteur d'Académie, mais, en réalité, par un des inspecteurs primaires des autres circonscriptions désignés à tour de rôle. Le décret du 22 août 1854, qui établit et organisa les circonscriptions académiques, ne changea rien à ces dispositions. Le décret du 21 juin 1858 divisa le département des Deux-Sèvres en deux circonscriptions : Niort-Melle, avec résidence à Niort ; Parthenay-Bressuire, avec résidence à Parthenay. Ce n'est qu'en 1868 que chaque arrondissement eut son inspecteur primaire.

Pour suffire aux visites annuelles des écoles dans des circonscriptions aussi étendues, les premiers inspecteurs primaires étaient tenus de parcourir plusieurs communes dans une même journée et de se présenter parfois à des heures invraisemblables, comme le témoigne la réponse ci-jointe de M. Jubien, inspecteur primaire en 1837 :

Niort, le 1er mai 1837.

Monsieur le Préfet,

Par votre lettre du 30 avril dernier, vous m'informez que M. le maire de Saivres se plaint avec raison de ce que j'avais fixé à 7 heures du soir, le 27, l'inspection que je devais faire de l'école primaire. Ma lettre d'avis portait 6 heures et non pas 7 heures. Le 27 avril, le soleil se couche à 7 heures 7 minutes, j'avais tout le temps pour visiter une école. En effet, arrivé à 6 heures précises, j'ai trouvé le comité réuni et l'école a été inspectée avec tout le soin qu'elle comporte.

Jubien.

Liste des inspecteurs primaires ayant exercé dans les Deux-Sèvres

AVANT 1850

Inspecteurs

MM.
Jubien	1835-1845
Bernadou	1845-1848
Colomb	1848-1850

Sous-Inspecteurs

MM.		MM.	
Lafosse	1838-1843	Deschamps	1846-1848
Wibaux	1843-1846	Durat	1848-1850

A PARTIR DE 1850

Niort

MM.		MM.	
Durat	1850-1853	Richard	1878-1879
Bilhouet	1853-1876	Ize	1879-1880
Roux	1876-1876	Caroit	1880-1882
Richard	1876-1877	Batier	1882-1893
Bréard	1877-1878	Picard	1893-

Bressuire

MM.		MM.	
Bilhouet	1850-1853	Dubois	1872-1875
Bouchon	1854-1855	Portejoie	1875-1887
Zahner	1855-1857	Royer	1887-1888
Descamps	1857-1858	Poitrinal	1888-1890
Labour	1858-1868	Laclef	1890-1893
Berthon	1868-1872	Boulin	1893-

Parthenay

MM.		MM.	
Louvet	1850-1853	Queyriaux	1873-1874
Caussin	1853-1856	Sauget	1874-1881
Boudant	1856-1858	Appraillé	1881-1890
Labour	1858-1873	Babaud	1890-

Melle

MM.		MM.	
Durat	1850-1853	Chollet	1878-1878
Bilhouet	1853-1868	Cousin	1878-1883
Péan	1868-1869	Bouffandeau	1883-1885
Huguet	1869-1869	Hannedouche	1885-1887
Portejoie	1869-1873	Danède	1887-1890
Rateau	1873-1876	Fontanille	1890-1897
Léger	1876-1878	Dorléac	1897-

IV

Inspection académique.

Les inspecteurs d'Académie, créés par le décret organique de 1808, résidèrent d'abord au chef-lieu de chaque Académie. L'enseignement primaire était bien dans leurs attributions, mais ils avaient peu de temps à lui consacrer. Nous avons vu plus haut (p. 364) la séance du comité d'Airvault, à laquelle assistait l'inspecteur d'Académie de Poitiers, en 1829. Ce n'est qu'à partir de la loi du 15 mars 1850, sous le nom de « recteurs départementaux », et de la loi du 14 juin 1854, sous le nom « d'inspecteurs d'Académie », qu'ils devinrent de véritables chefs de l'enseignement primaire départemental.

Au lendemain du coup d'Etat et pendant toute la période césarienne, la plupart se distinguèrent, comme tous les autres chefs de service d'alors, par leur prosélytisme impérial et leur esprit ultra-conservateur. Ces préoccupations sont apparentes dans la circulaire suivante du recteur de l'Académie des Deux-Sèvres, du 30 décembre 1851, aux instituteurs publics du département.

Monsieur l'Instituteur,

Il y a quatre ans bientôt, le monde fut agité par une violente secousse. La commotion ne renversa pas seulement des formes politiques, des fortunes privées, des positions acquises. Il ne suffit pas à l'anarchie d'avoir ébranlé le pouvoir sur toutes ses bases et rendu impossible toute autorité ; elle avait jeté son dernier masque, elle attaqua ouvertement les principes même, elle osa porter la main jusque sur la famille et sur la propriété.

Or, monsieur l'Instituteur, ces malheurs n'étaient pas l'effet du hasard ; ils sont nés de doctrines contre lesquelles vous avez besoin d'être prémuni, car elles ont été mises à la portée de toutes les intelligences. Et bien que ces opinions reposent sur une ignorance fondamentale, quoiqu'elles ouvrent la porte à la barbarie, c'est toujours au nom des lumières, au nom de la civilisation et du progrès qu'elles vous seront présentées.

Le siècle dernier a entrepris de mettre la philosophie, qui est l'œuvre de l'homme, à la place de la religion, qui est l'œuvre de Dieu. Les règles anciennes avaient tout subordonné aux intérêts généraux, elles s'appuyaient sur *les devoirs* ; la philosophie prenait pour pivot l'individu, elle se résumait dans la déclaration *des Droits de l'Homme* ; c'était la loi de l'anarchie, le code de l'insurrection, qualifiée et proclamée *le plus saint des devoirs*. On voit aujourd'hui les dangers et la folie d'une telle doctrine : si chacun s'attribue le droit de juger, au nom de l'indépendance de sa raison et de son intérêt personnel, il n'est plus besoin ni d'églises, ni de tribunaux. L'individu qui porte son droit en lui-même se révolte naturellement contre ce qui l'entrave ou le gêne ; il n'est point satisfait du lot qui lui est échu dans le partage des biens de ce monde ; les lois les plus saintes lui apparaissent comme une servitude organisée au profit du plus riche ou du plus puissant ; les appétits s'irritent à mesure qu'ils se jugent plus comprimés ; la convoitise enfante la haine, et quand la convoitise et la haine sont une fois dans les cœurs, il suffit d'une étincelle pour que la guerre s'allume entre les citoyens.

Ceci est l'histoire de ce qui vient de se passer sous vos yeux. Plusieurs d'entre vous en ont été victimes. Des hommes se disaient vos amis parce qu'ils espéraient trouver en vous des instruments de leur ambition ; ils ont fait appel à votre intérêt, ils ont caressé votre vanité. Rien n'a été épargné, à une certaine époque, pour surexciter, pour exagérer outre mesure le sentiment de vos prétentions et de vos droits. Peut-être, alors, votre raison a résisté à l'attrait de ces flatteries insensées, mais combien d'autres, si ce n'est vous, ont été séduits ! Combien, lorsque l'ivresse a été dissipée, ont recueilli en s'éveillant, au lieu des fabuleux avantages dont on les avait bercés, la honte et la ruine de leur avenir dans une révocation sans appel !

Ce n'était pas assez de vous avoir trompés une fois : la démagogie s'organisait de nouveau ; les sociétés secrètes se propageaient jusqu'au fond des campagnes ; les hommes d'ordre s'endormaient ou se faisaient la guerre ; une crise terrible était inévitable. Vous étiez encore, on ne s'en cachait pas, l'objet des espérances coupables de ceux qui vous avaient déjà entraînés. Les suggestions dont vous pouviez être poursuivis m'imposaient une vigilance de tous les instants, et mon attention s'est particulièrement attachée sur vous à la première nouvelle de l'acte décisif qui vient de fixer les incertitudes d'un avenir si prochain.

Je ne vous ai, vous le savez, jamais entretenu de politique. Je vous ai prescrit de rester fidèle aux éternels principes qui sont la base des sociétés. Quant aux questions du moment, celles sur lesquelles d'honnêtes gens pouvaient ne pas être d'accord, qui étaient de nature à irriter les passions ou les partis, je vous ai donné le conseil et l'exemple de ne pas y prendre part. J'ai été plus loin : dans la circonstance solennelle où la France a été invitée à faire entendre sa voix librement, alors qu'il était si désirable qu'une majorité compacte et décisive vînt donner au pouvoir la force qui lui est nécessaire pour sauver la nation, dans ce moment même j'ai évité de recourir à votre zèle, je me suis imposé la loi de ne pas intervenir entre votre conscience et votre vote. Fonctionnaire, je vous ai surveillé ; citoyen, je ne vous ai pas même sollicité, vous êtes resté libre.

Je n'ai point à m'en repentir : je dois rendre ce témoignage que mes espérances ont été dépassées. Je puis dire, tant les exceptions sont rares ! que dans tout le département, il ne s'est pas trouvé d'instituteur, même parmi ceux que leur passé devait rendre suspects, qui se soit séparé des amis de l'ordre dans la grande bataille qu'ils viennent de gagner. Les renseignements que je recueille sont unanimes : sur tous les points vous avez donné l'exemple du calme et du dévouement à l'autorité. C'est là une grande victoire, et je vous sais gré d'y avoir pris part : vous avez enfin compris que la question était posée entre le bien et le mal, entre la violence et tous les intérêts légitimes, entre la civilisation et la barbarie. Par les horreurs qui ont signalé son passage partout où elle a triomphé un instant, la démagogie a fait voir aux plus aveugles où elle devait aboutir, si elle n'eût été prévenue avec tant d'à-propos et de décision. Rien ne serait demeuré, pas même les modestes positions que vous occupez.

Grâce au coup d'État dont nous voyons les conséquences, et qu'il est permis de considérer comme un coup du ciel, nous échappons au plus terrible danger dont l'Europe ait jamais été menacée ; mais il ne suffit pas que le péril soit écarté pour le moment, il s'agit d'assurer l'avenir et d'appliquer au salut de la société cette influence de l'éducation dont on a espéré pouvoir user pour sa ruine. Afin de vous mieux séduire, on vous trompait sciemment : on vous proclamait les *représentants du progrès... les apôtres du siècle... Vous exerciez un sacerdoce... une mission presque divine...* Parmi ceux qui vous exaltaient ainsi au-dessus de toute mesure, plusieurs, je le sais, ne voulaient que vous engager à ne pas compromettre tant de dignité que vous portiez en vous ; mais ce but même était illusoire. Presque toujours le seul orgueil a fait sa part des qualifications exagérées, pour en conclure qu'il n'obtenait pas, dans l'échelle de la fortune et des honneurs, le rang qui lui était dû. Moi, qui vous aime et qui ne veux pas vous tromper, je dois vous faire entendre un autre langage.

Par la nature de vos fonctions et par le degré de culture intellectuelle qu'elles demandent, vous devez rester de modestes fonctionnaires. L'importance de votre mission, très grande, en effet, quant aux devoirs qu'elle impose, est, au contraire, fort limitée quant aux droits qu'elle confère. Vous êtes au service de l'État pour distribuer à la jeunesse des champs ou de l'atelier une instruction bornée à ce qui se rapporte aux besoins les plus ordinaires de la vie. Vos lumières à vous-même vont rarement au delà de cette mesure : ce n'est pas de quoi inspirer l'orgueil. Votre honneur véritable, celui que vous devez ambitionner, n'est pas là. Il est tout entier dans le degré de zèle que vous saurez apporter à l'accomplissement de vos graves obligations.

Ces obligations, vous en connaissez l'étendue. La première est de veiller sur vous-même, afin qu'on ne trouve rien en vous qui ne puisse être offert en exemple à vos élèves ; la deuxième concerne votre enseignement. Je m'étendrai prochainement sur ces matières quand j'aurai à vous adresser le règlement qui se prépare pour vos écoles; mais je ne puis différer jusque-là pour vous répéter que toujours, aujourd'hui plus que jamais, l'éducation et l'enseignement doivent être fondés sur la religion. Si tout a péri avec le respect de l'autorité et par la ruine des principes, rien ne sera relevé que par la résurrection des principes et le rétablissement de l'autorité qui a sa source dans le ciel. Aucun élève donc ne doit être dispensé d'étudier ce qu'il doit à Dieu, sous prétexte qu'il a surtout besoin de science. La science qui n'a pas pour fondement la connaissance et la pratique des lois religieuses ne produit que l'égoïsme et l'orgueil ; nous connaissons ses fruits, il est temps d'en revenir.

Songez donc, avant tout et surtout, aux soins que réclame de vous une éducation morale et chrétienne, qui développe les qualités naissantes et n'ouvre pas au vice la porte de ces jeunes cœurs. Assez souvent et trop longtemps nous avons vu des jeunes gens, pour quelques connaissances bien élémentaires, perdre dans la fréquentation de l'école la candeur de leur âge, le respect du foyer paternel, l'innocence des mœurs, pour en rapporter l'effronterie, l'insubordination et une corruption prématurée. Quand la nation tout entière et comme un seul homme vient de condamner le système qu'elle devait aux faux sages, quand elle proclame si haut son besoin de voir l'autorité se reconstituer et reprendre son salutaire empire, il est temps que la jeunesse aussi soit avertie sérieusement de la soumission et du respect qu'elle doit aux règles et aux mœurs. Or, monsieur l'Instituteur, il n'y a que la foi religieuse pour former des caractères *libres sans insolence et dépendants sans bassesse.*

Pénétrez de plus en plus dans ces principes! Quelque satisfaction que m'ait fait éprouver votre attitude convenable dans les circonstances récentes, vous perdriez promptement vos titres à la bienveillance de l'autorité s'il vous arrivait de ne pas les prendre pour règle. En y conformant, au contraire, votre enseignement, vos exemples et toute votre conduite, vous ne pourrez qu'ajouter de plus en plus à vos droits.

Le Recteur de l'Académie des Deux-Sèvres,
E. DE FLEURY.

A propos de l'application du nouveau règlement élaboré en 1852 par le Conseil académique, le Recteur de l'Académie envoya aux instituteurs des instructions détaillées, dont nous citons les passages où il insiste sur l'enseignement religieux et sur l'observation stricte de l'art. 6 qui excluait de l'école du jour les jeunes gens âgés de plus de 13 ans.

... Vous parlerai-je de religion sans répéter ce que vous avez déjà entendu tant de fois? reportez-vous aux termes de ma circulaire générale du 30 décembre dernier et inspirez-vous de l'esprit dans lequel je vous l'ai écrite. Vous êtes chargé par le règlement de faire apprendre la lettre de la loi et le texte des prières; n'oubliez pas que vous devez faire pénétrer les sentiments dans le cœur en même temps que vous gravez les préceptes dans la mémoire.

L'exécution de l'article 25 offrira quelques difficultés d'application dans certaines localités; avec un peu de temps et de la bonne volonté vous en triompherez; et l'autorité académique vous tiendra compte de vos efforts.

M. le Curé seul a le pouvoir et le droit de vous assigner une place à l'église; demandez-lui son concours. A moins d'une impossibilité matérielle, il ne refusera point de vous aider quand vous travaillerez à faire contracter à vos élèves des sentiments et des habitudes de piété. Il en sera ainsi de MM. les pasteurs. Vous obtiendrez aussi, je n'en doute pas, de l'administration civile les bancs qui seront nécessaires... (*Circulaire rectorale du 20 mai 1852*).

Monsieur l'instituteur,

... Il n'appartient à personne de vous dispenser de l'exécution générale de l'article 6 : c'est une loi qui n'a pas été faite seulement pour votre département, mais pour toute la France. Elle doit avoir pour résultat de faire envoyer les enfants plus jeunes à l'école, afin qu'ils puissent avoir fini de bonne heure leur instruction et suivre leurs travaux sans être dérangés après 13 ans accomplis.

Quant aux jeunes gens qui ont dépassé cette limite et qui n'ont pas achevé leur instruction, il vous appartient de demander pour eux l'autorisation d'ouvrir une classe d'adultes que vous feriez le soir ou le matin, de 6 à 8 heures. Elle ne vous sera pas refusée, si le besoin en est démontré.

Songez que vous êtes averti et que l'exécution du règlement dans votre école est placée sous votre responsabilité. (*Circulaire rectorale du 28 octobre 1852.*)

Monsieur l'instituteur,

Je suis informé que des esprits malveillants cherchent à exploiter l'émotion assez vive produite dans certaines localités par l'application de l'article 6 du règlement des écoles. On va jusqu'à accuser l'autorité de vouloir priver d'instruction les habitants des campagnes (1).

Assurément, cette accusation est absurde ; ceux-mêmes qui la répandent n'y croient pas...

. . . .

Les familles, me dit-on, sont saisies à l'improviste. L'application immédiate d'une loi qu'on n'attendait pas, trouve une foule d'enfants qui ont dépassé la limite d'âge et n'ont qu'à peine commencé leur instruction... etc. J'apprécie la plainte à ce point de vue et j'ai résolu, pour y faire droit, d'étendre autant que possible le cercle des exceptions qui seront proposées, jusqu'à ce que l'équilibre soit rétabli et qu'on puisse entrer dans la règle. Ainsi des autorisations pourront être accordées en plus grand nombre, pourvu qu'il n'en résulte aucun des inconvénients directs prévus par les autres articles du règlement. Vous devrez en informer vos autorités locales...

. . . .

Je vous engage plus que jamais à établir, si le besoin s'en fait sentir dans votre commune, une classe d'adultes dont le produit d'ailleurs vous appartient ; mais, indépendamment de cette mesure, j'admets, en conséquence de ce qui est dit plus haut, qu'on pourra autoriser à fréquenter, pendant l'hiver, l'école du jour, les enfants de 13 à 16 ans qui habiteraient à deux kilomètres ou au delà de la classe d'adultes. Ce cas d'exception, ajouté à ceux qui pouvaient exister déjà, me semble de nature à satisfaire aux justes réclamations des familles. (*Circulaire du 12 novembre 1852 du Recteur de Fleury*).

Comme spécimen de la pression électorale sous l'Empire, nous citerons la circulaire de M. S..., inspecteur d'Académie, à l'occasion des élections législatives de 1863.

---

1. — Voir *suprà*, p. 193 et suivantes.

Monsieur l'instituteur,

De nouvelles élections vont avoir lieu.

Dans cette circonstance, tous ceux qui ont l'honneur d'occuper des fonctions publiques doivent au gouvernement leur concours le plus franc et le plus actif. Non seulement ils ne peuvent pas s'abstenir de voter, ce qui serait un acte de faiblesse, une défaillance de caractère, mais encore ils doivent favoriser sans crainte les candidats sur lesquels le choix du gouvernement s'est fixé. Vous les connaissez, monsieur l'instituteur; vous savez qu'ils ont fait leurs preuves, et vous ne doutez pas que l'Empereur n'ait raison de compter sur leur fidélité, sur leur dévouement le plus loyal. C'est à ce titre que, nous aussi, nous leur devons nos suffrages, car ils contribueront au développement de la prospérité de la France et au maintien de cette paix profonde à l'intérieur sans laquelle il n'y a pas d'études et, partant, point de progrès intellectuel possible.

Entrez donc sans réserve dans le rôle honorable qui vous est tracé par votre position même. Usez de la saine et légitime influence que vous avez acquise autour de vous. Exercez-la dignement et ouvertement pour le succès de la candidature de MM. *David, Lasnonier et Ch. Leroux*, selon que vous appartenez à la première, à la deuxième ou à la troisième circonscription.

L'administration compte sur vous.

Recevez, monsieur l'instituteur, etc.

Nous terminons les diverses citations sur le rôle politique de l'administration académique par la curieuse circulaire du 17 novembre 1877 qu'adressa aux recteurs le gouvernement insurrectionnel de l'Ordre moral :

Monsieur le Recteur,

La Chambre des députés a décidé, dans sa séance du 15 novembre dernier, qu'il serait procédé, par une commission de 33 membres, à une enquête parlementaire dont vous connaissez l'objet. Cette résolution dont l'exécution pourrait toucher, par divers côtés, aux droits du pouvoir judiciaire et du pouvoir exécutif, ne saurait obliger à aucun titre ni les agents de l'autorité publique, ni même les simples citoyens.

Le gouvernement ne croit pas devoir y prendre part. — Je vous invite, en conséquence, monsieur le Recteur, à ne pas entrer en communication avec la commission d'enquête, ou avec ceux de ses membres qui se rendraient dans votre ressort, à ne leur fournir ni pièces, ni renseignements d'aucun genre, à ne mettre aucun local à leur disposition pour la tenue de leurs séances ; en un mot à ne prêter, ni directement, ni indirectement votre concours à leurs travaux.

Vous voudrez bien transmettre immédiatement ces instructions à MM. les inspecteurs d'Académie de votre ressort et à tous les fonctionnaires de l'enseignement supérieur, secondaire ou primaire, à quelque degré qu'ils appartiennent, et tenir la main à leur stricte exécution.

Les inspecteurs d'Académie des Deux-Sèvres relèvent de l'Académie de Poitiers qui comprend, depuis le 22 août 1854. les huit départements suivants : Charente, Charente-Intérieure, Indre, Indre-et-Loire, Deux-Sèvres, Vendée, Vienne, Haute-Vienne. Voici les noms des inspecteurs d'Académie qui se sont succédé dans le département depuis 1850 et des recteurs de l'Académie de Poitiers depuis le commencement du siècle dernier.

Recteurs d'Académie des Deux-Sèvres

MM.
DE FLEURY, d'août 1850 à novembre 1853.
FOYER, de novembre 1853 à août 1854.

Inspecteurs d'Académie des Deux-Sèvres

MM.
LESUEUR (Jean-Charles-Claude), d'août 1851 à septembre 1856.
CHANTALA (Martial), de septembre 1856 à août 1861.

SURRAULT (Calixte), d'août 1861 à octobre 1864.
CHANTALA (Martial), d'octobre 1864 à novembre 1872.
BLAIN, de novembre 1872 à juin 1876.
VASSEUR (Pierre-Louis-Firmin), de juin 1876 à juillet 1877.
DUPONNOIS (Blaise-Joseph-Léon), de juillet 1877 à novembre 1877.
FREMY (Henri-Joseph-Désiré), de novembre 1877 à février 1878.
BRICON (Jean-Marie-Victor), de février 1878 à mai 1879.
DUNAN (Jules-Pierre), de mai 1879 à juillet 1880.
DELESTRÉE (Paul-Charles-Eugène), de juillet 1880 à août 1882.
ESPITALLIER (Victor-Henri), d'août 1882 à octobre 1885.
CAUSERET (Charles-Joseph), d'octobre 1885 à novembre 1890.
GUILLET (Antoine-Édouard), de novembre 1890 à février 1895.
JOMBERT (Alfred-Henri-Etienne), de février 1895 à septembre 1898.
MAURIN (Marius-Pierre-Joseph), de septembre 1898 à janvier 1900.
DAUTHUILE (Pierre-Louis-Ismaël), de janvier 1900 à ce jour.

Liste des Recteurs de l'Académie de Poitiers depuis le commencement du XIX° siècle

MM.
DE BELLISSENS, 1808 au 7 septembre 1815.
DE LA LIBORLIÈRE, 7 septembre 1815 à 1830.
RANC, 1830 au 5 octobre 1835.
TARDIVEL, 5 octobre 1835 au 20 novembre 1841.
DELALLEAU, 20 novembre 1841 au 10 août 1850.
AUDINET, 10 août 1850 au 22 août 1851.
DE LA SAUSSAYE, 22 août 1851 au 25 septembre 1856.
L'abbé JUST, 25 septembre 1856 au 23 septembre 1862.
DESROZIERS, 23 septembre 1862 au 23 janvier 1866.
MAGIN, 23 janvier 1866 au 20 août 1870.
CHERUEL, 20 août 1870 au 22 octobre 1874.
AUBERTIN, 22 octobre 1874 au 19 novembre 1879.
CHAIGNET, 19 novembre 1879 au 12 septembre 1890.
Gabriel COMPAYRÉ, 12 septembre 1890 au 25 mars 1895.
MARGOTTET, 25 novembre 1895 au 7 juillet 1896.
CONS, 7 juillet 1896 à ce jour.

CONCLUSION.

Dans cette rapide enquête sur la situation de l'ancien instituteur et de l'ancienne école populaire du Poitou, nous croyons n'avoir négligé aucun document essentiel des archives, aucun témoignage intéressant émanant des anciens écoliers, et nous pouvons conclure que, à part quelques centres privilégiés, l'instruction était peu répandue dans notre département, il y a un siècle ; il suffit, pour s'en convaincre, de jeter les yeux sur les vieux actes de l'état civil et d'y relever le nombre des habitants qui déclaraient ne savoir signer. Dans le classement des départements d'après le degré d'instruction, avant et pendant la Révolution, les Deux-Sèvres, comme nous l'avons vu, sont en dessous de la moyenne.

Les enquêtes et rapports des anciens Préfets prouvent que cet état d'infériorité a persisté pendant la plus grande partie du siècle dernier.

Depuis, la situation a changé ; les illettrés sont devenus rares ; chaque commune a les écoles publiques de garçons et, à quelques unités près, les écoles publiques de filles exigées par la loi. Près de 1,100 instituteurs et institutrices publics, animés du meilleur esprit, répandent à flots l'instruction, les notions de justice, de solidarité, d'émancipation des idées ; et nous sommes en droit d'espérer que bientôt les Deux-Sèvres ne le céderont en rien aux départements les plus avancés au point de vue intellectuel et moral.

Ce qui reste à faire, c'est d'obtenir une meilleure fréquentation scolaire pendant l'été. A ce point de vue, nous ressentons encore les effets d'une longue tradition qui faisait déserter les écoles rurales pendant la saison des travaux des champs ; ceci s'expliquait à l'époque où les adultes formaient la principale clientèle scolaire ; il était naturel que leurs bras fussent réclamés en été par l'exploitation agricole. Depuis que l'école du jour est réservée aux enfants de 5 à 12 et 13 ans, l'assiduité en classe doit être la règle pendant tout le cours de l'année, si l'on veut que l'école produise tous ses fruits.

Tandis que, dans le sud du département, les populations sont en grande partie protestantes et même libres-penseuses, la Gâtine et le Bocage ne se sont pas encore affranchis des traditions monarchiques et cléricales de la chouannerie. Les écoles congréganistes publiques et privées y ont dominé jusque dans ces derniers temps. Il faudra des années avant que l'esprit moderne puisse y pénétrer et s'y établir définitivement. C'est par l'école républicaine implantée partout que se r lisera l'unité politique du département.

TABLE DES MATIÈRES

*L'Ecole primaire dans les Deux-Sèvres,
depuis ses origines jusqu'à nos jours*

Préface.. VII
Introduction...................................... XI
CHAPITRE I. — *Documents relatifs aux Ecoles des Deux-Sèvres avant la Révolution.* — I. Vestiges des anciennes écoles : Les Alleuds, Ardilleux, Bressuire, Champdeniers, La Chapelle-Saint-Laurent, Châtillon-sur-Sèvre, Chef-Boutonne, Chenay, Cherveux, Chey, Chiché, Chizé, Clessé, Coutières, Exoudun, Fressines, Frontenay-Rohan-Rohan, Lezay, Mauzé, Melle, Menigoute, La Mothe-Saint-Héray, Mougon, Niort, Oiron, Pamplie, Parthenay, Périgné, Puy-Saint-Bonnet, Romans, Saint-Aubin-le-Cloud, St-Léger-de-Montbrun, Saint-Loup, Saint-Maixent, Saint-Maurice-la-Fougereuse, Saint-Symphorien, Sainte-Ouenne, Secondigné, Thouars, Le Vanneau. — II. Ecoles protestantes ; histoire de Jean Migault. — III. Affiches du Poitou. — IV. Cahier de doléances...................... 1
CHAPITRE II. — *Documents relatifs à l'instruction primaire depuis la Révolution.* — Documents concernant les anciennes écoles de l'Absie, Adilly, Aiffres, Airvault, Ardin, Argenton-Château, Argenton-l'Eglise, Aubigné, Beaulieu-sous-Bressuire, Belleville, Bessines, Bouillé-Loretz, Bouillé-Saint-Paul, Bouin, Bressuire,

Brioull-sur-Chizé, Brulain, Cerizay, Chail, Chantecorps, Champdeniers, La Chapelle-Bertrand, La Chapelle-Gaudin, La Chapelle-Largeau, La Chapelle-Saint-Laurent, Châtillon-sur-Sèvre, Chauray, Chavagné, Cherveux, Chizé, Cirières, Clessé, Clussais, La Couarde, Courlay (La Petite-Eglise), L'Enclave-de-la-Martinière, Ensigné, Faye-l'Abbesse, Faye-sur-Ardin, Fénery, Fenioux, La Ferrière, Fomperron, Fors, Frontenay-Rohan-Rohan, Geay, Germond, Gournay, Gript, Irais, Lamairé, Lezay, Luché-Thouarsais, Lusseray, Marigny, Mazières-en-Gâtine, Melle, Menigoute, Montigné, Montigny, Moutiers-sous-Argenton, La Mothe-Saint-Héray, Moulins, Neuvy-Bouin, Niort, Noirterre, Paizay-le-Tort, Pamplie, Pamproux, Parthenay, Périgné, Pierrefitte, Ploussay, Pougne-Hérisson, Rom, Romans, Saint-Aubin-le-Cloud, Saint-Coutant, Saint-Germier, Saint-Jouin-de-Milly, Saint-Laurs, Saint-Léger-de-Montbrun, Saint-Loup, Saint-Maixent, Saint-Marc-la-Lande, Saint-Martin-lès-Melle, Saint-Martin-de-Saint-Maixent, Saint-Maurice-la-Fougereuse, Saint-Pardoux, Sainte-Blandine, Sainte-Gemme, Sainte-Néomaye, Sainte-Pezenne, Sainte-Verge, Saivre, Sanzay, Saurais, Sauzé Vaussais, Secondigné, Sepvret, Souvigné, Surin, Terves, Thouars, Tourtenay, Vallans, Vançais (Courgé), Le Vanneau, Vasles, Vautebis, Verruyes, Le Vert, Vouhé, Voultegon, Xaintray, écoles protestantes, fêtes nationales.................. 53

CHAPITRE III. — *L'Ancienne Ecole*. — I. Installation matérielle de l'école. — II. Mobilier scolaire et matériel d'enseignement. — III. Chauffage. — IV. Cabinets d'aisance. — V. Age scolaire, fréquentation, écoles mixtes. — VI. Année scolaire, congés................. 171

CHAPITRE IV. — *L'Ancien Instituteur*. — I. Nomination et recrutement. — II. Ecoles normales des Deux-Sèvres. — III. Conférences cantonales. — IV. Condition matérielle : emplois accessoires, rétribution scolaire, affiches-réclames, logement et habillement, privilèges divers. — V. Condition morale : anecdotes, rapports avec les municipalités, avec le clergé, avec la préfecture 199

CHAPITRE V. — *L'Ancienne Classe.* — I. Règlements scolaires. — II. L'ancienne journée de classe. — III. Matières de l'enseignement, méthodes : lecture, écriture, calcul, récitation, exercices écrits, travaux manuels et gymnastique. — IV. Procédés disciplinaires : punitions, récompenses. — V. Cours d'adultes....... 289

CHAPITRE VI. — *Anciens livres et Anciens cahiers.* — I. Anciens livres : livres de lecture, livres de récitation. — II. Anciens cahiers : problèmes............. 331

CHAPITRE VII. — *L'Ancienne administration de l'instruction primaire dans les Deux-Sèvres.* — I. L'administration sous l'Empire et la Restauration. — II. Comités scolaires : Comités locaux, Comités cantonaux, Comités d'arrondissement, délégués cantonaux. — III. Inspection primaire. — IV. Inspection d'académie.. 353

Conclusion.. 393

Table des matières................................... 395

Gravures et illustrations diverses

1. Carte du département des Deux-Sèvres.............	V
2. Chaufferettes.....................................	186
3. Compas d'arpentage...............................	190
4. Portraits d'un ménage d'anciens instituteurs......	268
5. Affiche-réclame d'un ancien instituteur de Secondigny	270
6. Scène de classe..................................	300
7. Portrait d'Henri IV à la plume par un maître.....	302
8. Encadrement à la plume par une élève.............	318
9. Ornements à la plume, en-tête de cahier d'élève..	350

Niort. — Imp. Th. Martin.

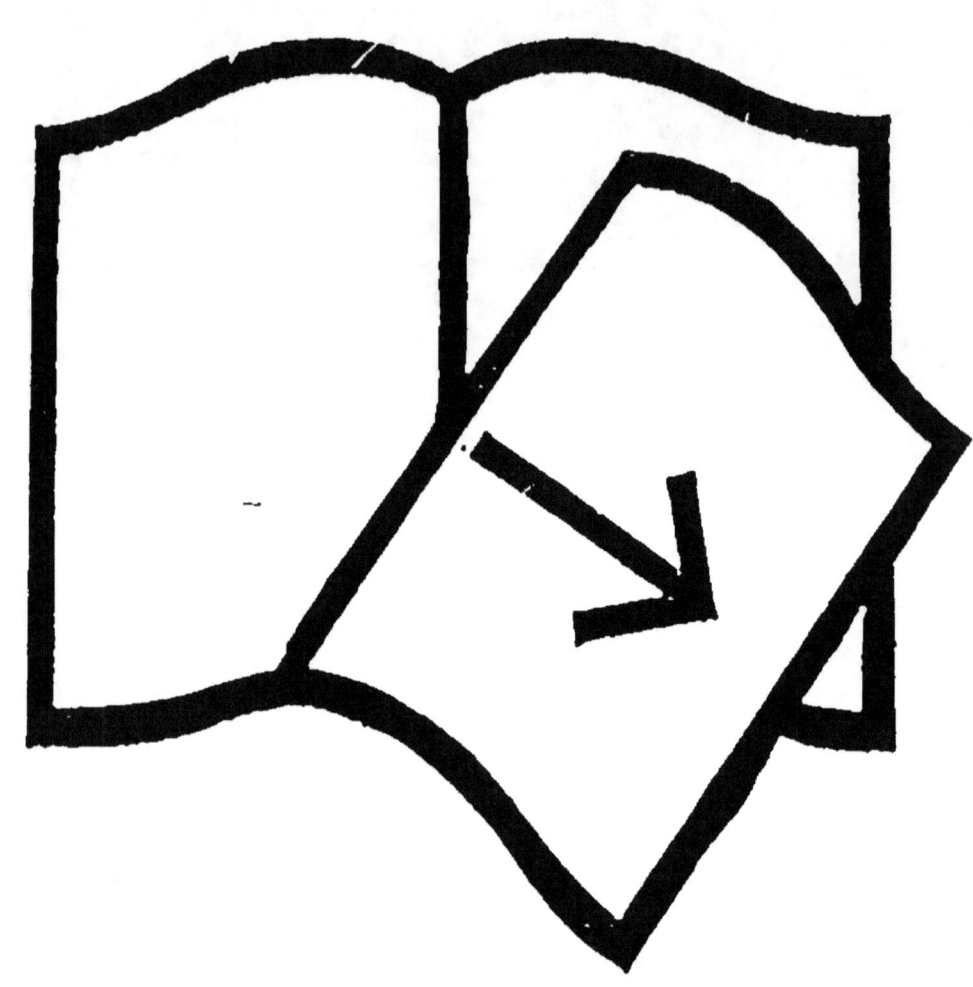

Documents manquants (pages, cahiers...)
NF Z 43-120-13

www.ingramcontent.com/pod-product-compliance
Lightning Source LLC
Chambersburg PA
CBHW070610230426
43670CB00010B/1474